2022

3

ORGANIZADORES

IGOR LIMA DA CRUZ GOMES
JOÃO PEDRO LEITE BARROS
LEONARDO ROCHA DE ALMEIDA

DEFICIÊNCIA & OS DESAFIOS PARA UMA SOCIEDADE INCLUSIVA

PREFÁCIO **MINISTRA NANCY ANDRIGHI • STJ**
POSFÁCIO **SENADORA MARA GABRILLI**

ANA CLÁUDIA **MENDES DE FIGUEIREDO** • EUGÊNIA AUGUSTA **GONZAGA** • FELIPE **VIEIRA MONTEIRO** • FERNANDO **GABURRI** • FLÁVIA **POPPE DE MUÑOZ** • GABRIELLE **MAGALHÃES DA SILVA** • INDYARA **DE ARAUJO MORAIS** • LUCIANA **CASTANEDA RIBEIRO** • MARIA APARECIDA **GUGEL** • MARIA **VALÉRIA PEREIRA NOVAES DE PAULA SANTOS** • OLEMAR GUILHERME **DA CUNHA** • RAIMUNDO **SILVINO DA COSTA NETO** • REGINA **COHEN** • RENATO **JAQUETA BENINE** • ROGER **RAUPP RIOS** • ROMEU **KAZUMI SASSAKI** • STELA **PERNÉ SANTOS** • TELMA ROSA DE **ANDRADE** • THAIS **BECKER HENRIQUES SILVEIRA** • THAMIRES **GONÇALVES PINTO** • VITÓRIA **BERNARDES** • WEDERSON **SANTOS**

EDITORA FOCO

Dados Internacionais de Catalogação na Publicação (CIP) de acordo com ISBD

D313

Deficiência & os desafios para uma sociedade inclusiva / Ana Cláudia Mendes de Figueiredo...[et al.] ; coordenado por Igor Lima Da Cruz Gomes, Leonardo Rocha De Almeida e João Pedro Leite Barros. - Indaiatuba, SP : Editora Foco, 2022.

236 p. ; 17cm x 24cm. – (v.3)

Inclui bibliografia e índice.

ISBN: 978-65-5515-527-3

1. Direito. 2. Direito civil. 3. Inclusão. I. Figueiredo, Ana Cláudia Mendes de. II. Gonzaga, Eugênia Augusta. III. Monteiro, Felipe Vieira. IV. Gaburri, Fernando. V. Muñoz, Flávia Poppe de. VI. Silva, Gabrielle Magalhães da. VII. Morais, Indyara de Araujo. VIII. Ribeiro, Luciana Castaneda. IX. Gugel, Maria Aparecida. X. Santos, Maria Valéria Pereira Novaes de Paula. XI. Cunha, Olemar Guilherme da. XII. Costa Neto, Raimundo Silvino da. XIII. Cohen, Regina. XIV. Benine, Renato Jaqueta. XV. Rios, Roger Raupp. XVI. Sassaki, Romeu Kazumi. XVII. Santos, Stela Perné. XVIII. Andrade, Telma Rosa de. XIX. Silveira, Thais Becker Henriques. XX. Pinto, Thamires Gonçalves. XXI. Bernardes, Vitória. XXII. Santos, Wederson. XXIII. Almeida, Leonardo Rocha de. XXIV. Barros, João Pedro Leite. XXV. Gomes, Igor Lima da Cruz. XXVI. Título.

2021-1362 CDD 347 CDU 347

Elaborado por Odilio Hilario Moreira Junior - CRB-8/9949

Índices para Catálogo Sistemático:

1. Direito civil 347
2. Direito civil 347

3

ORGANIZADORES
IGOR LIMA DA CRUZ GOMES
JOÃO PEDRO LEITE BARROS
LEONARDO ROCHA DE ALMEIDA

DEFICIÊNCIA & OS DESAFIOS PARA UMA SOCIEDADE INCLUSIVA

PREFÁCIO **MINISTRA NANCY ANDRIGHI • STJ**
POSFÁCIO **SENADORA MARA GABRILLI**

ANA CLÁUDIA **MENDES DE FIGUEIREDO** • EUGÊNIA AUGUSTA **GONZAGA** • FELIPE **VIEIRA MONTEIRO** • FERNANDO **GABURRI** • FLÁVIA **POPPE DE MUÑOZ** • GABRIELLE **MAGALHÃES DA SILVA** • INDYARA **DE ARAUJO MORAIS** • LUCIANA **CASTANEDA RIBEIRO** • MARIA APARECIDA **GUGEL** • MARIA **VALÉRIA PEREIRA NOVAES DE PAULA SANTOS** • OLEMAR GUILHERME **DA CUNHA** • RAIMUNDO **SILVINO DA COSTA NETO** • REGINA **COHEN** • RENATO **JAQUETA BENINE** • ROGER **RAUPP RIOS** • ROMEU **KAZUMI SASSAKI** • STELA **PERNÉ SANTOS** • TELMA ROSA DE **ANDRADE** • THAIS **BECKER HENRIQUES SILVEIRA** • THAMIRES **GONÇALVES PINTO** • VITÓRIA **BERNARDES** • WEDERSON **SANTOS**

2022 © Editora Foco
Coordenadores: Igor Lima da Cruz Gomes, João Pedro Leite Barros e Leonardo Rocha de Almeida
Autores: Ana Cláudia Mendes de Figueiredo, Eugênia Augusta Gonzaga, Felipe Vieira Monteiro, Fernando Gaburri, Flávia Poppe de Muñoz, Gabrielle Magalhães da Silva, Indyara de Araujo Morais, Luciana Castaneda Ribeiro, Maria Aparecida Gugel, Maria Valéria Pereira Novaes de Paula Santos, Olemar Guilherme da Cunha, Raimundo Silvino da Costa Neto, Regina Cohen, Renato Jaqueta Benine, Roger Raupp Rios, Romeu Kazumi Sassaki, Stela Perné Santos, Telma Rosa de Andrade, Thais Becker Henriques Silveira, Thamires Gonçalves Pinto, Vitória Bernardes e Wederson Santos
Diretor Acadêmico: Leonardo Pereira
Editor: Roberta Densa
Assistente Editorial: Paula Morishita
Revisora Sênior: Georgia Renata Dias
Revisora: Simone Dias
Capa Criação: Leonardo Hermano
Diagramação: Ladislau Lima e Aparecida Lima
Impressão miolo e capa: FORMA CERTA

NOTAS DA EDITORA:

Atualizações e erratas: A presente obra é vendida como está, atualizada até a data do seu fechamento, informação que consta na página II do livro. Havendo a publicação de legislação de suma relevância, a editora, de forma discricionária, se empenhará em disponibilizar atualização futura.

Erratas: A Editora se compromete a disponibilizar no site www.editorafoco.com.br, na seção Atualizações, eventuais erratas por razões de erros técnicos ou de conteúdo. Solicitamos, outrossim, que o leitor faça a gentileza de colaborar com a perfeição da obra, comunicando eventual erro encontrado por meio de mensagem para contato@editorafoco.com.br. O acesso será disponibilizado durante a vigência da edição da obra.

Impresso no Brasil (05.2022) – Data de Fechamento (05.2022)

2022

Editora Foco Jurídico Ltda.
Avenida Itororó, 348 – Sala 05 – Cidade Nova
CEP 13334-050 – Indaiatuba – SP

E-mail: contato@editorafoco.com.br
www.editorafoco.com.br

PREFÁCIO[1]

A união de noventa autores para a elaboração de um livro é um fato que engrandece sobremaneira a obra. Mas reunir noventa autores para escrever um livro sobre o tema das pessoas com deficiência e os inúmeros desafios para que tenhamos uma sociedade efetivamente inclusiva, é notável!

Trata-se de uma obra de construção coletiva que vem regada pelos eflúvios de amorosidade dos autores em prol da causa das pessoas com deficiência, aliada ao forte propósito de todos no sentido de indicar e encontrar caminhos e instrumentos para cumprir o nosso dever primordial de amor ao próximo.

Ser "diferente" desafia o afeto e a empatia que desenvolvemos facilmente diante do que reconhecemos nos padrões familiares, linguísticos e sociais predeterminados. Ainda quando sujeitos a graus distintos de influências genéticas e ambientais, estes ainda compõem uma constelação de reflexões sobre o sentido do que significa ser "diferente" e, principalmente, do porquê não sermos inclusivos, aprendendo a amar e respeitar essas diferenças.

Ao lerem a obra tenho a certeza de que todos ficarão impregnados desses sentimentos e terão despertado em seus corações a vontade e a deliberação de que é preciso fazer, e fazer mais, em favor da integral e plena inclusão da pessoa com deficiência em todos os setores da sociedade.

O leitor tem nas mãos um livro que não deve ser lido da primeira à última página sem interrupções, porque a sua versatilidade está justamente na possibilidade do abandono sequencial dos textos e na pesquisa focada no interesse momentâneo e particular de cada um. É, sobretudo, um livro de consulta para mantermos sempre por perto, porque as múltiplas visões, percepções e assuntos nele contidos consolidam conhecimentos, inspiram novos debates e, inexoravelmente, motivam outras iniciativas em prol das pessoas com deficiência.

Os temas abordados pelos dedicados autores englobam desde a mais genuína modernidade por meio do uso da Inteligência Artificial na inclusão social, até a análise da pessoa com deficiência ao longo da história brasileira, iniciando com o assistencialismo primitivo e chegando à formação de legislação específica e adequada, passando por uma das questões mais complexas que é a análise e efeitos da capacidade civil e a concessão da curatela, estudadas em pelo menos dez profundos textos. A saúde da pessoa com deficiência também foi objeto de muita reflexão e sugestões diversas de aprimoramento, bem como às questões relativas ao direito fundamental,

1. Prefácio dos três volumes da coleção.

ao ensino em todos os níveis e à necessidade da aplicação da Lei de Cotas no mercado de trabalho. Também não escapou aos argutos autores a extrafiscalidade e a questão do direito a acessibilidade. As normas aplicáveis às relações patrimoniais advindas do casamento e da união estável da pessoa com deficiência mental e intelectual com análise criteriosa acerca da proteção dos seus interesses. Os aspectos penais do Estatuto da Pessoa com Deficiência e a ativa participação do Ministério Público, e, ainda outras abordagens, sem olvidar a atualidade, também a pandemia da Covid em face da pessoa com deficiência que também recebeu um olhar atento, de reflexão e cuidado.

Ao mergulhar na leitura da obra exsurge uma sintonia intelectual (e por que não dizer espiritual?) entre os autores que, com mentes brilhantes, puderam extrair de materiais ricos em detalhes aquilo que é essencial para compor o cenário atual da vida da pessoa com deficiência no país, mas principalmente orientar e indicar como se podem construir bases sólidas para projeções futuras de uma sociedade verdadeiramente inclusiva.

A leitura que a obra oferece tem o poder de nos remover da indiferença de comportamento, e dar motivação para agir, porque, além de transmitir o conhecimento das necessidades das pessoas com deficiência, apresenta vários caminhos para supri-las. Atingir o patamar para merecer ser chamada de sociedade inclusiva não é tarefa fácil e sequer isolada, mas sim, uma intensa e contínua atividade amorosa de toda a sociedade. Os instrumentos e a forma de atingir esses objetivos são transmitidos com clareza, nos inúmeros textos que compõe essa rica obra. Das lições fica evidenciado que cada um, ainda que no seu pequeno mundo, pode praticar ações concretas que contribuirão significativamente para incrementar a inclusão social, poupando a todos da vergonha de responder por omissão.

Aliás, ainda que não atentarmos para a necessidade de cumprir as leis que regulam os direitos das pessoas com deficiência, seja por indiferença, seja por qualquer outra razão, ainda assim será suficiente cumprirmos o mandamento máximo da convivência humana: amar o próximo como a si mesmo.

Tenhamos todos uma profícua leitura!

Março de 2022.

Nancy Andrighi

Ministra do Superior Tribunal de Justiça

SUMÁRIO

Parte I

DEMANDAS COLETIVAS E OS IMPACTOS DA PANDEMIA DA COVID-19 NA ACESSIBILIDADE

COMO A PANDEMIA 2020 AFETOU A ACESSIBILIDADE DAS PESSOAS COM DEFICIÊNCIA

Regina Cohen

Pós-doutora em Arquitetura (2013) (bolsista FAPERJ). Doutora em Psicossociologia pela UFRJ (2006). Mestre em Urbanismo pela UFRJ (1999). Bolsista CNPq nos Projetos de Tecnologias Assistivas do Núcleo Pró-acesso da UFRJ. Bolsista CNPq com o projeto Acessibilidade e Desenho Universal nas instalações da Copa de 2014. Visiting Assistant Professor (FULBRIGHT/CAPES) Syracuse University, (set.-dez. 2014). Cocoordenadora do Núcleo Pró-Acesso da UFRJ. Conselheira COMDEF Rio. Integrante do Fórum Permanente UFRJ Acessível. Experiência em acessibilidade, inclusão e desenho universal; participou da elaboração do Manual Técnico de Acessibilidade para a RIO 2016. Consultora em Acessibilidade do Comitê da RIO+20; prêmio internacional da AEEA pela melhor metodologia de ensino (2003-2004); publicações premiadas; moções de congratulações pelos trabalhos sobre acessibilidade. Arquiteta PhD. Sócia Gerente da Empresa Acesso: Projeto, Consultoria e Ensino em Acessibilidade Ltda. (Acesso Sem Limites).

1. A PESSOA COM DEFICIÊNCIA: ACESSIBILIDADE E MOBILIDADE URBANA

A temática da pessoa com deficiência é tratada por diversos campos do conhecimento. Pesquisas têm contribuído muito para o enriquecimento de uma visão mais holística da questão da diversidade humana. A acessibilidade e o desenho universal contribuem para a construção desse conhecimento, colocando em foco os suportes espaciais sobre os quais se desenrola a vida do próprio homem, sua segurança e sua qualidade de vida. Esse enfoque pertence a um campo de estudos essencialmente espacial, sobre a prática do espaço em escala humana, incluindo a arquitetura e o urbanismo.

Com a ênfase dada pela ONU ao ano de 1981 – Ano Internacional das Pessoas Deficientes [AIPD], o Movimento se organizou para a reformulação nas formas de reivindicar "Participação Plena e Igualdade" (tema do AIPD). No tocante às questões urbanas, fez com que a "Década das Nações Unidas para Pessoas Deficientes" (1983-1992) representasse um salto no movimento, tendo como um dos resultados a elaboração da primeira versão da Norma Brasileira 9050 de Acessibilidade, por iniciativa da ABNT[1], com a participação de profissionais, pessoas com deficiência e representantes de vários segmentos da sociedade.

A Classificação Internacional de Funcionalidade, Incapacidade e Saúde (CIF) da Organização Mundial de Saúde, de 2003, também contribui nesta compreensão. Fatores ambientais incluíram características do meio e modificações realizadas pelo homem. Pode-se considerar que a CIF não diz respeito apenas às Pessoas com Deficiência, mas a ações desenvolvidas pelo homem.

Uma mudança de postura também se refletiu nas definições contidas na Norma da ABNT: a deficiência passou a ser relacionada com a inexistência das condições de percepção das características do ambiente ou de mobilidade e de utilização dos espaços. Leis, Normas e Decretos brasileiros assumiram a preocupação com uma inclusão mais universal, considerando outras dificuldades como, por exemplo, as enfrentadas por pessoas idosas e obesas. A deficiência ou a mobilidade reduzida podem impor mais dificuldades na interação com o meio físico da cidade.

Compreende-se assim que o ato de caminhar é uma forma fundamental de mobilidade para a vida na cidade e torna-se a maneira dominante para curtos percursos durante o dia. A má qualidade da infraestrutura de modos de caminhar, contudo, dá um recado muito duro para estas pessoas, de que eles não são bem-vindos nos lugares urbanos.

O Programa das Nações Unidas para os Estabelecimentos Humanos (UN-Habitat) e o Programa de Cidades do World Resources Institute *(WRI) Brasil oferecem guias para o desenho de ruas mais seguras e acessíveis para todos.* Deslocar-se pela cidade é, essencialmente, apropriar-se cotidianamente do espaço. É estar no ambiente urbano de forma ativa, percebendo a cidade e os detalhes que dela fazem parte. A escolha por um modo mais democrático de se locomover, no entanto, muitas vezes está atrelada às condições físicas e sociais dos indivíduos e a existência de infraestrutura que estimule essa opção.

A caminhabilidade, também leva em conta a acessibilidade no ambiente urbano e a facilidade que as pessoas têm de se deslocar na cidade. Trata-se da possibilidade das pessoas caminharem em determinados locais e de acessarem áreas de lazer, comércio e entretenimento, como parques, lojas, restaurantes, museus, entre outras formas de atividades sociais e culturais. Em um segundo momento, estão as condições do caminho a ser percorrido até o destino. Nesse aspecto, a percepção que temos do ato de caminhar – nossa predisposição para optar por uma forma de deslocamento em detrimento de outras – também está intimamente ligada à qualidade das calçadas. Falo aqui dos *princípios* básicos de passeios públicos que estimulam os deslocamentos e elevam a qualidade de vida nas cidades.

Antes, era comum adotar medidas de acessibilidade para pessoas com deficiência que se locomovem em cadeira de rodas. Mas era uma visão muito simplista da acessibilidade, que, na verdade, tem o potencial de se desdobrar em muitos significados,

1. Associação Brasileira de Normas Técnicas.

podendo ser mais aproveitado na promoção do acesso para todos. Hoje, busca-se o significado de "acessibilidade", abandonando uma visão cartesiana específica. Devemos pensar em espaços que favorecem a identificação com um determinado Lugar e que permitam percursos atrativos, agradáveis, convidativos e compreensíveis, facilitando o encontro e a troca com o Outro.

A evolução nas discussões fez surgir a filosofia do Desenho Universal ou para todos. Quem primeiro pensou nesta ideia foi o arquiteto americano Ron Mace, nos anos 90 do século XX. Pensar neste novo paradigma e em um planejamento urbano mais inclusivo para todos significa, igualmente, a independência, a segurança, o conforto e a autonomia. Trata-se de evidenciar uma ambiência física, social, sensorial e sensível e uma temporalidade vivida, apropriada e penetrada pelas pessoas com deficiência nos seus percursos, configurando experiências urbanas peculiares e individualizadas, como é a própria diferença entre pessoas e cidades.

O meio urbano, com todas as suas adversidades, é o lócus da diversidade humana, do contato com o Outro, da manifestação da alteridade. Sendo assim, todo o espaço de uma cidade deve espelhar o acesso universal a ser garantido na forma menos restrita possível, favorecendo o encontro. Os estudos urbanos de grandes teóricos enfatizam a falta de empatia de contemplar uma cidade completamente vazia com ordem e sossego. As pessoas, em geral, gostam de ver movimento e de encontrar outras pessoas pelas ruas alegres e divertidas de uma cidade.

É possível, então, dizer que a Acessibilidade deve ser aplicada em todas as ações públicas que resultem em qualidade de vida no espaço urbano. E a Mobilidade deve ser entendida como essencial para o crescimento ordenado das cidades. Com a pandemia da Covid-19 no difícil momento vivido neste ano de 2020, a acessibilidade deverá ser repensada. Precisamos buscar alternativas possíveis para uma cidade "caminhável" onde, talvez, o distanciamento físico e social ainda proporcione o prazer de caminhar livremente por ruas, espaços e calçadas com facilidade.

2. AS PESSOAS COM DEFICIÊNCIA NA PANDEMIA COVID19

> "Primeira epidemia da era digital desnuda o total despreparo do mundo para responder ao desafio. Não acredito em soluções fáceis para um mundo melhor que não inclua nossos deveres para com os outros".
>
> Margaret Dalcomo. GLOBO Newsletter 08 abril 2020.

Primeiramente, cabe uma breve análise acerca dos critérios de atendimento médico que foram necessários na escolha por pacientes a serem atendidos na Covid-19 baseados em gravidade, maior grau de sobrevida e capacidade do paciente No início, foram feitos protocolos éticos para orientar profissionais de saúde na decisão de quem deveria ocupar os leitos disponíveis na UTI (Unidades de Terapia Intensiva). A avaliação baseava-se em "salvar mais vidas", "salvar mais anos de vida" e "capacidade do paciente". Em certos casos, o médico fazia seu próprio julgamento.

Algumas pessoas com deficiência mental ou intelectual sempre foram excluídas da sociedade, estigmatizadas e esquecidas ao longo da história, o que também aconteceu nos hospitais psiquiátricos na pandemia por #Covid19".

Apesar da Lei Brasileira de Inclusão (LBI) determinar que estas pessoas têm prioridade no acesso a serviços de saúde, muitas não receberam atendimento prioritário quando procuraram o hospital. O atendimento era por ordem de chegada e demorava muitas horas em uma salinha sem estrutura. Após a espera, uma cadeirante foi internada e ficou isolada em um quarto com banheiro acessível. Isto é o certo, tem que ter espaços adaptados, porque ela não queria ficar pedindo ajuda das pessoas a toda hora.

Em março, a Organização das Nações Unidas (ONU) publicou o documento "Quem protege as pessoas com deficiência?" O texto explica "que medidas de contenção, como distanciamento social e isolamento pessoal, podem ser impossíveis para quem precisa de apoio para comer, se vestir, tomar banho e fazer as transferências para a cadeira ou para a cama.

Com o agravamento do novo Coronavírus, o Estado e o Município decidiram agir como na Itália: atendimento seletivo, sacrificando idosos com comorbidades ou pessoas com deficiência com comprometimentos. Com o colapso da saúde do Estado do Rio, os médicos decidiriam quem iria viver e quem iria morrer.

O Movimento de Pessoas com Deficiência elaborou Nota Recomendatória com o objetivo de recomendar sobre providências a serem tomadas no abrigamento de Pessoas com Deficiência nas unidades de acolhimento, tanto públicas quanto privadas. Com a adesão e apoio de várias instituições ao documento "Todas as Vidas Importam", houve uma reivindicação junto ao Ministério da Saúde para definir prioridades na distribuição de leitos de UTI em face da insuficiência de recursos.

> "É preciso assegurar que pessoas com deficiência não sejam preteridas com base em sua deficiência".
>
> Vitória Bernardes, Conselho Nacional de Saúde.

3. ACESSIBILIDADE NA PANDEMIA: A PERSPECTIVA DAS PESSOAS COM DEFICIÊNCIA

Cerca de 22% da população no Brasil têm algum tipo de deficiência, segundo o Instituto Brasileiro de Geografia e Estatística (IBGE) em 2010. Para o esclarecimento da acessibilidade coletei depoimentos de *pessoas com diversos tipos de deficiência* através de conversas e da mídia.

O isolamento social foi a realidade de muitos com deficiência por causa da falta de acessibilidade, que nem sempre incomodava, mas as pessoas se angustiaram e eram proibidas de sair para compromissos essenciais fora de casa, como a sua reabilitação ou fisioterapia. Uma pessoa com deficiência disse que o fim do seu isolamento não seria quando a quarentena acabasse. Impossibilitadas de seguir as recomendações de proteção pela Organização Mundial de Saúde (OMS), estas pessoas pediram para o Ministério da Saúde estabelecer protocolos que as incluíssem no grupo de risco à Covid-19, expressando sua preocupação com a contaminação.

Na verdade, existem maiores chances de infecção pelas dificuldades encontradas. Quanto mais limitada a locomoção e quanto maior a necessidade de cuidado, mais exposta estará a pessoa. Além da impossibilidade de se manterem afastados das pessoas por necessitarem de cuidadores, pacientes com atrofias e distrofias musculares têm coração e pulmão afetados. Qualquer infecção e febre nessas pessoas, leva a uma piora da doença, aumentando a fraqueza muscular motora.

O governo lançou uma cartilha sobre a pandemia Covid-19 com informações para pessoas com deficiência. O documento não considerava todas como grupo de risco, mas somente as que tivessem algum dos fatores associados: restrições respiratórias; dificuldades nos cuidados pessoais; condições autoimunes; idade acima de 60 anos; doenças associadas como diabetes, hipertensão arterial, doenças do coração, pulmão e rim ou doenças neurológicas.

Vitória Bernardes, do Conselho Nacional de Saúde, elenca motivos, alguns relacionados à acessibilidade e aos recursos de tecnologia assistiva, como:

- Obstáculos para adotar medidas básicas de higiene, como lavar as mãos (pias e lavatórios podem ser fisicamente inacessíveis ou a pessoa pode ter dificuldade de esfregar as mãos adequadamente);
- Muitos não podem manter o distanciamento social por necessitarem de apoio;
- Residentes em instituições de saúde, residências terapêuticas e inclusivas etc.;
- Os que precisam de tecnologias assistivas de locomoção como bengalas, andadores, muletas e cadeira de rodas, estão mais expostos a superfícies que podem estar contaminadas;
- Pessoas com Deficiência podem ter dificuldade de acesso à informação sem recursos como audiodescrição, legendas e conteúdo em LIBRAS;
- Campanhas governamentais contra a Covid-19 e informações oficiais sobre a pandemia são pouco acessíveis.

Uma professora, de 37 anos que tem baixa visão e caminha com a ajuda de uma bengala precisa tocar nas coisas e da ajuda das pessoas para executar tarefas diárias para se situar nos ambientes e de auxílio para descer escada ou atravessar a rua. O cuidado para realizar diversas atividades tem que ser redobrado, devido ao risco de infecção pelo toque em superfícies contaminadas, ficando em situação de alto risco e em maior vulnerabilidade. A presidente da Associação dos Deficientes Visuais do Estado do Rio de Janeiro, Cinthya Pereira Freitas, também destaca este desafio. Em sua rotina, Cinthya conta que assim que chega da rua, ainda na porta de casa, faz a higienização de sua bengala. Ela tem frascos de álcool gel espalhados por pontos estratégicos para fazer a limpeza constante e necessita também de ajuda para a localização de um endereço, para pegar um ônibus, para se localizar na saída de um metrô. https://agenciabrasil.ebc.com.br/geral/noticia/2020-05/em-tempos-de-covid-19-deficientes-visuais-devem-redobrar-os-cuidados

Existe também a necessidade de recursos de acessibilidade à informação e à comunicação para deficientes visuais e auditivos, como audiodescrição, legenda em vídeos ou intérprete de LIBRAS (Língua Brasileira de Sinais). Informações devem estar disponíveis com medidas e formatos acessíveis para todos, incluindo a tecnologia digital e a tecnologia assistiva, dentre outros recursos. (Organização Nacional de Cegos do Brasil)

Segundo a médica e fisiatra Izabel Maior, ex-secretária nacional de pessoas com deficiência, torna-se também necessário pensar nos autistas. Para ela, "uma criança com transtorno do espectro autista, naturalmente, deve ser protegida das condições adversas". "O distanciamento social quebra sua rotina e impede seu equilíbrio comportamental. Infelizmente, vizinhos agem agravando o desconforto emocional da criança e da família, com preconceito e discriminação". (Izabel Maior. Facebook acessado em 27 de abril de 2020) https://www.uol.com.br/universa/noticias/redacao/2020/04/25/mae-de-menino-autista-sofre-ataques-de-vizinhos-.htm.

De acordo com a Convenção da ONU sobre os Direitos das Pessoas com Deficiência, ratificada em nosso país e, também, com a Lei Brasileira de Inclusão – Lei 13.146/2015, discriminação em razão de deficiência é crime. Em um momento como o que estamos vivendo, esperava-se um comportamento diverso com mais solidariedade e aceitação da alteridade. Entretanto, o que vemos é exatamente o contrário e estas pessoas continuam sendo discriminadas.

4. AS CIDADES NA PANDEMIA OU A EXCLUSÃO NA PANDEMIA NAS CIDADES

Como será a vida nas cidades? E a acessibilidade das Pessoas com Deficiência? Sem sombra de dúvida, a COVID-19 transformou a vida urbana. Pesquisadores, pensadores e especialistas têm se debruçado no assunto. Algumas reflexões mundiais são animadoras e a Cidade de *Milão*, na Itália, que foi durante um período, o epicentro da pandemia, apresentou uma proposta pioneira de reformulação urbana. Esta cidade italiana anunciou a implantação de melhorias na infraestrutura para pedestres, mesmo princípio adotado em Bruxelas e Berlim. Na Itália e na Espanha, as restrições foram bastante severas. *Paris* também investiu no planejamento da locomoção para os pedestres pelas ruas.

Madrid debateu e avaliou por muito tempo a urgência de estudar opções possíveis não apenas para o modelo ideal de cidade, mas uma estratégia conjunta para o desenvolvimento urbano sustentável, meio ambiente e *mobilidade* na busca de um equilíbrio que tenha como premissa o cidadão se locomovendo com segurança. Em geral, a maioria das cidades espanholas buscou suprir antigas necessidades, *incluindo a acessibilidade*, construindo pontos de encontro nos bairros e nas praças para os cidadãos fazerem passeios, sem longos e contínuos deslocamentos.

Buscaram um equilíbrio entre todos os aspectos para aproveitar ao máximo o melhor planejamento urbano possível de "Cidades para Pessoas" (Jan Gehl). Este também foi o propósito de *Barcelona* que ampliou ainda mais as suas calçadas para diminuir o contágio. Esta cidade, está, literalmente, se modificando para a manutenção das distâncias recomendáveis na rua. Para os gestores e planejadores, o carro não pode voltar a ser o principal sistema de mobilidade.

Jan Gehl tem desenvolvido uma pesquisa global sobre o uso do espaço público que revela um vislumbre espantoso acerca da vida pública nos dias de hoje. Contemplando várias cidades e grande número de pessoas de quase todos os continentes, 2.000 pessoas compartilharam os papéis variados e vitais que os espaços públicos desempenham nas suas vidas cotidianas.

Cabe mencionar também a Cidade de *Nova York* que teve seu transporte público duramente afetado. Gehl ressalta a importância de se criar mais espaços para as pessoas, alargando as calçadas e transformando as ruas em locais de acolhimento. A solução, alinhada às estratégias que cidades como *Milão, Paris, Barcelona e Nova York* exploraram, tem se refletido em uma ousada ampliação de calçadas em áreas movimentadas com maiores facilidades para a locomoção, favorecendo, assim, todas as pessoas.

5. A ACESSIBILIDADE DE PESSOAS COM DEFICIÊNCIA NA PÓS-PANDEMIA DE OUTRAS CIDADES

Na *América Latina e no Caribe*, as mudanças da Covid-19 incluíram o acesso desigual aos serviços de saúde juntamente com um grande impacto econômico sobre diversos setores, resultando no aumento do desemprego ou na informalidade. O Programa UN-Habitat ajudará na capacitação das autoridades locais para responderem à crise, diminuindo o impacto nos pobres urbanos e investindo na acessibilidade das pessoas com deficiência que vivem em áreas vulneráveis.

No *Brasil*, algumas cidades iniciaram a quarentena na segunda quinzena de março, fechando escolas, comércio, centros culturais e outros equipamentos e serviços, mas mantendo o funcionamento do transporte público para permitir que funcionários dos serviços essenciais e a população conseguisse acessá-los.

Cabe questionar se a Covid-19 está mudando a relação das pessoas com deficiência nas cidades. No Brasil, o LabRua e um grupo de pesquisadores, através da Rede Brasileira de Urbanismo Colaborativo, desenvolve uma pesquisa neste sentido, procurando compreender "as novas relações com os espaços públicos e os padrões de deslocamento das pessoas em diferentes cidades". https://www.caurj.gov.br/pesquisa-brasileira-busca-entender-as-mudancas-urbanas-causadas-pela-pandemia-e-suas-consequencias-participe/ acesso em 10/05/2020.

Pode-se claramente perceber uma mudança na maneira como as pessoas se relacionam, mas os espaços e as cidades também mudaram e ainda não conseguimos vislumbrar este universo desconhecido e novo. A pesquisa pretende partir para novas etapas que deem as tão almejadas respostas para *o futuro da mobilidade e da acessibilidade nas cidades.*

Praia de Ipanema

6. EXPERIÊNCIA DA CADEIRANTE REGINA COHEN EM UM PERCURSO PELA PRAIA DE IPANEMA – CIDADE MARAVILHOSA DO RIO DE JANEIRO

Regina no interior de sua casa, vestindo máscara na quarentena, para ir à praia após 3 meses de confinamento.

Imagem da calçada com buracos da praia de Ipanema, tendo ao fundo ar livre, praia, água, oceano.

Regina percorre a calçada estreita com buracos, próxima de sua casa no bairro de Ipanema, Rio de Janeiro.

7. PERSPECTIVAS FUTURAS PARA A ACESSIBILIDADE NAS CIDADES PÓS-PANDEMIA

Para planejar espaços públicos em uma constante mudança para o "novo normal", as cidades precisarão de estratégias flexíveis para priorizar intervenções que tenham um maior impacto. Segundo o rabino Nilton Bonder, estamos iniciando o espetáculo da normalidade.

Hoje podemos apreciar o quão extraordinário era o corriqueiro. Essa banalização do normal, não decorre de ignorância ou burrice, mas da internalização de que o normal é a norma. (...) A certeza de que tudo acontecerá de forma habitual é um afastamento da vida. A vida é por essência transformação (...) com mudanças e renovações da realidade. E talvez essa seja a parte mais difícil do nosso confinamento: a certeza de que não reencontraremos o normal do lado de fora de nossas casas. O normal foi alterado.

8. RABINO NILTON BONDER – ANÁLISE: O ESPETÁCULO DA NORMALIDADE ESTADÃO | CULTURA | 25.04.2020[2]

Enquanto ainda não é possível prever como será o "novo normal", podemos pelo menos rever a atual urbanização para criar um futuro melhor, no qual ninguém será esquecido ou deixado para trás. Covid-19 afetou muito os mais vulneráveis, incluindo idosos, pessoas com deficiência, além do grande número de pessoas nas favelas ou na informalidade, pessoas às quais faltam o acesso adequado aos espaços, aos serviços urbanos básicos, à saúde, à moradia, à educação e ao trabalho.

A pandemia tem aumentado ainda mais a exclusão urbana resultante de uma longa falha no atendimento do direito à cidade e da garantia de direitos humanos básicos. O pós-Covid19 deverá corrigir estas falhas, proporcionando a todos os cidadãos uma vida com dignidade e acessibilidade, a ser planejada por autoridades locais, governadores, prefeitos, bem como através de políticas públicas de acesso a serem desenvolvidas com rigor.

Conforme já tratado anteriormente, a recuperação das cidades depois da pandemia, está fortemente relacionada com a mobilidade e locomoção de todos pelas ruas, com conforto, segurança e autonomia. E agora, para que *as ruas possam ser ainda mais completas*, precisarão favorecer a mobilidade, com sustentabilidade. Um desafio que esconde alternativas diversas no espaço desta nova normalidade.

Os reflexos da pandemia sobre a vida nas urbes, faz parte da Campanha "Cidades Inclusivas, Seguras, Resilientes, Sustentáveis & Livres do Coronavírus" que está sendo desenvolvida pelo Programa das Nações Unidas para Assentamentos Humanos (ONU-Habitat) no Brasil. A campanha aborda formas de mitigar os efeitos da pandemia nas cidades brasileiras (https://nacoesunidas.org).

9. AS CIDADES NÃO SERÃO MAIS AS MESMAS! E COMO SERÁ A ACESSIBILIDADE NA PÓS-PANDEMIA?

As cidades estão no centro desta pandemia e, talvez, sempre estiveram ao longo do tempo. O vírus modificou a nossa vida, confinando milhares de pessoas em suas casas, esvaziando ruas e criando espaços fantasmas. Alguns espaços estão reagindo rápido a esta crise urbana humanitária e a maneira como responderão no curto, médio

2. http://email.midrashnews.org.br/accounts/109228/messages/351/clicks/986/2644?envelope_id=351

e longo prazo será crítica facilitar nossa mobilidade e a acessibilidade das pessoas com deficiência, estabelecendo o clima de resiliência e recuperação.

A Covid-19 nos transformou e causou perdas diversas, ao ponto de não sabermos como será a vida urbana futura depois de tudo que estamos passando. Se o medo se transformar na "normalidade", as urbes virarão utopias invisíveis, mas se estas encontrarem maneiras de se ajustar, como sempre o fizeram no passado, poderemos vislumbrar mudanças para uma nova era de empatia e afeto pelos lugares. Se o contágio se transformar numa ameaça constante, adaptar a urbe de acordo com as necessidades das pessoas, se tornou no momento uma questão importante para os arquitetos.

Apesar de a palavra "acessibilidade" poder assumir inúmeras conotações, o tema, no planejamento físico das cidades pós-pandemia, deverá definitivamente incorporar o projeto inclusivo, com uma gama de interpretações usadas combinadamente com desenho universal, desenho livre de barreiras, desenho para todos etc. (Cohen & Duarte, 2004). Uma política de mobilidade urbana para a "nova normalidade" deverá ser produto de uma política social em que a acessibilidade restaure a igualdade e conduza à cidadania.

O Brasil não tem nenhuma cidade modelo em termos de acessibilidade, mas vale destacar alguns locais que investiram na iniciativa. Se partirmos do princípio de que o espaço pressupõe aptidões específicas a ele inerentes, ou requisitos desenvolvidos pelos diferentes grupos sociais, dentre os quais o das pessoas com deficiência, cabe destacar que estes mesmos ambientes devem ser acessíveis, inclusivos ou universais.

Este parece ser o paradoxo de cidades que queremos sustentáveis quando estas pessoas ainda encontram muitos locais nos quais não conseguem se locomover. A breve análise feita aqui faz também emergir a necessidade de uma outra e nova realidade a nível global para esse desenvolvimento social, que busca um crescimento ambientalmente sadio e que leve em conta a inclusão espacial destas pessoas.

É irônico que planejadores públicos, arquitetos, urbanistas e profissionais brasileiros da área de projeto estejam preocupados, neste momento da pandemia, com o futuro e destino das cidades, mas, ainda focando em ambientes cheios de obstáculos, dificuldades ou barreiras à locomoção das pessoas em seus planejamentos. Não se pode negar que já houve um progresso considerável em algumas cidades. Para continuar com o avanço, teremos que colocar a mobilidade urbana sustentável no coração das tomadas de decisão que irão do transporte à habitação, do espaço urbano aos espaços culturais, da educação à saúde e ao lazer. O ser humano deverá sempre servir de módulo na relação entre mobilidade urbana sustentável e acessibilidade.

É de se supor que a mobilidade urbana que buscaremos para nossas cidades pressupõe uma nova ordem social, onde a acessibilidade universal possa obter um equilíbrio dentro da "cidade que queremos". Portanto, devemos aproveitar este momento de confinamento e reflexão para repensar a urbe com o envolvimento total da sociedade que o constrói e que representa, ao mesmo tempo, o papel de agente e ator da questão ambiental.

Assim, o reconhecimento das pessoas com deficiência coloca o seu direito à diferença como parte integrante do seu direito à cidade, envolvendo questões relativas à incorporação destes novos sujeitos e à acessibilidade e à mobilidade urbana sustentável, na tomada de decisão urbana pós-pandemia, da forma como exposto.

A mudança que precisamos enfrentar não significa se sobreviveremos nas cidades como as conhecemos hoje. Nosso desafio é saber se teremos a imaginação e a visão para transformar as urbes, tornando-as seguras, mais acessíveis e mais resilientes da maneira como sempre precisamos delas ao longo do tempo. As questões colocadas aqui sinalizam para o papel vital do desenho de espaços públicos acessíveis, particularmente para os mais vulneráveis que precisam acessá-los mais do que nunca, incluindo os idosos e as pessoas com deficiência que deverão ser incluídas no fundamental planejamento das cidades nos anos futuros que virão pós-pandemia.

10. REFERÊNCIAS

ASSOCIAÇÃO BRASILEIRA DE NORMAS TÉCNICAS (ABNT). NBR 9050: Acessibilidade de Pessoas com Mobilidade Reduzida às Edificações, Espaços e Equipamentos Urbanos. Rio de Janeiro: 2015.

BERNARDES, Vitória. Citação em palestra proferida em Webinar. Conselho Nacional de Saúde, 2020.

BONDER, Nilton. O espetáculo da normalidade. *Estadão | Cultura* | 25.04.2020. http://email.midrashnews.org.br/accounts/109228/messages/351/clicks/986/2644?envelope_id=351.

BRASIL. Secretaria de Direitos Humanos, Secretaria Nacional de Promoção dos Direitos da Pessoa com Deficiência. Convenção sobre os Direitos das Pessoas com Deficiência. Protocolo Facultativo à Convenção sobre os direitos das pessoas com deficiência – Decreto Legislativo no 186/2008 – Decreto no 6.949/2009. 4. ed., rev. atual. Brasília, 2011b.

COHEN, Regina; DUARTE, Cristiane Rose de S. Afeto e lugar: a construção de uma experiência afetiva por Pessoas com Dificuldade de Locomoção. *Anais do Seminário de Acessibilidade no Cotidiano.* Rio de Janeiro: Núcleo Pró-Acesso/UFRJ, 2004.

DALCOMO, Margaret. GLOBO Newsletter 08 abril 2020.

IBGE, Instituto Brasileiro de Geografia e Estatística. Censo Estatístico Brasileiro de 2010.

ONU-HABITAT. Programa das Nações Unidas para Assentamentos Humanos no Brasil. (https://nacoesunidas.org).

WORLD HEALTH ORGANIZATION (WHO). International Classification of Functioning, Disability and Health. Geneva: WHO, 2001.

WORLD HEALTH ORGANIZATION (WHO). International Classification of Impairment, Disability and Handicap. Geneva: WHO, 1980.

REEXAME NECESSÁRIO: DEMANDAS COLETIVAS E DIREITOS DAS PESSOAS COM DEFICIÊNCIA

Fernando Gaburri

Doutor pela USP. Mestre pela PUC/SP. Especialista pela UERN. Professor Adjunto da Universidade do Estado do Rio Grande do Norte. Promotor de Justiça do Ministério Público da Bahia. Membro associado do Instituto Brasileiro de Direito de Família – IBDFAM e do Instituto Brasileiro de Advocacia Pública – IBAP. Autor da Coleção Direito Civil para Sala de Aula, Editora Juruá; ex-Procurador do Município de Natal.

Raimundo Silvino da Costa Neto

Especialista em Direito Constitucional pela UFRN e Mestrando pela Universidade Autônoma de Lisboa.; Professor e examinador de Bancas do CEBRASPE. Juiz de Direito do Tribunal de Justiça do Distrito Federal. Ex-Procurador do Município de Natal.

1. INTRODUÇÃO

O objeto do presente estudo é a análise da (não) incidência do reexame necessário como condição de eficácia das sentenças proferidas em ações coletivas favoráveis aos direitos das pessoas com deficiência. Adotou-se, principalmente, o método dedutivo partindo-se do caráter prioritário dos direitos da pessoa com deficiência como premissa maior, a qual deverá ser acoplada a premissa menor – unidade harmônica do microssistema de tutela coletiva –, para que ao final possa se alcançar a consequência silogística da não incidência do reexame necessário nas sentenças proferidas em ações coletivas, que acolhem os direitos das pessoas com deficiência.

Desde já, faz-se o seguinte corte metodológico: o artigo busca traçar uma abordagem analítica entre a imposição legal do reexame necessário e a implementação imediata das decisões judiciais que proporcionam melhores condições de vida às pessoas com deficiência, notadamente considerando a essência do interesse público tutelado nas demandas coletivas. Tem-se, assim, que a problemática reside na condição de suspensão de eficácia da sentença diante dos avanços que podem ser logo obtidos dentro desse campo.

Com fundamento na filosofia de Paulo Nader[1], no desenvolvimento deste estudo será necessário recorrer a observações doutrinárias e experiências acerca da aplicação jurisprudencial do objeto de estudo, para que, ao final, seja possível a formulação de uma conclusão geral.

A partir da compreensão de que as normas que integram o microssistema do processo coletivo devem conviver harmonicamente, consoante o que se vem denominando de diálogo das fontes, será possível sustentar que o reexame necessário não deve incidir nas ações coletivas ora tratadas.

2. A PESSOA COM DEFICIÊNCIA E A CONVENÇÃO DE NOVA IORQUE

O embrião da Convenção de Nova Iorque surge na reunião de Estocolmo, ocorrida em 1987, para avaliar o andamento do Programa Mundial de Ação relativo às Pessoas com Deficiência, quando se recomendou à Assembleia Geral que se realizasse uma conferência especial para a redação de uma convenção internacional sobre a eliminação de todas as formas de discriminação da pessoa com deficiência. Porém, a este respeito não havia ainda um consenso, já que em alguns Estados-membros os documentos de direitos humanos existentes atendiam adequadamente os direitos da pessoa com deficiência na mesma proporção em que garantiam os direitos de todos os demais seres humanos[2].

Em 2001, na Conferência de Durban, por pressão de organizações não governamentais ligadas aos direitos da pessoa com deficiência, foi reconhecida a necessidade de elaboração de um tratado internacional no âmbito da ONU, que gerou a Convenção das Nações Unidas de 2006, sobre os Direitos das Pessoas com Deficiência[3].

A Convenção sobre os Direitos das Pessoas com Deficiência e seu Protocolo Facultativo, foram assinados em Nova York, em 30.03.2007, tendo o Brasil depositado os instrumentos de ratificação junto ao Secretário Geral das Nações Unidas em 01.08.2008, entrando em vigor para o Brasil, no plano internacional, em 31.08.2008.

Seu propósito é promover, proteger e assegurar o exercício pleno e equitativo de todos os direitos humanos e liberdades fundamentais por todas as pessoas com deficiência e promover o respeito pela sua dignidade inerente (art. 1º).

Internamente, a Convenção sobre os Direitos das Pessoas com Deficiência, em tempo recorde (entre maio e junho de 2008) foi apreciada por ambas as Casas do Congresso Nacional e ratificada nos termos do Decreto Legislativo 186, de 09.07.2008, com quórum de Emenda Constitucional nos termos do § 3º do art. 5º da Constituição, e promulgada em 25.08.2009, pelo Decreto 6.949.

---

1. NADER, Paulo. *Filosofia do direito*. 22. ed. Rio de Janeiro: Forense, 2014. p. 23-24.
2. LOPES, Laís Vanessa Carvalho de Figueiredo. *Convenção sobre as pessoas com deficiência da ONU, seu protocolo facultativo e a acessibilidade*. cit. p. 39-45.
3. RAMOS, André de Carvalho. *Teoria geral dos direitos humanos na ordem internacional*. cit., p. 61-62.

A partir daí, sobreveio a Lei Brasileira de Inclusão da Pessoa com Deficiência – Lei 13.146, de 06.07.2015, entrando em vigor em 03.01.2016, com nítida inspiração na Convenção da ONU.

Dentre seus dispositivos, prevê a norma do art. 9°, VII, da LBI, que a pessoa com deficiência tem direito a receber atendimento prioritário na tramitação processual e procedimentos judiciais e administrativos em que for parte ou interessada, em todos os atos e diligências.

Esse tratamento diferenciado visa resguardar os direitos daqueles que se encontram em situação de especial vulnerabilidade em relação aos demais cidadãos. Em alguns casos, atenta-se, ainda, para a possibilidade de incidência de uma dupla prioridade, a exemplo de crianças, adolescentes ou idosos com deficiência[4].

A prioridade deve ser observada não só quando for parte, mas também quando a pessoa com deficiência for interessada, como na hipótese de seu direito ser tutelado por um legitimado coletivo, como o Ministério Público, mencionado no art. 7° da LBI, como o principal ator a ser informado sobre violação dos direitos da pessoa com deficiência.

3. LEGISLAÇÃO E O REEXAME NECESSÁRIO NO MICROSSISTEMA DE AÇÕES COLETIVAS ENVOLVENDO DIREITOS DAS PESSOAS COM DEFICIÊNCIA.

A ideia de microssistema no direito brasileiro é fortemente influenciada pela norma do art. 5°, XXXII da CF, cláusula pétrea que determina a aprovação de um Código de Defesa do Consumidor.

O CDC, aprovado pela Lei 8.072 de 1990, preocupa-se em regular apenas as relações de consumo entre um fornecedor e um consumidor, contemplando em seu texto normas de direito civil, empresarial, administrativo, penal, processual civil e processual penal[5].

A ideia de microssistema inaugurada pelo CDC é fortemente impregnada pela necessária noção de interdisciplinaridade porquanto envolve, na tutela do consumidor, ser vulnerável nas relações de consumo, normas de diversos outros ramos do direito, sejam de natureza pública e privada.

Do ponto de vista do processo coletivo, o microssistema consiste na reunião de diplomas autônomos ao redor de fundamentos comuns. As diversas normas processuais interpenetram-se e se complementam mutuamente, sem que uma exclua a outra.

Parece natural que em um contexto legislativo composto por diversas normas de processo coletivo, como a Lei de Ação Civil Pública, a Lei de Política Nacional

4. PEREIRA, Paula Moura Francesconi de Lemos. In: BARBOSA, Heloisa Helena; ALMEIDA, Vitor (Coord.). *Comentários ao Estatuto da Pessoa com Deficiência à luz da Constituição da República*, p. 80.
5. MARQUES, Claudia Lima. *Manual de direito do consumidor*, 2009, p. 40-41.

da Pessoa com Deficiência, o Código de Defesa do Consumidor, a Lei do Mandado de Segurança, a Lei do Mandado de Injunção, a Lei Brasileira de Inclusão da Pessoa com Deficiência, dentre diversos outros diplomas, ocorram conflitos entre eles, ou mesmo dúvidas sobre colisão ou derrogação de uma das normas frente a outra.

Neste contexto, destaca-se o estudo do reexame necessário, condição impeditiva de eficácia da sentença, previsto no art. 496 do CPC e incidente em algumas situações envolvendo ações coletivas.

Diferentemente do Código de 1973, o Código de Processo Civil aprovado pela Lei 13.105 de 2015 afasta-se do modelo oitocentista e assume o dever de dar unidade narrativa ao direito processual, com aplicação supletiva e subsidiária às demais normas processuais (art. 15); contempla um sistema aberto e flexível, composto de uma Parte Geral onde se concentram, principalmente mas não exclusivamente, normas de natureza fundamental; faz referência expressa às ações coletivas (art. 139, X e art. 985, I e II), funcionando como uma ponte entre a CF e o microssistema de processo coletivo[6].

As sentenças proferidas contra a Fazenda Pública pelos juízos de 1º grau só geram efeitos após confirmadas pela instância superior. O instituto baseia-se na presunção de que o vencedor da demanda em 1º grau busca a satisfação de um direito individual, ao passo que o interesse público está com a Fazenda Pública sucumbente.

Há casos, todavia, em que a Fazenda Pública, buscando a satisfação de interesse patrimonial (interesse público secundário) é a violadora do interesse público primário. Nestes casos, a sucumbência da Fazenda Pública importa na satisfação do interesse público primário tutelado por um legitimado coletivo, a exemplo do Ministério Público.

A questão que se coloca é se nestes casos haveria a incidência do instituto do reexame necessário.

4. O REEXAME NECESSÁRIO COMO PRERROGATIVA PROCESSUAL ESTATOCÊNTRICA

O reexame necessário, como verdadeira condição de eficácia da sentença nas hipóteses legalmente estabelecidas, foi embrionado e criado para beneficiar exclusivamente o Poder Público – consubstanciando uma espécie de garantia que se irradia de forma exonormativa. O instituto acaba emergindo da lei como uma manifestação da prevalência de interesses essencialmente fiscais, de modo que tal benefício revela-se injustificável sob o ponto de vista científico ou jurídico[7].

É, pois, um instrumento processual criado pelo Estado e para o Estado.

6. DIDIER, Fredie. *Curso de direito processual civil*, 2019, p. 66.
7. BUZAID, Alfredo. Panteão dos clássicos: das razões do aparecimento da apelação ex-officio e sua regulamentação das Ordenações Afonsinas. *Revista Jurídica da Presidência*, v. 4, n. 37, p. 02, Brasília, jun. 2002.

A sua inspiração decorreu da apelação 'ex officio', criada pela Corte Portuguesa para tentar conter os exageros expressos no antigo processo inquisitório, até então predominante. O clima de absoluta desconfiança dessa época recomendava a fiscalização dos atos judiciais, incorporando-se inicialmente nas Ordenações Afonsinas. E ainda, "esse foi o princípio que subsistiu no direito das Ordenações Manuelinas e Filipinas"[8].

O direito das ordenações de Portugal continuou a ser aplicado no Brasil após sua independência, por força da chamada Lei da Boa Razão, de 1769, de autoria do Marquês de Pombal, que fixava os limites da aplicação subsidiária do direito romano em Portugal, desde que houvesse lacuna do direito nacional e a norma romana fosse fundada na boa razão[9]. O mesmo raciocínio foi utilizado no Brasil quanto à legislação vigente em Portugal, até que sobreviesse sua legislação própria pós independência.

Com o tempo, o processo civil pátrio firmou o instituto do reexame necessário como um mecanismo que busca resguardar os cofres públicos, "como um valioso instrumento de defesa do erário"[10]. É, dessa forma, uma medida assecuratória elaborada unicamente em prol dos interesses financeiros do Poder Público.

Essa remessa automática, portanto, decorre da instituição soberana de uma mera conveniência administrativa, ao partir do pressuposto de que as condenações contra a Fazenda Pública precisariam sempre de uma reanálise e/ou confirmação.

Contudo, a sociedade é bastante dinâmica, sofrendo reflexos fenomenológicos a todo instante, e o direito precisa acompanhar toda essa evolução, articulando uma melhor interpretação dos seus institutos e aperfeiçoando os diplomas legais. É preciso, assim, reconhecer que essa prerrogativa essencialmente estatocêntrica há de ceder diante de pretensões mais legítimas, substanciais.

A bem da verdade, essa tradição do monopólio da legislação a favor do poder político estatizado constitui uma herança de traços autocráticos, que já não reflete mais a realidade atual. Após séculos de debates institucionais, o povo vem se tornando o grande vetor do sistema jurídico, exigindo a preservação da pluralidade democrática e lutando por todos aqueles que necessitam de proteção especial em razão de alguma limitação física.

Toda decisão política, então, destina-se a sedimentar o Estado Democrático de Direito, não podendo a lei exercer a finalidade única de tentar manter as finanças públicas, razão pela qual o reexame necessário, da forma como foi pensado no art. 496 do CPC, deve ser readequado e compatibilizado também com os preceitos constitucionais, notadamente quanto à proteção das pessoas com deficiência.

---

8. BUZAID, Alfredo. *Da apelação* 'ex officio' *no sistema do Código de Processo Civil*. São Paulo: Saraiva, 1951, p. 58.
9. NASCIMENTO, Walter Vieira do. *Lições de história do direito*. p. 195.
10. ASSIS, Araken de. *Processo Civil Brasileiro*. São Paulo: Ed. RT, 2015, v. III, p. 1.326.

Com efeito, o Estado não é formado apenas pelo seu poder central. O seu corpo cívico demanda igualmente as suas próprias reivindicações. "A regra democrática significa que todos os membros devem ser respeitados como detentores de direitos humanos"[11]. O Poder Público não pode se tornar um fim em si mesmo, até porque uma das suas funções mais essenciais é justamente promover a igualdade material entre os seus cidadãos, servindo ao propósito de assegurar o pleno desenvolvimento de cada pessoa.

Nesse pórtico, a suposta sobreposição dos interesses estatais só seria factível em circunstâncias muito específicas, uma vez que existem pressupostos mais importantes dentro da nova conjuntura jurídica. O arcabouço normativo processual deve, indiscutivelmente, estar em harmonia com os valores universais da proporcionalidade e dos direitos humanos.

Muitos doutrinadores defendem, inclusive, que determinado instrumento vem perdendo a sua finalidade. Segundo alegam, inexistiriam fundamentos para que a pretensão contra a Fazenda Pública continuasse sendo postergada simplesmente pela falta de confiança nas decisões dos magistrados de primeira instância.

A preocupação de outrora parece não encontrar mais respaldo, porquanto os atos processuais são praticados com absoluta transparência, seguindo os ditames legais.

Para amparar essa ferramenta processual, dizia-se que o reexame necessário seria "eficaz para evitar conluios pouco decentes entre juízes fracos e indignos desse nome e funcionários relapsos da administração pública"[12]. Ao que tudo indica, hoje a sociedade e os agentes processuais (incluindo os representantes da Fazenda Pública) dispõem de meios técnicos suficientemente adequados para recorrerem e impugnarem quaisquer decisões que sejam lesivas ou desarrazoadas, de modo que não se justificaria mais esse clima de total desconfiança.

Por fim, sobreleva notar que ao fixar essa condição tão somente em proveito das pessoas jurídicas de direito público a lei finda por criar uma distinção entre as partes, ferindo a isonomia que deveria inspirar toda e qualquer relação processual. Por esse motivo, "sua constitucionalidade merece, sempre e ainda mais, detida reflexão"[13].

4.1 Interesse público e o sistema de proteção dos direitos das pessoas com deficiência

Da mesma maneira que o objetivo primordial do reexame necessário é supostamente proteger o interesse coletivo, também não é factível dissociar a tutela dos direitos das pessoas com deficiência dos propósitos basilares da sociedade e da essência do que vem a ser efetivamente definido como "interesse público".

11. BENHABIB, Seyla. *Transformation of citizenship*. Cambridge: CUP, v. 37, n. 4, 2002, p. 37.
12. BUENO, Cassio Scarpinella. *Manual de Direito Processo Civil*. 5. ed. São Paulo: Saraiva, 2019, p. 478.
13. MARQUES, José Frederico. *Instituições de Direito Processo Civil*. 3. ed. Rio de Janeiro: Forense, 1969, v. IV, p. 134.

A construção de uma sociedade mais fraterna e igualitária é o primeiro passo para a legitimação de todo o sistema. É necessário, pois, que as normas sejam concebidas para proporcionar a inclusão concreta de todos os indivíduos. "A igualdade entendida como a equalização dos diferentes é um ideal permanente e perene dos homens vivendo em sociedade. Toda superação dessa ou daquela discriminação é interpretada como uma etapa do processo da civilização"[14].

O soerguimento dos novos pilares da democracia, sob a concepção do pluralismo jurídico e social, indica que o verdadeiro interesse público é consubstanciado em relações intersubjetivas mais equilibradas, oportunizando meios para que as pessoas exerçam as suas capacidades em consonância com suas especificidades e com toda a plenitude possível.

Ao reivindicar suas pretensões em juízo, de maneira coletiva e difusa, as pessoas com deficiência representam, inquestionavelmente, um interesse público genuíno.

Como dito anteriormente, a lei não pode constituir mais uma barreira aos direitos dessas pessoas, sob pena de subversão de todo o sistema. Com o reexame necessário, é inegável que os efeitos de uma sentença a elas favorável ficam indefinidamente sobrestados. "Essa suspensividade é entendida como um prolongamento da ineficácia natural da própria sentença em virtude de situações taxativamente previstas em lei"[15]. Contudo, o presente artigo propõe-se a fazer essa discussão acerca do verdadeiro interesse público, defendendo que a dimensão dos direitos tutelados pode, assim, justificar a não incidência da remessa automática da sentença para a segunda instância em determinados casos.

Portanto, o texto legal não pode se sobrepor aos princípios constitucionais de maior envergadura. Nesse contexto, é indefensável obstar-se direitos fundamentais universais a pretexto de proteger sempre o erário.

A defesa do patrimônio público não pode prevalecer indistintamente sobre os direitos das pessoas com deficiência, mormente porque todos os colegitimados para a propositura de ações coletivas (em especial, a Ação Civil Pública) analisam igualmente a existência desse interesse – essencialmente meta ou transindividuais. Por exemplo: como arguir que não há manifesto interesse público numa ação coletiva proposta pelo Ministério Público para assegurar maior acessibilidade ou mesmo as quotas para as pessoas com deficiência em determinado concurso público?

Verbi gratia, foi ajuizada ação civil pública, objeto do REsp 1.221.756/RJ, que findou por condenar uma instituição bancária privada em dano moral coletivo, porquanto o atendimento prioritário às pessoas com deficiência, com mobilidade reduzida e com idosos ocorria no 2º andar de um prédio aonde não havia elevador, sendo necessário subir 23 degraus de escada. Ora, se se tratasse da acessibilidade de um prédio onde funcionaria uma escola pública seria razoável aguardar o reexame

14. BOBBIO, Norberto. *Igualdade e liberdade*. 5. ed. Rio de Janeiro: Ediouro, 2002, p. 43.
15. TOSTA, Jorge. *Do reexame necessário*. São Paulo: Ed. RT, 2005, p. 169.

necessário para que o Poder Público adequasse o prédio às normas de acessibilidade? Resposta positiva poderia levar à perda do ano letivo, causando assim prejuízos existenciais e patrimoniais irreparáveis à pessoa.

Nesta mesma linha, seria razoável afirmar que apenas o Estado é sempre o detentor do interesse público? Por motivos óbvios, a resposta negativa impõe-se. "O interesse público identifica-se com a ideia de bem comum e se reveste de aspectos axiológicos, na medida em que se preocupa com a dignidade do ser humano"[16].

Nesse cenário, quando manifesto o interesse público concernente aos direitos das pessoas com deficiência, a conclusão lógica é que essa exigência formal da remessa necessária seja totalmente dispensada.

Atualmente, a sociedade compartilha o sentimento de que é um dever comunitário preservar os direitos de todos, especialmente para que situações de absoluta disparidade sejam minoradas, abrandadas. Essa concepção espelha, na verdade, a essência do bem comum. Não se pode, dessa maneira, dizer categoricamente que tal conceito (aberto, por sinal) se restringiria à Administração Pública, reafirmando-se que o preceito recorrente da supremacia do interesse público não incidiria em detrimento de uma prerrogativa tutelada por normas de direitos fundamentais[17], ante a relevância destes.

Por pressuposto, a Constituição Federal traz textualmente uma série de direitos destinados à proteção das pessoas com deficiência (arts. 7º, XXXI, 23, II, 24, XIV, 37, VIII, dentre tantos outros); deixando clarividente que o interesse público faz-se premente nessas circunstâncias e agrega intrinsecamente a proteção para aqueles que mais necessitam da atuação estatal.

Com base nesses fundamentos, vê-se que a convivência em sociedade deve ocorrer com vistas a garantir o princípio da isonomia material, com a "discriminação jurídica positiva para as pessoas com deficiência, e impõe ao Estado deveres específicos na produção e conformação do direito e na criação de condições materiais para satisfação dos direitos destes cidadãos"[18].

A concentração de esforços, destarte, deve se dar na direção de fazer valer a primazia desse interesse público tão elementar, consistente na intenção de viabilizar estruturalmente maiores condições para o exercício dos direitos desse grupo. Isso porque "as normas legais que tratam da remessa necessária não podem ser interpretadas de modo a ensejar tratamento privilegiado – no sentido pejorativo do termo – para a Fazenda Pública"[19].

---

16. CARNEIRO DA CUNHA, Leonardo. *A Fazenda Pública em Juízo*. Rio de Janeiro: Forense, 2019, p. 26.
17. MACHADO, Raquel Cavalcanti Ramos. *Interesse Público e Direitos do Contribuinte*. São Paulo: Dialética, 2007, p. 119-120.
18. TROVÃO DO ROSÁRIO, Pedro. Cidadania e Deficiência. Portugal. *Jurismat* VI, Portimão, p. 301-316 (maio 2015), p. 308.
19. NERY JUNIOR, Nelson. *Princípios* fundamentais: teoria geral dos recursos. 7. ed. São Paulo: Ed. RT, 2014, p. 98.

4.2 A (não) imposição da revisão automática como condição de eficácia das sentenças que acolhem direitos coletivos das pessoas com deficiência

Em síntese, a lei não pode se distanciar da concepção que o ordenamento jurídico deve atender sempre ao seu princípio mais básico: o de promover a justiça. As pessoas com deficiência já enfrentam, indiscutivelmente, inúmeras adversidades e a legislação não pode representar mais um óbice para a consecução dos seus direitos. Pelo contrário, sempre que existir uma condição que impeça a imediata implementação de políticas públicas destinadas a garantir avanços nesse âmbito, tem-se que a regra do reexame necessário precisa ser considerada no contexto da ponderação de princípios e permitir que as conquistas processuais das pessoas com deficiência sejam executadas de imediato.

O reexame necessário, por se tratar doutrinariamente de uma condição suspensiva 'ex lege', pode prejudicar imensamente a celeridade na concretude dos direitos constitucionalmente atribuídos às pessoas com deficiência, tão necessários quanto urgentes.

A evolução do Estado Democrático de Direito implica a necessidade de os governos agirem para suplantar eventuais obstáculos que dificultem o acesso dessas pessoas às políticas, sistemas e serviços em geral, conforme, aliás, dispõe expressamente a Recomendação n. 1 do "World Report on Disability" da Organização Mundial de Saúde[20].

Portanto, não é razoável que o Poder Público, em vez de otimizar e efetivar esses direitos, atue em sentido contrário, ou seja, prejudicando ainda mais a situação dessas pessoas ao estabelecer que as sentenças a elas favoráveis só tenham eficácia após a sua confirmação em segundo grau.

A expressão "produzindo efeito senão depois de confirmada pelo tribunal" (art. 496, caput), contida no capítulo do Código de Processo Civil que regulamenta o reexame necessário, institui esse adiamento incerto, indicando que qualquer provimento judicial que reconheça direitos em sede de ação coletiva em favor das pessoas com deficiência fique praticamente paralisado, estático, enquanto essa classe fica esperando por melhores condições de vida.

Nesse contexto, se a Lei 7.853/89 (art. 4º, § 1º) cria o preceito que as sentenças prejudiciais às pessoas com deficiência nas ações coletivas sejam automaticamente revisadas, por uma linha de raciocínio lógica, as decisões que lhes sejam favoráveis não devem submeter-se, então, ao reexame necessário.

Fundamentalmente, observa-se que a dispensa desse mecanismo processual em tais casos atende perfeitamente às diretrizes da Convenção Internacional sobre os Direitos das Pessoas com Deficiência (Decreto n. 6.949/2009) e aos princípios

20. Relatório disponível em: https://www.who.int/disabilities/world_report/2011/report/en/. Acesso em: 02 ago. 2020.

constitucionais de proteção e inclusão social. Assim, as sentenças prolatadas em ações coletivas em face do Estado que sejam benéficas às pessoas com deficiência estão definitivamente excluídas dessa formalidade anacrônica. Todas essas decisões, embora de caráter provisório, poderão ser cumpridas de imediato, não se submetendo ao regime do duplo grau obrigatório de jurisdição ou à concessão de tutela antecipada[21].

A solução é simples e basta haver fundamentação sucinta no dispositivo, afastando a remessa automática, uma vez que "para que haja a dispensa, é preciso que o juiz a ela faça expressa menção na sentença"[22]. Em breves linhas, é necessário apenas indicar a incompatibilidade do instituto com o sistema de proteção dos direitos das pessoas com deficiência e o seu não cabimento diante do caso proposto.

E para se chegar à conclusão da não incidência do reexame necessário nessa seara, existem caminhos hermenêuticos e linhas de interpretação bastante sólidos, conforme aqui apresentados.

O primeiro deles compreende que a simples interpretação teleológica e sistemática do ordenamento já permitiria inferir que, com a tutela constitucional deferida e a ratificação das convenções internacionais de direitos humanos que protegem os direitos das pessoas com deficiência, a previsão do reexame necessário nas ações coletivas envolvendo esse tipo de pretensão em face do Estado há de ser relativizada, não fazendo mais sentido a exigência da confirmação da sentença nesse campo. Desse modo, não haveria qualquer embate ou conflito e a solução seria a execução imediata das sentenças em prol das pessoas com deficiência, independentemente de concessão de tutela antecipada.

O segundo infere que existiria uma colisão direta e imediata de direitos – da Fazenda Pública versus o interesse público da proteção das pessoas com deficiência – revelando uma forma de "antinomia aparente" das normas que regem essas matérias, a ser solucionada com base na norma disposta no § 2º do art. 489 do CPC, devendo, diante desse suposto conflito, ser então flexibilizada a remessa necessária. "Esta antinomia aparente se resolve tanto com a técnica denominada diálogo das fontes, como com a adoção dos critérios de hierarquia, especialidade e do 'valor justum'. Prevalecerá a defesa dos interesses coletivos das pessoas com deficiência sobre os da Fazenda Pública, Autarquias e Fundações Públicas"[23].

O terceiro recomenda que toda a interpretação das normas legais que disciplinam a remessa necessária seja feita conforme a Constituição Federal (art. 28, parágrafo único, Lei n. 9.868/99)[24]. A bem da verdade, a restrição desse sucedâneo recursal

21. WELSCH, Gisele Mazzoni. O *reexame necessário e a efetividade da tutela jurisdicional*. Porto Alegre: Livraria do Advogado, 2010, p. 74.
22. DIDIER JR, Fredie; CARNEIRO DA CUNHA, Leonardo. *Curso de Direito Processual Civil*. 15. ed. Salvador: JusPodivm, 2018, v. 3, p. 488.
23. RIBEIRO, Lauro Luiz Gomes. A primazia da aplicação da legislação especial de tutela das pessoas com deficiência nos processos judiciais. *Direito e Desenvolvimento*, v. 7, n. 13, p. 31-42, João Pessoa, 2016.
24. Nesse sentido: NERY JUNIOR, Nelson. *Princípios fundamentais:* teoria geral dos recursos. 7. ed. São Paulo: Ed. RT, 2014, p. 98.

nas últimas décadas foi bastante tímida, sendo plenamente viável agora ser feita a sua interpretação conforme a Constituição – observando-se igualmente a duração razoável do processo[25]. A temática do reexame necessário, assim, precisaria ser redimensionada e vista sob à luz da Constituição Federal.

Nada mais justo, pois, que a os benefícios alcançados não fossem adiados em decorrência dessa condição suspensiva, recomendando-se, portanto, a interpretação conforme desse texto jurídico-processual do reexame necessário (art. 496, CPC), para concluir que a regra da remessa necessária não se aplicaria às sentenças que acolhem os direitos das pessoas com deficiência em ações coletivas ajuizadas em face do Estado.

Em sendo assim, todos os caminhos excepcionam a regra imposta, para prestigiar o entendimento de que o reexame necessário não tem mais aplicabilidade contra as decisões judiciais que amparem os direitos das pessoas com deficiência dentro do microssistema das ações coletivas.

5. CONCLUSÃO

Em apertada síntese, a Lei 7.853/1989 finda por assegurar a não incidência do reexame necessário das sentenças que acolhem a pretensão protetiva dos direitos das pessoas com deficiência. Essa conclusão pode ser alcançada pela interpretação a contrário senso da norma do § 1º do art. 4º da Lei, que dispõe que: "A sentença que concluir pela carência ou pela improcedência da ação fica sujeita ao duplo grau de jurisdição, não produzindo efeito senão depois de confirmada pelo tribunal".

Ora, se o arcabouço normativo preceitua que as sentenças, proferidas em ações coletivas, que não reconheçam os direitos das pessoas com deficiência sejam submetidas ao duplo grau obrigatório de jurisdição, nada mais justo, portanto, que as sentenças favoráveis a esse grupo dispensem o reexame necessário.

De fato, a premissa de salvaguardar o erário público torna-se insubsistente diante de direitos tão fundamentais, como aqueles que determinam condições mais dignas para o exercício dos direitos das pessoas com deficiência.

Destarte, torna-se forçoso concluir que essa imposição unilateral – da remessa necessária – deve ser redimensionada, sobretudo quando comprometer preceitos de ordem maior. Atentas a essas transformações, a legislação e a jurisprudência vêm relativizando essa formalidade, até porque esse instrumento não pode ser visto como um dogma intangível.

O reexame necessário não pode – nem deve – servir como um fator para a suspensão de políticas públicas que garantam melhoria na qualidade de vida das pessoas com deficiência. Com efeito, "as investigações sobre o acesso à justiça fornecem

25. LIMA DE OLIVEIRA, Rafael Sérgio. *O Reexame Necessário à Luza da Duração Razoável do Processo*. Curitiba: Juruá, 2011, p. 187.

uma visão de que as leis civis e o sistema jurídico podem ajudar na perpetuação das desigualdades sociais"[26]. Por isso, o Judiciário e os mecanismos processuais hão de minorar esses contrastes e não retardar sobremaneira a implementação de direitos de um grupo que precisa tanto de uma visão mais emancipacionista.

Conforme exposto no decorrer do artigo, a tutela dos direitos das pessoas com deficiência traduz a natureza de um interesse eminentemente público, comum, buscando preservar toda uma coletividade e constituindo o alicerce de qualquer sociedade democrática, razão pela qual há de preponderar sempre sobre o aspecto formal do reexame necessário.

6. REFERÊNCIAS

ASSIS, Araken de. *Processo Civil Brasileiro*. São Paulo: Ed. RT, 2015. v. III,

BARBOSA, Heloisa Helena; ALMEIDA, Vitor (Coord.). *Comentários ao Estatuto da Pessoa com Deficiência à luz da Constituição da República*. Belo Horizonte: Fórum, 2018.

BUZAID, Alfredo. *Da apelação* 'ex officio' *no sistema do Código de Processo Civil*. São Paulo: Saraiva, 1951.

BUZAID, Alfredo. Panteão dos clássicos: das razões do aparecimento da apelação ex-officio e sua regulamentação das Ordenações Afonsinas. *Revista Jurídica da Presidência*, Brasília, v. 4, n. 37, jun. 2002.

BENHABIB, Seyla. *Transformation of citizenship*. Cambridge: CUP, v. 37, N. 4, 2002.

BOBBIO, Norberto. *Igualdade e liberdade*. 5. ed. Rio de Janeiro: Ediouro, 2002.

BUENO, Cassio Scarpinella. *Manual de Direito Processual Civil*. 5. ed. São Paulo: Saraiva, 2019.

CUNHA, Leonardo Carneiro da. *A Fazenda Pública em Juízo*. Rio de Janeiro: Forense, 2019.

DIDIER JR, Fredie; CARNEIRO DA CUNHA, Leonardo. *Curso de Direito Processual Civil*. 15. ed. Salvador: JusPodivm, 2018 v. 3.

DIDIER JR, Fredie; ZANETI, Hermes. *Curso de direito processual civil*. 13. ed. Salvador: JUSPodivm, 2019. v. 4.

GREENE, Sara Stemberg. Race, Class and Access to Civil Justice. *Iowa Law Review*, v. 101, issue 4, p. 1263-1322, 2016.

MACHADO, Raquel Cavalcanti Ramos. *Interesse Público e Direitos do Contribuinte*. São Paulo: Dialética, 2007.

MARQUES, José Frederico. *Instituições de Direito Processo Civil*. 3. ed. Rio de Janeiro: Forense, 1969. v. IV,

NADER, Paulo. *Filosofia do direito*. 22. ed. Rio de Janeiro: Forense, 2014.

NASCIMENTO, Walter Vieira do. *Lições de história do direito*. Rio de Janeiro: Forense Universitária, 2002.

NERY JUNIOR, Nelson. *Princípios fundamentais: teoria geral dos recursos*. 7. ed. São Paulo: Ed. RT, 2014.

NEVES, Daniel Amorim Assumpção. *Manual de direito processual civil*. 13. ed. Salvador: JUSPodivm, 2018.

OLIVEIRA, Rafael Sérgio Lima de. *O reexame necessário à luza da duração razoável do processo*. Curitiba: Juruá, 2011.

RIBEIRO, Lauro Luiz Gomes. A primazia da aplicação da legislação especial de tutela das pessoas com deficiência nos processos judiciais. *Direito e Desenvolvimento*, João Pessoa, v. 7, n. 13, p. 31-42, 2016.

26. Greene, Sara Stemberg. Race, Class and Access to Civil Justice. *Iowa Law Review*, v. 101, issue 4, p. 1263-1322, 2016.

TOSTA, Jorge. *Do reexame necessário*. São Paulo: Ed. RT, 2005.

TROVÃO DO ROSÁRIO, Pedro. Cidadania e Deficiência. Portugal. *Jurismat* VI, Portimão, p. 301-316 (maio 2015).

WELSCH, Gisele Mazzoni. *O reexame necessário e a efetividade da tutela jurisdicional*. Porto Alegre: Livraria do Advogado, 2010.

WORLD Report on Disability – World Health Organization (December 2011). Disponível em: https://www.who.int/disabilities/world_report/2011/report/en/. Acesso em: 02 ago. 2020.

PARTE II
DESAFIOS E DILEMAS NA INCLUSÃO DE PESSOAS COM DEFICIÊNCIA

MULHER COM DEFICIÊNCIA – MEDIDAS APROPRIADAS PARA O SEU DESENVOLVIMENTO, AVANÇO E EMPODERAMENTO[1]

Maria Aparecida Gugel

Doutora pela Università degli Studi di Roma "TorVergata", Facoltà di Giurisprudenza, Autonomia Individuale e Collettiva, Roma, Italia. Subprocuradora-geral do Trabalho, tendo ingressado na carreira do Ministério Público do Trabalho em 1988. Atual Vice-Procuradora Geral do Trabalho. Presidente da Associação Nacional de Membros do Ministério Público de Defesa dos Direitos dos Idosos e Pessoas com Deficiência – AMPID, biênio 2019-2021 www.ampid.org.br.

1. INTRODUÇÃO

Pouco se escreve sobre a mulher com deficiência, portanto pouco se sabe sobre ela e o quanto está vulnerável nos ambientes sociais, familiares e de trabalho. O que se pretende com esse estudo sobre a mulher com deficiência é lançar algumas luzes sobre a constatação da Convenção sobre os Direitos das Pessoas com Deficiência (CDPD) de que as mulheres e meninas com deficiência são mais vulneráveis e os caminhos propostos para assegurar medidas para o desenvolvimento, o avanço e o empoderamento de mulheres com deficiência estão postos e aguardando providências urgentes do Estado e da sociedade.

2. A CONVENÇÃO SOBRE OS DIREITOS DAS PESSOAS COM DEFICIÊNCIA COMO RUMO PARA ASSEGURAR AS MEDIDAS PARA O DESENVOLVIMENTO, O AVANÇO E O EMPODERAMENTO DE MULHERES COM DEFICIÊNCIA

A CDPD reconhece que as *mulheres e as meninas com deficiência* estão mais expostas a riscos, no lar e fora dele, de sofrer violência, lesões ou abuso, descaso ou

1. Esse estudo, agora ampliado com enfoques do trabalho em tempo da pandemia do coronavírus Covid-19, foi publicado originalmente em Direitos Humanos no Trabalho pela Perspectiva da Mulher, ARAUJO, Adriane Reis de, LOPES, Andrea Lino Lopes, GUGEL, Maria Aparecida, COELHO, Renata (Org.). Belo Horizonte: RTM, 2019, p. 207-225, e em *Diálogos Aprofundados sobre os direitos das Pessoas com Deficiência*. Belo Horizonte: Editora RTM, 2019, p. 425-442.

tratamento negligente, maus-tratos ou exploração, e propõe incorporar a perspectiva de gênero aos esforços para promover o pleno exercício dos direitos humanos e liberdades fundamentais das pessoas com deficiência.

A norma internacional traça parâmetros para a eficácia das medidas saneadoras a serem tomadas pelo Estado e pela sociedade. Dentre as medidas, segundo o Artigo 6 da CDPD, deve-se eliminar as múltiplas formas de discriminação para assegurar o pleno desenvolvimento, avanço e empoderamento de mulheres.

A eliminação das variadas formas de discriminação, especialmente em razão da deficiência, manifesta-se quando há distinção, restrição ou exclusão, por ação ou omissão do agente com o propósito ou o efeito de prejudicar, impedir ou anular o reconhecimento da pessoa com deficiência, ou o exercício de seus direitos e liberdades fundamentais. Haverá discriminação quando o agente se recusar a conceder as adaptações razoáveis e o fornecimento de tecnologias assistivas. Ambas são elementos indispensáveis de acessibilidade, portanto compõem no rol dos direitos inalienáveis tendo a acessibilidade como direito fundamental.

O *desenvolvimento e o avanço* ocorrem na medida da existência da igual oportunidade de ocupação dos espaços de educação, preparação para a vida (especialmente no âmbito familiar) e para o trabalho, de forma que a mulher possa exercer todos os seus direitos e liberdades fundamentais em qualquer fase da vida ou domínio de direito.

Não é à toa que a Organização das Nações Unidas (ONU), ao compor Agenda 2030[2], fixa no Objetivo 5 alcançar a igualdade de gênero e empoderar todas as mulheres e meninas, a partir da eliminação de todas as formas de discriminação em relação a elas e em toda parte do planeta.

O Relatório Conciso de Gênero da Organização das Nações Unidas para a Educação a Ciência e a Cultura (UNESCO)[3] aponta que o empoderamento de meninas e mulheres está no desenvolvimento sustentável inclusivo que implica em crescimento econômico inclusivo, com foco no bem-estar humano e na sobrevivência planetária, sendo a educação e a aprendizagem ao longo da vida os motores essenciais desse processo.

Além disso, e para se alcançar a igualdade efetiva de gênero e o desenvolvimento sustentável, é preciso combater a discriminação de gênero, que ainda está enraizada nas diferentes culturas, e igualar as relações de poder, o que se inicia pela educação. Para tanto, são necessários recursos financeiros, vontade política e estruturas organizadas de apoio nas áreas de educação, saúde e meio ambiente, tratando as questões de forma intersetorial e transversal.

Por empoderamento, entenda-se a autoconsciência da mulher sobre qualquer forma de opressão que tenha sofrido, a percepção e o correspondente poder que

2. Disponível em: https://nacoesunidas.org/pos2015/ods5/. Acesso em: 02 nov. 2018.
3. Disponível em: http://unesdoc.unesco.org/images/0026/002645/264535POR.pdf. Acesso em: 02 nov. 2018.

passou a ter para enfrentar e combater a desigualdade e a discriminação em relação a si própria e às demais mulheres.

O Artigo 6 da CDPD diz expressamente:

Artigo 6 Mulheres com deficiência

1. Os Estados-Partes reconhecem que as mulheres e meninas com deficiência estão sujeitas a múltiplas formas de discriminação e, portanto, tomarão medidas para assegurar às mulheres e meninas com deficiência o pleno e igual exercício de todos os direitos humanos e liberdades fundamentais.

2. Os Estados-Partes tomarão todas as medidas apropriadas para assegurar *o pleno desenvolvimento, o avanço e o empoderamento das mulheres*, a fim de garantir-lhes o exercício e o gozo dos direitos humanos e liberdades fundamentais estabelecidos na presente Convenção.

Para romper com o círculo de invisibilidade e exclusão, a CDPD no Artigo 8[4] propõe que se conscientize a sociedade, iniciando-se com as famílias que tenham pessoas com deficiência, sobre i) a necessidade de respeito da dignidade e o respeito aos direitos das pessoas com deficiência, ii) a eliminação de todo tipo de estereótipos em todas as áreas da vida, aqui incluídas a idade e o sexo da pessoa, iii) e a compreensão sobre as capacidades e as contribuições das pessoas com deficiência.

Para realizar esses intentos, há que se fazer continuadamente campanhas de conscientização públicas de forma a alterar e positivar a percepção da sociedade em relação às pessoas com deficiência, com o reconhecimento de suas habilidades em todas as áreas, especialmente a produtiva para qualquer forma de trabalho. Fomentar atitudes de respeito nos diferentes lugares de participação da pessoa com deficiência, desde a escola, tendo a mídia como aliada.

A CDPD em proposições específicas do Artigo 16 evidencia o *gênero*, relacionando-o à pessoa com deficiência, seus familiares e seus atendentes, e as medidas a serem tomadas, especialmente quando presentes situações de violência e abuso.

Sobre gênero, tenha-se em conta que se trata de uma construção social da diferença de sexos. O sexo se relaciona com a realidade biológica e a anatomia masculina e feminina. O gênero se refere à cultura que estabelece posturas e comportamentos

4. Artigo 8 Conscientização 1. Os Estados-Partes se comprometem a adotar medidas imediatas, efetivas e apropriadas para: a) Conscientizar toda a sociedade, inclusive as famílias, sobre as condições das pessoas com deficiência e fomentar o respeito pelos direitos e pela dignidade das pessoas com deficiência; b) Combater estereótipos, preconceitos e práticas nocivas em relação a pessoas com deficiência, inclusive aqueles relacionados a sexo e idade, em todas as áreas da vida; c) Promover a conscientização sobre as capacidades e contribuições das pessoas com deficiência. 2. As medidas para esse fim incluem: a) Lançar e dar continuidade a efetivas campanhas de conscientização públicas, destinadas a: i) Favorecer atitude receptiva em relação aos direitos das pessoas com deficiência; ii) Promover percepção positiva e maior consciência social em relação às pessoas com deficiência; iii) Promover o reconhecimento das habilidades, dos méritos e das capacidades das pessoas com deficiência e de sua contribuição ao local de trabalho e ao mercado laboral; b) Fomentar em todos os níveis do sistema educacional, incluindo neles todas as crianças desde tenra idade, uma atitude de respeito para com os direitos das pessoas com deficiência; c) Incentivar todos os órgãos da mídia a retratar as pessoas com deficiência de maneira compatível com o propósito da presente Convenção; d) Promover programas de formação sobre sensibilização a respeito das pessoas com deficiência e sobre os direitos das pessoas com deficiência.

para homens e mulheres, destinando-lhes papéis, gestos, linguagem, roupas, profissões que ela deve adotar na vida em sociedade.

Mais adiante, o Artigo 16 da CDPD reforça sobre a necessidade de prevenção contra a exploração, a violência e o abuso da pessoa com deficiência, destacando os aspectos relacionados a *gênero e a idade*, incluídas as dos familiares e atendentes, sobretudo para que estes dois últimos estejam informados e possam reconhecer a existência de exploração, violência e abuso.

Há indicação expressa no Artigo 16 para que os serviços de proteção levem em conta a idade, o gênero e a deficiência das pessoas, de forma a qualificar as medidas a serem adotadas. Igualmente no que diz respeito aos serviços de reabilitação, incluída a psicológica, é fundamental visibilizar o gênero e a idade das pessoas com deficiência pois são preponderantes para solução a serem encaminhadas.

> *Artigo 16 Prevenção contra a exploração, a violência e o abuso*
>
> 1. Os Estados-Partes tomarão todas as medidas apropriadas de natureza legislativa, administrativa, social, educacional e outras para proteger as pessoas com deficiência, tanto dentro como fora do lar, contra todas as formas de exploração, violência e abuso, incluindo aspectos relacionados a *gênero.*
>
> 2. Os Estados-Partes também tomarão todas as medidas apropriadas para prevenir todas as formas de exploração, violência e abuso, assegurando, entre outras coisas, formas apropriadas de atendimento e apoio que levem em conta o *gênero e a idade das pessoas com deficiência* e de seus familiares e atendentes, inclusive mediante a provisão de informação e educação sobre a maneira de evitar, reconhecer e denunciar casos de exploração, violência e abuso. Os Estados-Partes assegurarão que os serviços de proteção levem em conta *a idade, o gênero e a deficiência das pessoas.*
>
> 3. A fim de prevenir a ocorrência de quaisquer formas de exploração, violência e abuso, os Estados-Partes assegurarão que todos os programas e instalações destinados a atender pessoas com deficiência sejam efetivamente monitorados por autoridades independentes.
>
> 4. Os Estados-Partes tomarão todas as medidas apropriadas para promover a recuperação física, cognitiva e psicológica, inclusive mediante a provisão de serviços de proteção, a reabilitação e a reinserção social de pessoas com deficiência que forem vítimas de qualquer forma de exploração, violência ou abuso. Tais recuperação e reinserção ocorrerão em ambientes que promovam a saúde, o bem-estar, o autorrespeito, a dignidade e a autonomia da pessoa e levem em consideração as necessidades de *gênero e idade.*
>
> 5. Os Estados-Partes adotarão leis e políticas efetivas, inclusive legislação e políticas voltadas para mulheres e crianças, a fim de assegurar que os casos de exploração, violência e abuso contra pessoas com deficiência sejam identificados, investigados e, caso necessário, julgados.

Tenha-se em conta a preocupação dirigida aos Estados-Parte ao, mais uma vez, evidenciar a vulnerabilidade das meninas e das mulheres com deficiência. Encontram-se ainda mais vulneráveis e marginalizadas as mulheres com deficiência idosas, resultado do fenômeno da discriminação da mulher.

Quanto à fixação da idade da mulher idosa, são aquelas com 60 anos ou mais, conforme o Estatuto do Idoso (Lei 10.741/2003). Por existir superposição de condições – pessoa com deficiência e idosa – a mulher está duplamente fragilizada pelas condições e agravos da deficiência, da saúde e da idade. Portanto, merece atenção especial e atendimento prioritário. Lembre-se que todas as pessoas com deficiência em processo de envelhecimento merecem os apoios e cuidados na área da saúde e da reabilitação, pois há evidente declínio funcional, perda auditiva, perda visual, dentre outros.

Em relação às diferentes naturezas de deficiência – preponderantemente as deficiências intelectual e mental, e especialmente as mulheres e as meninas – é fundamental que o Estado, a sociedade e a família ampliem a atenção para prevenir situações de violência, abuso e exploração, com políticas públicas específicas de atenção às mulheres e meninas com deficiência.

Sobre a violência repetem-se os argumentos utilizados em outro estudo[5] de que a violência é o avesso dos direitos consagrados nas leis de uma forma geral, principalmente as ações e omissões de seus agentes que contrariam os direitos humanos, tendo como parâmetros principais aqueles concernentes à cidadania: a educação, a saúde, a acessibilidade, a autonomia e a qualidade de vida.

Há uma relação proporcional e direta entre o conhecimento do direito e a diminuição da violência e da exploração: se desconheço meus direitos como vou saber se estou sendo preterida no atendimento preferencial em uma fila ou se estou sendo discriminada em um concurso público, por exemplo. Por isso a preocupação mundial, retratada na norma internacional, voltada principalmente para prevenção da violência por meio da *informação e da educação*, sendo dever do Estado e da sociedade tratar dessa questão, tanto dentro como fora do lar, por meio de medidas apropriadas de natureza legislativa, administrativa, social, educacional.

Para tanto, é necessário considerar i) os variados fatores que contribuem para a violência: a impunidade dos agressores, o medo de denunciar, as ideias preconcebidas sobre a inferioridade e a desvalorização da pessoa com deficiência, e a ii) caracterização da violência em relação à pessoa com deficiência:

- *violência institucional e estrutural do Estado* quando não promove os direitos assegurados na Constituição e nas leis. Apontam-se duas conhecidas hipóteses, a primeira quando o Estado insiste ou persiste em manter inexistentes, ou até mesmo ineficientes, os órgãos de controle e fiscalização e os de controle social, como os conselhos de direitos, gerando, nesse último caso, a impossibilidade material e jurídica de avaliar, acompanhar e fiscalizar a política local voltada para a pessoa com deficiência; a segunda, quando o Estado não institui política pública com condições orçamentárias e de execução em condições adequadas de atendimento;
- *violência familiar*, traduzida em negligência, maus tratos físicos e psicológicos e exploração sexual e financeira;
- *violência gerada pela falta de informação* e pela ignorância de leis que asseguram e protegem direitos;

5. MAIO, Iadya Gama. GUGEL, Maria Aparecida. Violência contra a pessoa idosa com deficiência: aspectos jurídicos de proteção e defesa. In: BERZINS, Marília Viana. MALAGUTTI, Willian (Org.). *Rompendo o Silencio: as faces da violência na velhice*. São Paulo: Martinari, 2010, p. 144-159.

- *violência perpetrada pela omissão de profissionais* de atendimento assistencial e de saúde que não notificam ou denunciam casos de negligência e maus tratos, e
- *violência social* consubstanciada no não reconhecimento da pessoa com deficiência como sujeito de direito.

As ações do poder público precisam ser conjuntas e unificadas no sentido de buscar a implantação de mecanismos de prevenção e enfrentamento das várias formas de violência contra a pessoa com deficiência, tais como:

- aumentar os canais de denúncia;
- incluir a pessoa com deficiência na rede regular de ensino;
- estabelecer planos de enfrentamento à violência contra a pessoa com deficiência nos âmbitos estadual municipal e distrital;
- criar por lei e fortalecer os conselhos de direitos estaduais, municipais e distrital, com fundos específicos e com autonomia de decisões;
- implantar serviço de notificação de violências contra a pessoa com deficiência no âmbito do SUS;
- divulgar os direitos das pessoas com deficiência;
- destinar verbas no orçamento público de segurança;
- construir centros integrados de prestação de serviços às vítimas de violência, com apoio psicológico e social.

Os registros de violência da Organização Mundial da Saúde (OMS), principalmente contra as mulheres com deficiência têm contornos e formas variados, marcados, via de regra, por maus tratos e abusos.

Em maior número estão os casos de violência passiva, por negligência. A negligência consiste, especialmente, na recusa de dar a alimentação e medicamentos apropriados, na falta de cuidados pessoais e de higiene, deixar de seguir as prescrições médicas, ou mesmo dar cuidados inapropriados.

Os *maus tratos*, por sua vez, podem ser de ordem física com agressões, tratamento rude e falta de cuidados pessoais, emprego exagerado de restrições, excesso de medicamentos e reclusão. Os *maus tratos psicológicos* podem ser por excessos verbais, intimidação, isolamento social, privações emocionais, impedir a tomada de decisões próprias, ameaças em relação a familiares.

Quanto aos *abusos*, há a exploração sexual com a recusa do reconhecimento sexual da mulher, recusa de informações ou educação sexual, como o controle de natalidade, sexo não desejado, agressões, esterilização forçada e a exploração financeira com a recusa de deixar a pessoa dispor e decidir sobre seus recursos e abuso financeiro.

O autor dos maus tratos está sempre em situação de poder em relação à vítima do abuso. Apoiando-se em sua autoridade poderá obter consentimento para contatos sexuais, com ameaça de morte ou violência se delatado e desacreditar a vítima como testemunha.

Os abusos devem ser reconhecidos como um grave problema social e em certos casos como crime punível. As pessoas responsáveis pelos cuidados de pessoas com deficiência devem estar capacitadas para perceber e denunciar a violência. As pessoas com deficiência, por sua vez, devem ser preparadas psicológica e fisicamente para enfrentar o autor da violência e denunciá-lo.

A violência e a deficiência associam-se a fatores de risco principalmente àqueles que estão relacionados à pobreza, moradia precária ou falta de moradia, ao isolamento social, às questões de gênero, às diferentes naturezas de deficiência, especialmente a intelectual e a mental. Por conta disso, a CDPD no Artigo 28 reconhece a necessidade de proteção social adequada às pessoas com deficiência e às suas famílias, inclusive alimentação, vestuário e moradia adequados, bem como à melhoria contínua de suas condições de vida:

> *Artigo 28 Padrão de vida e proteção social adequados*
>
> 1. Os Estados-Partes reconhecem o direito das pessoas com deficiência a um padrão adequado de vida para si e para suas famílias, inclusive alimentação, vestuário e moradia adequados, bem como à melhoria contínua de suas condições de vida, e tomarão as providências necessárias para salvaguardar e promover a realização desse direito sem discriminação baseada na deficiência.
>
> 2. Os Estados-Partes reconhecem o direito das pessoas com deficiência à proteção social e ao exercício desse direito sem discriminação baseada na deficiência, e tomarão as medidas apropriadas para salvaguardar e promover a realização desse direito, tais como: a) Assegurar igual acesso de pessoas com deficiência a serviços de saneamento básico e assegurar o acesso aos serviços, dispositivos e outros atendimentos apropriados para as necessidades relacionadas com a deficiência; b) Assegurar o acesso de pessoas com deficiência, particularmente mulheres, crianças e idosos com deficiência, a programas de proteção social e de redução da pobreza; c) Assegurar o acesso de pessoas com deficiência e suas famílias em situação de pobreza à assistência do Estado em relação a seus gastos ocasionados pela deficiência, inclusive treinamento adequado, aconselhamento, ajuda financeira e cuidados de repouso; d) Assegurar o acesso de pessoas com deficiência a programas habitacionais públicos; e) Assegurar igual acesso de pessoas com deficiência a programas e benefícios de aposentadoria.

O direito de proteção social da pessoa com deficiência no Brasil tem *status* constitucional (artigo 203 da Constituição da República) e está afeto à assistência social que a LBI nos artigos 39 e 40 reforça como sendo medidas de garantia e segurança da pessoa com deficiência para o acesso a todos os direitos e à participação social plena.

Se todas as formas de controle de prevenção falharem, resta a sanção e penalização das lesões graves, tipificando-as como crime, a exemplo do estupro previsto no artigo 213 do Código Penal; maus tratos, opressão ou abuso sexual previstos no artigo 130 do Estatuto da Criança e do Adolescente.

Acrescente-se a assistência à mulher em situação de violência doméstica e familiar prevista na Lei Maria da Penha (Lei 11.340/ 2006) a ser prestada, segundo o artigo 9º[6], de forma articulada e conforme os princípios e as diretrizes previstos na Lei Orgânica da Assistência Social (LOAS), no Sistema Único de Saúde (SUS), no

6. Art. 9º A assistência à mulher em situação de violência doméstica e familiar será prestada de forma articulada e conforme os princípios e as diretrizes previstos na Lei Orgânica da Assistência Social, no Sistema Único de Saúde, no Sistema Único de Segurança Pública, entre outras normas e políticas públicas de proteção, e emergencialmente quando for o caso.

Sistema Único de Segurança Pública (SUSP), entre outras normas e políticas públicas de proteção, e emergencialmente quando for o caso:

Caberá ao juiz determinar a inclusão da mulher em situação de violência doméstica e familiar no cadastro de programas assistenciais do governo federal, estadual e municipal, preservando-lhe a integridade física e psicológica. As medidas previstas para mulheres que trabalham é a de proporcionar acesso prioritário à remoção quando se tratar de servidora pública integrante da administração pública direta e indireta, e a manutenção do vínculo trabalhista, quando necessário o afastamento do local de trabalho, por até seis meses.

Está previsto na Lei Maria da Penha que a assistência à mulher em situação de violência doméstica e familiar compreende o acesso aos benefícios decorrentes do desenvolvimento científico e tecnológico, incluindo os serviços de contracepção de emergência, a profilaxia das Doenças Sexualmente Transmissíveis (DST) e da Síndrome da Imunodeficiência Adquirida (AIDS) e outros procedimentos médicos necessários e cabíveis nos casos de violência sexual.

Recentemente a Lei 13.827/2019 acrescenta o artigo 12-C à Lei Maria da Penha prevendo que em situações de existência de risco atual ou iminente à vida ou à integridade física da mulher em situação de violência doméstica e familiar, ou de seus dependentes, o agressor seja imediatamente afastado do lar, domicílio ou local de convivência com a ofendida. A providência pode, além do juiz, ser tomada pelo delegado de polícia ou policial, com comunicação em 24 horas à autoridade judicial. Havendo risco à integridade física da mulher, não será concedida liberdade provisória ao preso.

Em relação às pessoas com deficiência a violação dos direitos fundamentais de proteção à educação, ao trabalho e à saúde, estão previstos no artigo 8º, da Lei 7.853/89 com previsões acrescidas pela LBI nos artigos 88 a 91. Assim, será considerado crime em relação à pessoa com deficiência, punível com pena específica de reclusão (varia de um a cinco anos) e multa para cada caso, quando o agente:

- recursar a pessoa com deficiência em estabelecimento de ensino;
- obstar o acesso a qualquer cargo público em razão de sua deficiência;
- negar emprego, trabalho ou promoção em razão da deficiência;

---

§ 1º O juiz determinará, por prazo certo, a inclusão da mulher em situação de violência doméstica e familiar no cadastro de programas assistenciais do governo federal, estadual e municipal.

§ 2º O juiz assegurará à mulher em situação de violência doméstica e familiar, para preservar sua integridade física e psicológica:

I – acesso prioritário à remoção quando servidora pública, integrante da administração direta ou indireta;

II – manutenção do vínculo trabalhista, quando necessário o afastamento do local de trabalho, por até seis meses.

§ 3º A assistência à mulher em situação de violência doméstica e familiar compreenderá o acesso aos benefícios decorrentes do desenvolvimento científico e tecnológico, incluindo os serviços de contracepção de emergência, a profilaxia das Doenças Sexualmente Transmissíveis (DST) e da Síndrome da Imunodeficiência Adquirida (AIDS) e outros procedimentos médicos necessários e cabíveis nos casos de violência sexual.

- recusar, retardar ou dificultar internação ou deixar de prestar assistência médico-hospitalar e ambulatorial;
- praticar, induzir ou incitar discriminação em razão da deficiência, cuja pena é aumentada de dois a cinco anos e multa, se a prática se der por intermédio de meios de comunicação social ou publicação de qualquer natureza;
- apropriar-se de ou desviar bens, proventos, pensão, benefícios, remuneração ou qualquer outro rendimento de pessoa com deficiência, aumentada se se tratar de tutor, curador, síndico, liquidatário, inventariante, testamenteiro ou depositário judicial;
- abandonar em hospitais, casas de saúde, entidades de abrigamento ou congêneres;
- reter ou utilizar cartão magnético, qualquer meio eletrônico ou documento da pessoa com deficiência.

3. A CENTRALIDADE DOS PRINCÍPIOS DA IGUALDADE DE OPORTUNIDADES E DA NÃO DISCRIMINAÇÃO

A Convenção no Artigo 3[7] explicita os princípios gerais que a fundamentam. Dentre os oito princípios, destacam-se a não discriminação, a igualdade de oportunidades e a igualdade entre o homem e a mulher, e o fato de que os Estados estão obrigados a proibir qualquer discriminação baseada na deficiência.

A norma convencional orienta que discriminação por motivo de deficiência é qualquer diferenciação, exclusão ou restrição baseada em deficiência, com o propósito ou efeito de impedir ou impossibilitar o reconhecimento, o desfrute ou o exercício, em igualdade de oportunidades com as demais pessoas, de todos os direitos humanos e liberdades fundamentais nos âmbitos político, econômico, social, cultural, civil ou qualquer outro. Abrange todas as formas de discriminação, inclusive a recusa de adaptação razoável.

A centralidade dessa preocupação está no propósito da CDPD que é promover, proteger e assegurar o exercício pleno e equitativo de todos os direitos humanos e liberdades fundamentais por todas as pessoas com deficiência e promover o respeito pela sua dignidade inerente, de forma a que alcancem sua autonomia e independência, inclusive a liberdade de fazer as próprias escolhas.

Na perspectiva do desenvolvimento, avanço e empoderamento da mulher com deficiência, sobremaneira as mulheres com deficiência intelectual e mental em vista do histórico de desrespeito às suas vontades, está o reconhecimento da capacidade legal a partir de salvaguardas para prevenir qualquer abuso.

---

7. *Artigo 3 Princípios gerais*

Os princípios da presente Convenção são:

a) O respeito pela dignidade inerente, a autonomia individual, inclusive a liberdade de fazer as próprias escolhas, e a independência das pessoas; b) A não discriminação; c) A plena e efetiva participação e inclusão na sociedade; d) O respeito pela diferença e pela aceitação das pessoas com deficiência como parte da diversidade humana e da humanidade; e) A igualdade de oportunidades; f) A acessibilidade; g) A igualdade entre o homem e a mulher; h) O respeito pelo desenvolvimento das capacidades das crianças com deficiência e pelo direito das crianças com deficiência de preservar sua identidade.

Destaque-se que o reconhecimento da capacidade civil das pessoas com deficiência, conforme Artigo 12 da CDPD, reflete-se diretamente na liberdade de as mulheres, especialmente aquelas com deficiência intelectual e mental, terem as suas vontades e preferências respeitadas quanto à sexualidade, a casar, à maternidade, além das responsabilidades familiares e profissionais e que devem ser consideradas. Por outro lado, também a questão da dependência financeira e a eventual extinção do ambiente familiar por morte dos pais se reflete como fator a ser considerado diante da exposição das pessoas com deficiência em relação ao seu familiar e/ou apoiador, atendente, curador. Nesse sentido, todos os indicados devem receber orientação técnica, institucional e emocional, de modo a enfrentar o desgaste físico e emocional, implicados no cuidar.

As salvaguardas propostas na CDPD[8] estão definidas na tomada de decisão apoiada, cujo processo está previsto no artigo 116 que acrescenta o artigo 1.783-A ao Código Civil, e a alteração significativa do instituto da curatela do artigo 84 da LBI que afeta tão somente os atos relacionados aos direitos de natureza patrimonial e negocial, não alcançando nenhum outro direito.

Para a LBI é fundamental que a mulher usufrua o exercício de todos os direitos previstos no artigo 6º, que são:

- casar-se e constituir união estável;
- exercer direitos sexuais e reprodutivos;
- exercer o direito de decidir sobre o número de filhos e de ter acesso a informações adequadas sobre reprodução e planejamento familiar;
- conservar sua fertilidade, sendo vedada a esterilização compulsória;
- exercer o direito à família e à convivência familiar e comunitária, e exercer o direito à guarda, à tutela, à curatela e à adoção, como adotante ou adotando, em igualdade de oportunidades com as demais pessoas.

Os comandos de proibição quanto à decisão sobre a maternidade e a esterilização estão em harmonia com a Lei 9.020/1995, adiante mencionada em relação à discriminação.

Seguindo na linha da perspectiva do desenvolvimento, avanço e empoderamento da mulher com deficiência, coloca-se o direito da mulher ao mundo do trabalho – trabalho formal, empreendedorismo, trabalho autônomo, cooperativismo, associativismo.

A LBI ao tratar do direito ao trabalho, admite-o no artigo 34 como sendo de livre escolha da pessoa com deficiência, aceito no mercado, em ambiente acessível e

8. Sobre o tema da capacidade civil sugere-se a leitura dos artigos: GUGEL. Maria Aparecida. *Tomada de decisão apoiada e curatela*: medidas de apoio e garantia para o exercício dos direitos das pessoas com deficiência intelectual e mental. Disponível em: http://www.ampid.org.br/v1/wp-content/uploads/2018/01/Tomada-DecisaoCuratela_AnaisApaes_2017.pdf. Acesso em: 02 nov. 2018; FIGUEIREDO. Ana Cláudia Mendes de; GONZAGA. Eugênia Augusta. Pessoas com Deficiência e seu direito fundamental à capacidade civil. Ministério Público, sociedade e a Lei Brasileira de Inclusão da Pessoa com Deficiência. Brasília: ESMPU, 2018, p. 85-109.

inclusivo, e em igualdade de oportunidades com as demais pessoas. A liberdade para escolher um trabalho, em contraponto a velhos costumes de estigmatizar, relacionando determinados ofícios e profissões para determinadas naturezas de deficiência, diz respeito à dignidade inerente da pessoa e a sua autonomia individual.

A pessoa com deficiência tem direito, em igualdade de oportunidades com as demais pessoas, a condições justas e favoráveis de trabalho, incluindo igual remuneração por trabalho de igual valor, inspirada na Convenção 100 da Organização Internacional do Trabalho (OIT), compondo a base para a remuneração igual entre homens e mulheres.

Também na linha proposta pela CDPD quanto ao desenvolvimento, avanço e empoderamento da mulher com deficiência está a eliminação da discriminação. A LBI no art. 107, acrescenta a proibição de adoção de qualquer prática discriminatória e limitativa para o efeito de acesso à relação de trabalho ou à sua manutenção, prevista na Lei 9.029/1995 ou seja, a motivação da condição de deficiência. Além disso, indica as práticas discriminatórias que constituem crime, passível de pena de detenção de um a dois anos e multa para a pessoa física do empregador, seu representante legal e o dirigente, direto ou por delegação, de órgãos públicos e entidades das administrações públicas direta, indireta e fundacional de qualquer dos Poderes da União, dos Estados, do Distrito Federal e dos Municípios: a exigência de teste, exame, perícia, laudo, atestado, declaração ou qualquer outro procedimento relativo à esterilização ou a estado de gravidez; a adoção de quaisquer medidas, de iniciativa do empregador, que configurem indução ou o instigamento à esterilização genética; a promoção do controle de natalidade, ressalvados os serviços de aconselhamento ou planejamento familiar, realizados através de instituições públicas ou privadas, submetidas às normas do Sistema Único de Saúde (SUS).

Sem prejuízo das cominações referidas, são passíveis de multa administrativa de dez vezes o valor do maior salário pago pelo empregador, elevado em cinquenta por cento em caso de reincidência e a proibição de obter empréstimo ou financiamento junto a instituições financeiras oficiais. Referida previsão de incidência de multa administrativa, na forma do art. 3º inciso I da Lei 9.029/1995, a cargo da fiscalização do Ministério do Trabalho, deverá ser sempre adotada quando verificado o descumprimento de normas de acessibilidade, especialmente a não realização da adaptação razoável, com o efeito de prática discriminatória e limitativa de acesso da pessoa com deficiência à relação de trabalho.

4. O EXERCÍCIO DE DIREITOS SINDICAIS COMO FORMA DE DESENVOLVIMENTO, AVANÇO E EMPODERAMENTO DA PESSOA COM DEFICIÊNCIA

Em tempos de descrédito e desqualificação das atividades sindicais, é indispensável tratar sobre a importância do diálogo social entre trabalhadores e empregadores por meio da negociação coletiva, e enaltecê-la como lugar diferenciado para o exercício de direitos sindicais por pessoas com deficiência, em igualdade de condições com as demais pessoas, tal como preconizado na CDPD (Artigo 27, 1.c).

A negociação coletiva permite a participação efetiva de seus protagonistas (trabalhadores e empregadores) para tratar de temas comuns como a formação e qualificação profissional, tempo de trabalho e de repouso e, também, revela-se decisiva para o enfrentamento das contradições sociais, incluída a igualdade dos trabalhadores relacionadas às questões de gênero, raça, deficiência, dentre outras.

É a própria OIT[9] que posiciona a negociação coletiva como um dos meios para alcançar a igualdade material com a inclusão de cláusulas antidiscriminatórias e/ou de igualdade em acordos e convenções coletivas de trabalho, com critérios de avaliação e controle em todas as fases da contratação.

Defende-se há algum tempo[10] a promoção e a implementação do artigo 3º da Convenção 111/OIT para se obter a colaboração das organizações de empregadores e trabalhadores e de outros organismos apropriados, com o fim de favorecer a aceitação e aplicação da política de ação afirmativa de promoção da igualdade de maneira a resguardar os interesses de todos os trabalhadores (negros, mulheres, com deficiência e idosos) quanto ao acesso, permanência, ascensão na carreira, além de salários equânimes.

Significa que sindicatos representativos de categorias econômicas e profissionais ao negociarem e estipularem condições de trabalho, na forma do art. 611 da CLT (representação) e do parágrafo 3º do art. 614 da CLT (eficácia), podem criar reais condições de discriminação positiva, ao longo do tempo da eficácia do instrumento coletivo, de forma a estabelecer a condição de igualdade do trabalhador com deficiência.

Os acordos ou convenções coletivas de trabalho são medidas que também concretizam os direitos humanos fundamentais previstos nas normas e tratados internacionais e podem assimilar não só o conteúdo do princípio fundamental da igualdade oportunidade como também os mecanismos que potencializam os direitos dos grupos identificados e escolhidos para a ação da medida, como a formação e a qualificação profissional dos trabalhadores para mantê-los atualizados diante da evolução tecnológica; a representação dos trabalhadores no âmbito das empresas; o ambiente de trabalho saudável, seguro e acessível; a proteção social e os planos complementares de saúde e previdência.

---

9. A OIT trata da negociação coletiva em duas convenções, a Convenção 98/OIT sobre direito de sindicalização e negociação coletiva e a Convenção 154/OIT concernente ao fomento à negociação coletiva, seguida da Recomendação 163/1981 sobre a promoção da negociação coletiva e os métodos para utilizá-la em qualquer região ou setor econômico, sendo conveniente às partes terem à mão todas as informações e dados para serem discutidos e negociados.

10. GUGEL. Maria Aparecida. O envelhecimento do trabalhador e a preservação do direito de trabalhar em igualdade de condições: negociação coletiva de trabalho. In: D'AMBROSO. Marcelo José Ferlin (Coord.). *Direito do Trabalho, direito penal do trabalho, direito processual do trabalho e a reforma trabalhista* (Lei 13.467/2017): IPEATRA. São Paulo: LTR, 2017, p. 125-138.

O campo da negociação coletiva é fértil para as medidas de enfrentamento da discriminação em relação às mulheres com deficiência por meio de medidas de ação afirmativa visando a criar critérios de avaliação e controle para a sua permanência e ascensão profissional nos respectivos cargos, com atenção e respeito às suas obrigações familiares e tempo para a reabilitação.

O principal argumento par a inclusão de cláusulas a igualdade nas convenções e acordos coletivos de trabalho é a lógica que sustenta a gestão da diversidade, ou seja, a heterogeneidade crescente da força de trabalho em relação à idade, gênero e origem étnica. O empregador é o mais interessado em valorizar sua força de trabalho plural, assim como atrair e manter os trabalhadores melhor qualificados de todos os segmentos da sociedade. Com esse ponto de vista, a gestão da diversidade no âmbito das empresas se converte em política de gestão de recursos humanos e forma a criar uma cultura de valorização do trabalhador, independentemente de sua condição, idade ou deficiência, e, na qual referido trabalhador pode desenvolver plenamente suas capacidades, contribuindo para a o rendimento global da empresa. É uma troca que leva benefício a ambas as partes.

A negociação coletiva pode conter novos objetos de negociação, a exemplo da qualificação profissional permanente dos trabalhadores diante das inovações tecnológicas, a redução e reorganização do tempo e local de trabalho, a exemplo do banco de horas, teletrabalho, observada a acessibilidade para preservar as condições de saúde física e mental do trabalhador; trabalho a tempo parcial.

Para a efetividade de cláusula com previsão de igualdade real de oportunidades propõem-se previsões cujos conteúdos garantam a permanência no tempo e o controle da aplicação da política institucional da igualdade, quais sejam: instituir no âmbito das organizações sindicais programas permanentes de educação, de capacitação e de orientação para a diversidade, observados os critérios específicos de cada grupo; reconhecer a existência da discriminação dos grupos e, a partir de dados e estatísticas dos órgãos de recenseamento, estabelecer metas percentuais a serem atingidas sobre o total de empregados da empresa de forma a assegurar a representação de todos os membros de população (raça/cor, etnia, condição de deficiência, idade, bem como outros grupos discriminados como mulheres, LGBTTQ+); constituir comissão específica com atribuições de gerenciamento e monitoramento interno da política institucional da igualdade; estabelecer regras e procedimentos claros, objetivos, escritos e devidamente publicados (quadro de aviso, endereço eletrônico, entre outros) para a seleção de candidatos às vagas de trabalho nas empresas; estabelecer de forma clara e objetiva quais são os requisitos e as exigências de avaliação do empregado para a promoção na carreira. Tais requisitos e as qualificações exigidas do empregado candidato à vaga de promoção deverão ser de conhecimento de todos os empregados; eliminar os critérios subjetivos a respeito da condição de deficiência, raça, cor, etnia, gênero, idade, entre outros, principalmente aqueles decorrentes de entrevistas.

5. A PANDEMIA DO CORONAVÍRUS – COVID-19 E AS PESSOAS COM DEFICIÊNCIA

Vive-se a pandemia do novo coronavírus (SARS-COV-2) ou Covid-19, que nos impõe obediência aos protocolos de segurança sanitária da Organização Mundial da Saúde (OMS), do Ministério da Saúde (MS), da Agência Nacional de Vigilância Sanitária (ANVISA) e das normas administrativas dos estados e municípios. Ainda que resumidamente, ressaltam-se alguns aspectos importantes a serem observados em relação às pessoas com deficiência durante a pandemia da Covid-19.

Os protocolos sanitários para a maioria das pessoas com deficiência recomendam o afastamento social para prevenir a contaminação, mais especialmente para o grupo que apresenta riscos de agravamento das condições de saúde, a exemplo das pessoas com restrições respiratórias, com condições autoimunes, que apresentam doenças associadas como diabetes, hipertensão arterial, doenças do coração, pulmão, rim e doenças neurológicas.

A pessoa com deficiência em situação de risco, emergência ou estado de calamidade pública é colocada em condição de vulnerabilidade pelo artigo 10 da LBI. Tal previsão decorre do Artigo 11 da CDPD que impõe ao país que a ratificou tomar medidas necessárias para assegurar-lhe a proteção e a segurança.

Nesse contexto, a pandemia da Covid-19 justifica e impõe ao Estado a adoção de medidas sanitárias para a proteção e segurança das pessoas com deficiência em todos os domínios da vida, especialmente aquele relacionado ao trabalho. A proteção ao trabalho deve incluir mecanismo de manutenção do poder aquisitivo da pessoa com deficiência sempre que do seu contrato de trabalho vier a constar a redução de jornada e salário, ou até mesmo a suspensão.

Em tempo de pandemia do coronavírus é importante ressaltar que é vedado ao empregador restringir o trabalho à pessoa com deficiência, impedindo-a de permanecer no emprego ou não realizar a adaptação razoável necessária. Tal prática pode ser considerada discriminação da pessoa em razão da deficiência, cujo crime é punível com reclusão de um a três anos e multa, na forma do artigo 88 da LBI.

A nota técnica pelo Ministério Público do Trabalho[11] aponta que em qualquer relação de trabalho se deve garantir às pessoas com deficiência trabalhadoras o direito de trabalhar realizar as suas atividades laborais preferencialmente de modo remoto (teletrabalho ou *home office*), por meio de equipamentos e sistemas informatizados.

Essa garantia se estende aos trabalhadores e às trabalhadoras que tenham encargos familiares com filhas ou filhos com deficiência, pessoas idosas, pessoas com doenças crônicas que podem ter seu quadro agravado pela Covid-19. Lembre-se que a garantia de primazia de atenção às crianças e idosos está delineada na

11. As notas técnicas do Ministério Público do Trabalho referentes ao trabalho em tempo de pandemia Covid-19 estão em: https://mpt.mp.br/pgt/noticias/coronavirus-veja-aqui-as-notas-tecnicas-do-mpt, acesso em: 22 jul. 2020.

Constituição da República no artigo 227, no Artigo 7, item 2 da Convenção sobre os Direitos da Pessoa com Deficiência, e nos artigos 3º e 4º da Lei 10.741/2003 (Estatuto do Idoso).

A atenção do empregador deve também se voltar para as condições de acessibilidade do ambiente de trabalho da pessoa com deficiência, agora de forma obrigatória em ambiente doméstico, garantindo-lhe condições de realização das atividades e tarefas de forma acessível e com tecnologia assistiva adequada à cada necessidade.

Além da nova realidade do teletrabalho, muitas vezes para o trabalho presencial é necessária a adoção de uma política empresarial de flexibilização da jornada de trabalho para pessoas com deficiência de forma, por exemplo, a prevenir a utilização do transporte coletivo em horários de pico. Esse mecanismo estratégico de alteração da jornada de trabalho pode ser considerado como uma ajuda técnica: permite que a pessoa com deficiência circule pela cidade em horários sem grande fluxo de pessoas e sem aglomeração que poderiam colocar em risco sua saúde.

6. CONCLUSÕES

O desenvolvimento, o avanço e o empoderamento da mulher com deficiência ocorrem na medida da igual oportunidade de ocupação dos espaços de educação, preparação para a vida no âmbito familiar e fora dele, e para o trabalho, de forma a exercer todos os direitos e liberdades fundamentais em qualquer fase da vida ou domínio de direito. Implica em romper necessariamente com o círculo de invisibilidade e da exclusão a partir da conscientização da sociedade, especialmente quanto à prevenção de exploração, violência e abuso, além da melhoria de vida de mulheres com deficiência que necessitam de proteção assistencial.

Os princípios da igualdade e não discriminação potencializam o desenvolvimento, avanço e empoderamento da mulher com deficiência na medida em que salvaguardam direitos e permitem o exercício pleno da vontade. E, ainda, proporcionam o ingresso e permanência no mundo do trabalho e o direito à participação na atividade sindical que, por meio da negociação coletiva, podem eleger cláusulas para concretizar seus direitos.

A pessoa com deficiência em situação de risco, emergência ou estado de calamidade pública é colocada em condição de vulnerabilidade pelo artigo 10 da LBI. Tal previsão decorre do Artigo 11 da CDPD que impõe ao país que a ratificou tomar medidas necessárias para assegurar-lhe a proteção e a segurança. Nesse contexto, a pandemia da Covid-19 justifica e impõe ao Estado a adoção de medidas sanitárias para a proteção e segurança das pessoas com deficiência em todos os domínios da vida, especialmente o trabalho em condições acessíveis, preferencialmente de modo remoto (teletrabalho ou *home office*), por meio de equipamentos e sistemas informatizados.

7. REFERÊNCIAS

FIGUEIREDO. Ana Cláudia Mendes de; GONZAGA. Eugênia Augusta. *Pessoas com Deficiência e seu direito fundamental à capacidade civil*. Ministério Público, sociedade e a Lei Brasileira de Inclusão da Pessoa com Deficiência. Brasília: ESMPU, 2018.

GUGEL. Maria Aparecida. *Pessoas com Deficiência e o Direito ao Concurso Público* – Reserva de Cargos e Empregos Públicos – Administração Direita e Indireta, 3. ed. Goiânia: Editora da UCG, 2016. Disponível em: http://www.ampid.org.br/v1/wp-content/uploads/2016/06/PESSOAS-COM-DEFICIENCIA-E-O-DIREITO-AO-CONCURSO-PUBLICO-MARIA-APARECIDA-GUGEL-20161.pdf2016.

GUGEL. Maria Aparecida. *Tomada de decisão apoiada e curatela*: medidas de apoio e garantia para o exercício dos direitos das pessoas com deficiência intelectual e mental. Disponível em: http://www.ampid.org.br/v1/wp-content/uploads/2018/01/TomadaDecisaoCuratela_AnaisApaes_2017.pdf, Acesso em: 02 nov. 2018.

GUGEL. Maria Aparecida. O Mundo do Trabalho e as Pessoas com Deficiência. In: GONZAGA, Eugênia Augusta e MEDEIROS, Jorge Luiz Ribeiro de (Org.). Ministério Público, Sociedade e a Lei Brasileira de Inclusão da Pessoa com Deficiência. Brasília: ESMPU, 2018.

GUGEL. Maria Aparecida. O envelhecimento do trabalhador e a preservação do direito de trabalhar em igualdade de condições: negociação coletiva de trabalho. In: D'AMBROSO, Marcelo José Ferlin (Coord.). *Direito do Trabalho, direito penal do trabalho, direito processual do trabalho e a reforma trabalhista* (Lei 13.467/2017): IPEATRA/ São Paulo: LTR, 2017.

GUGEL. Maria Aparecida. *Diálogos Aprofundados sobre os direitos das Pessoas com Deficiência*. Belo Horizonte: Editora RTM, 2019.

MAIO, Iadya Gama. GUGEL, Maria Aparecida. Violência contra a pessoa idosa com deficiência: aspectos jurídicos de proteção e defesa. In: BERZINS, Marília Viana; MALAGUTTI, Willian (Org.). *Rompendo o Silencio: as faces da violência na velhice*. São Paulo: Martinari, 2010.

MINISTÉRIO PÚBLICO DO TRABALHO. Notas Técnicas. Disponível em: https://mpt.mp.br/pgt/noticias/coronavirus-veja-aqui-as-notas-tecnicas-do-mpt. Acesso em: 22 jul. 2020.

ORGANIZAÇÃO DAS NAÇÕES UNIDAS (ONU). Agenda 2030. Disponível em: https://nacoesunidas.org/pos2015/ods5/. Acesso em: 02 nov. 2018.

ORGANIZAÇÃO DAS NAÇÕES UNIDAS PARA A EDUCAÇÃO A CIÊNCIA E A CULTURA (UNESCO). Relatório Conciso de Gênero. Disponível em: http://unesdoc.unesco.org/images/0026/002645/264535POR.pdf. Acesso em: 02 nov. 2018.

MORADIAS INDEPENDENTES PARA PESSOAS COM DEFICIÊNCIA – UMA OPÇÃO PARA A VIDA INDEPENDENTE E COM AUTONOMIA

Flávia Poppe de Muñoz

MSc em planejamento social com especialização em sistemas de saúde pela London School of Economics. Bacharel em economia pela PUC – Rio. Consultora Internacional em Economia da Saúde e Gestão de Sistemas de Saúde, Diretora do Instituto JNG – Projetos de Inclusão Social.

1. INTRODUÇÃO

O marco legal sobre os direitos das pessoas com deficiência no Brasil não deixa nada a desejar a qualquer país moderno e avançado. Como afirma MAIOR (2017), "o conjunto das leis brasileiras destinadas aos direitos das pessoas com deficiência é reconhecido como um dos mais abrangentes do mundo". Antes mesmo da aprovação da Convenção Internacional dos Direitos da Pessoa com Deficiência pela Organização das Nações Unidas em 2006, o Brasil aprovou leis específicas para cegos e surdos, bem como outros direitos inseridos de forma transversal na legislação geral da saúde, educação, trabalho, proteção social, cultura, esporte etc. Tendo tido participação ativa na construção da Convenção Internacional, em 2009 o Brasil aprovou a Convenção Nacional dos Direitos da Pessoa com Deficiência e poucos anos depois promulgou a Lei Federal 13.146 de 2015, peça única contendo mais de 120 artigos que garantem o direito à educação inclusiva em escolas regulares, saúde, acessibilidade de forma abrangente e moradias, entre outros direitos. O artigo 31 da LBI afirma que

> A pessoa com deficiência tem direito à moradia digna, no seio da família natural ou substituta, com seu cônjuge ou companheiro ou desacompanhada, ou em moradia para a vida independente da pessoa com deficiência, ou, ainda, em residência inclusiva.

Embora tenhamos uma legislação moderna, os caminhos e opções para a real inserção social de *adultos* com deficiência no Brasil são poucos. Ao chegar à fase adulta, pessoas com deficiência (PcD) encontram inúmeras barreiras sociais, sendo as mais comuns as dificuldades para sua inserção no mercado de trabalho e a possibilidade de sair da casa dos pais para morar sozinhas ou junto a alguém de sua escolha. No que diz respeito às moradias, além da pouca oferta, as cidades ainda enfrentam problemas de falta de segurança, falta de acessibilidade, transporte e espaços públicos que atraiam a convivência social de forma inclusiva. Do ponto de vista da realização profissional, o uso das opções de trabalho resultantes da lei de cotas reflete, em muitos casos, o mal-entendido entre compaixão e direitos, sendo comum, nos ambientes de empresas, a falta de capacidade para inovar e aprender criativamente a incluir pessoas diferentes em seus ambientes de trabalho.

Ser uma pessoa adulta com deficiência não é fácil em qualquer país do mundo, mas no Brasil somam-se os fatores históricos que explicam as desigualdades sociais, as injustiças, a ineficiência das políticas públicas e uma dívida social que torna nosso marco jurídico "moderno", mas com poucos recursos para que seja implementado.

Em 2013 foi fundado o Instituto JNG[1] com o propósito de disseminar e debater novos modelos de moradias para pessoas com deficiência, especialmente a deficiência intelectual. Outros tipos de deficiência não foram excluídos do propósito, mas focamos naquela que reúne os maiores desafios para fazer valer a prática da inclusão social desde a infância e durante todo o ciclo de vida da pessoa – a *deficiência intelectual*. Foram organizados seminários internacionais, artigos foram publicados para esclarecer conceitos e diferenciar modelos de moradias e houve muita interação com profissionais da saúde e educação através de colóquios, com arquitetos e urbanistas e, especialmente, com as famílias e os próprios jovens com deficiência intelectual. Desde então, aprendemos que ... "o tratamento que se confere às pessoas com deficiências define os traços mais íntimos de uma sociedade e coloca em relevo os valores culturais que a sustentam" (DESPOUY, 1993). Portanto, o maior ou menor grau de inclusão das pessoas com deficiência na sociedade não deixa de ser um autorretrato da própria sociedade que se divide entre lutas, conquistas, diálogos, progressos e retrocessos.

Este artigo tem por objetivo provocar o debate para colocar o tema das moradias para pessoas com deficiência e a necessidade de regulamentação dos artigos 31 e 32 na agenda brasileira. Estamos diante de uma nova geração de adolescentes e jovens com muito mais autonomia e independência que há 20 ou 30 anos. Entretanto, ainda existem muito poucas opções para sua inclusão na sociedade. Pessoas adultas com deficiência intelectual, hoje, não possuem boas opções para sua capacitação profissional, para conseguir trabalho, ou para tomar a decisão de sair da casa dos pais.

O texto está estruturado em três partes, além desta introdução. A primeira descreve características e modelos de moradias baseados em literatura internacional. A segunda parte descreve mais detalhadamente o modelo de moradias independentes e seus elementos-chave para o sucesso da implantação desse tipo de modelo que ainda não existe no Brasil. Na terceira e última parte serão apresentados dados sobre a oferta de moradias pelo governo, para ao final tecer considerações sobre a necessidade de aprofundamento sobre o tema e possíveis caminhos para reflexão.

1. Instituto JNG – www.institutojng.org.

2. MODELOS DE MORADIAS

Geralmente os nomes dados aos tipos de moradias não indica suas características e varia muito de país a país e mesmo entre diferentes estados e municípios de um mesmo país, como é o caso do Brasil. Portanto, usaremos a definição proposta por FYSON (2007) que combina opções entre apenas duas características para identificar os dois modelos: (1) se a pessoa vive sozinha ou junto a alguém de sua escolha (*individual tenancies*) ou com um grupo de pessoas (*shared tenancies*); e (2) se a pessoa recebe apoio por horas para ajudar no cumprimento de tarefas específicas (*floating support*) ou se o apoio é permanente e fica na residência (*accommodation-based support*). Na prática, essas diferenças não são independentes uma das outras: as residências assistidas (*shared tenancies*) comportam espaços comuns como refeitório ou sala de estar e estão, em geral, associadas com o apoio integral e organizado por turnos (*accommodation-based support*) e as moradias independentes (*individual tenancies*) possuem espaços *self-contained* (como cozinha, sala, quarto e banheiro) e oferecem apoio individualizado e em certos períodos do dia (*floating support*).

A tabela a seguir resume algumas das características encontradas no estudo de FYSON (2007):

Residências assistidas/inclusivas com apoio/suporte permanente	**Moradias independentes com apoio individualizado por horas**
Risco de apoio menos individualizado	Apoio 100% individualizado
Cobertura de apoio durante 24 horas	Número limitado de horas de apoio
Flexibilidade para oferecer apoio já que a equipe se encontra no local e é permanente	Dificuldade para mudar a forma ou a quantidade de apoio sem planejamento (menos flexível)
Menos privacidade e espaço para estar sozinho(a)	Mais privacidade e espaço para estar sozinho(a)
Menos chance de se sentir solitário	Mais chance de se sentir solitário
Serviço de apoio e moradia normalmente oferecidos pela mesma organização	Nítida separação entre o tipo de imóvel e o programa de apoio
Custo previsível das horas de equipe de apoio	Custo das horas de apoio depende da quantidade necessária

Fonte: Fyson et al. – The impact of the Supporting People Programme on adults with learning disabilities – 2007.

Como toda categorização, existem opções intermediárias que surgem na medida em que os serviços vão se aprimorando. Em visita à organização Ability Housing[2] no sudeste de Londres em 2011, onde a organização possui mais de 700 unidades, podiam ser vistas algumas variações nos modelos de moradias com apoio individualizado. Em um dos esquemas, funcionava um edifício com 10 apartamentos completos (sala, quarto banheiro e cozinha), exclusivo para pessoas com deficiência, onde os moradores recebiam apoio individualizado por horas contratadas, e um apartamento "extra" era ocupado em regime de plantão 24 horas por um dos profissionais de apoio (agente de apoio). Esse tipo de solução permitia, por exemplo, uma maior flexibilidade para eventuais intercorrências que exigissem a imediata atuação dos agentes

2. Disponível em: http://www.ability-housing.co.uk/.

de apoio, assim como diminuíam o fator "isolamento", uma vez que os moradores tinham livre acesso à essa unidade de apoio 24hs.

Ainda que não seja uma garantia absoluta, os programas de apoio/suporte vinculados ao modelo de moradias independentes costumam apresentar resultados de aquisição de autonomia em maior escala que as residências assistidas/inclusivas. Estudo realizado em 2001 pelo Departamento de Saúde do governo da Inglaterra[3], para examinar os custos e benefícios entre diferentes modalidades de moradias e os programas de apoio que priorizam a aquisição de autonomia, revela que as moradias independentes (*self-contained*) e as moradias em edifícios comuns (*dispersed homes*) costumam privilegiar escolhas pessoais com mais frequência, propiciar maior participação na vida da comunidade/bairro e mais vínculos de relacionamento pessoal, além de dispor de uma equipe de apoio treinada e, muitas vezes, mais "sênior" na prática da construção da autonomia. As residências assistidas (*shared accomodation schemes*) ou mesmo as residências clínicas (*nursing home*), por sua vez, costumam ter melhor planejamento de atividades, mais rotinas preestabelecidas e organizadas, maior frequência e número de visitas ao centro de saúde e acompanhamento médico, e menos exposição a crimes e abusos (mais segurança). Não é possível afirmar que um ou outro modelo é o melhor porque há evidências de casos bem-sucedidos e com boa adaptação e satisfação por parte dos moradores em ambos tipos de moradias (Department of Health, 2001). Como todas as alternativas apresentam vantagens e desvantagens, por isso é importante que a escolha do melhor tipo de moradia para cada pessoa seja feita de maneira informada e consciente sobre suas diferentes características específicas, e, sobretudo, de acordo com a opinião e preferências da pessoa.

No Brasil os modelos de moradias oferecidos pelo governo são todos coletivos com estrutura de apoio feita por equipe permanente que vive dentro da residência. De acordo com a Tipificação Nacional de Serviços Socioassistenciais (2014), as moradias fazem parte do conjunto de serviços de alta complexidade, são chamadas de Unidades de Acolhimento, e se destinam a famílias e/ou indivíduos com vínculos familiares rompidos ou fragilizados, a fim de garantir proteção integral. A classificação das unidades de acolhimento utilizada se dá por tipo de população a qual se destina, embora não há qualquer garantia de que sejam exclusivos. Não é incomum encontrar pessoas com deficiência em abrigo institucional ou nas ILPIs:

(1) Para crianças e adolescentes:

– Casa-Lar;

– Abrigo Institucional.

(2) Para adultos e famílias:

– Abrigo institucional;

– Casa de Passagem.

---

3. Valuing People. *A New Strategy for Learning Disability for the 21st century*, 2001, Department of Health, Cm 5086.

(3) Para mulheres em situação de violência:

– Abrigo institucional.

(4) Para jovens e adultos com deficiência:

– Residências inclusivas.

(5) Para idosos:

– Casa-Lar;

– Abrigo Institucional (Instituição de Longa Permanência para Idosos – ILPI)

Dados do Censo SUAS de 2018[4] mostram a distribuição dessas unidades por tipo.

TABELA 1 – TIPO DE UNIDADE – UNIDADES DE ACOLHIMENTO MUNICIPAL E ESTADUAL –2018

Tipos de Unidades de Acolhimento	*Municipal*	*%*	*Estadual*	*%*	*TOTAL*
Abrigo Institucional	2177	38,3	45	38,1	2222
Casa Lar	832	14,7	5	4,2	837
Outros	190	3,3	32	27,1	222
República	18	0,3			
República para Jovens	30	0,5			
Residência Inclusiva	150	2,6	24	20,3	174
Abrigo institucional/Casa de passagem para população de rua	524	9,2	3	2,5	527
República para adultas(os) em processo de saída das ruas	38	0,7			
Abrigo institucional/Casa de passagem para migrantes e/ou refugiadas(os)	49	0,9	2	1,7	51
Abrigo para famílias desabrigadas/desalojadas vítimas de desastres	13	0,2			
Abrigo institucional (Instituição de Longa Permanência para Idosas/os – ILPI)	1658	29,2	7	5,9	1665
TOTAL	5679	100,0	118	100,0	5797

Fonte: SNAS/DGSUAS/CGVIS – CENSO SUAS 2018

Os dados revelam que até 2018 havia apenas um total de 174 residências inclusivas para pessoas com deficiência. Levando em conta que cada residência acolhe um máximo de 10 pessoas, de acordo com as normas estabelecidas pela Secretaria Especial de Assistência Social, fica evidente a falta de oferta por parte do governo.

4. Ministério da Cidadania, Secretaria Especial de Desenvolvimento Social, Departamento de Gestão do SUAS, Censo SUAS 2018. Resultados Nacionais, Unidades de Acolhimento, setembro de 2019.

Quanto ao setor privado não há dados disponíveis, não existe órgão representativo desses estabelecimentos e, como consequência, difícil de fazer qualquer tipo de análise. Até a presente data não temos conhecimento sobre a existência de qualquer modelo de moradia independente com as características descritas por FYSON (2007).

3. MORADIAS INDEPENDENTES

O conceito-chave em torno do qual se estrutura a moradia independente é *autonomia*. Além disso, a pessoa mora sozinha ou junto a alguém de sua escolha. Os programas de apoio são individualizados e centrados nas necessidades das pessoas que são avaliadas por equipe de profissionais que aplica questionários e entrevistas para uma avaliação de risco bem como para desenvolver novas habilidades de acordo com os interesses dos moradores. As moradias independentes não possuem propósito terapêutico. Atuam no sentido de dar apoio as atividades domésticas de dia a dia e inserção na comunidade.

Um número cada vez maior de pessoas com deficiência que vivem nos países mais avançados tem optado pelo modelo de moradia independente. Uma pesquisa americana publicada em 2014[5] investigou, ao longo de 10 e depois 20 anos, as transições entre os tipos de moradias por parte de mais de 300 jovens adultos com deficiência intelectual em Massachusetts e Wisconsin, constatando a tendência pela busca de soluções mais personalizadas. As categorias de moradias utilizadas na pesquisa foram:

Com familiares – a pessoa mora com familiares e, normalmente, depende do esquema e/ou supervisão estipulada pela família.

Residências assistidas – compartilhamento de casas ou apartamentos por grupo de pessoas com deficiência que recebe supervisão 100% do tempo.

Moradia independente – a pessoa com deficiência mora sozinha ou com amigos com supervisão menor do que 100% do tempo.

Instituição, privada ou pública, com características de clínica que, além da moradia, provê cuidados médicos e enfermagem (*nursing homes*).

A pesquisa revelou que o número de pessoas com deficiência intelectual morando em algum tipo de residência, fora da casa dos pais, dobrou entre 1998 e 2011. O número de pessoas vivendo em residências com menos de 6 pessoas passou de 29% em 1988 para 75% em 2011, o que mostra um crescimento tanto na oferta quanto na demanda por moradias independentes. A pesquisa também revelou que "adultos vivendo em moradias independentes tinham maior capacidade de adaptação e melhor comportamento social do que os que viviam em outros tipos de moradias, mesmo quando comparados aos que viviam nos esquemas comunitários com espaços compartilhados (residências inclusivas/assistidas)".

---

5. WOODMAN, Ashley et al. Residential Transition among Adults with Intellectual Disability across 20 years; *Am J Intellect Dev Disabil*. 2014 November.

Outra pesquisa, mais recente (HUTCHING & CHAPLI, 2017), foi feita em residências assistidas com 91 adultos com deficiência intelectual em Nova Jersey, nos EUA, e demonstrou que suas habilidades funcionais e as oportunidades para adquiri-las sofrem um impacto direto da relação entre o ambiente, o local onde mora e a atitude e forma de apoio prestada pela equipe. "Viver num ambiente físico que não corresponde às necessidades da pessoa é frustrante e desestimula a autonomia e independência".

Recentemente foi publicado na Austrália um estudo[6] que avaliou as diferentes perspectivas utilizadas por representantes de governo para aplicar a nova política – Estratégia Nacional sobre a Deficiência[7] –, um programa de 10 anos do governo da Austrália que inclui a inclusão em comunidades acessíveis, direito à proteção, justiça e legislação, segurança econômica, apoio pessoal e comunitário, e saúde e bem-estar. Foram reunidos grupos focais de acordo com cada tema e documentadas as perspectivas utilizadas pelos representantes do governo para influenciar positivamente os resultados da integração das pessoas com deficiência em suas comunidades. A figura a seguir resume os pontos-chave discutidos pelo grupo focal de representantes dos órgãos de governo relativos à deficiência e à habitação.

Figura 1 - Fatores relevantes do modelo de moradias independentes

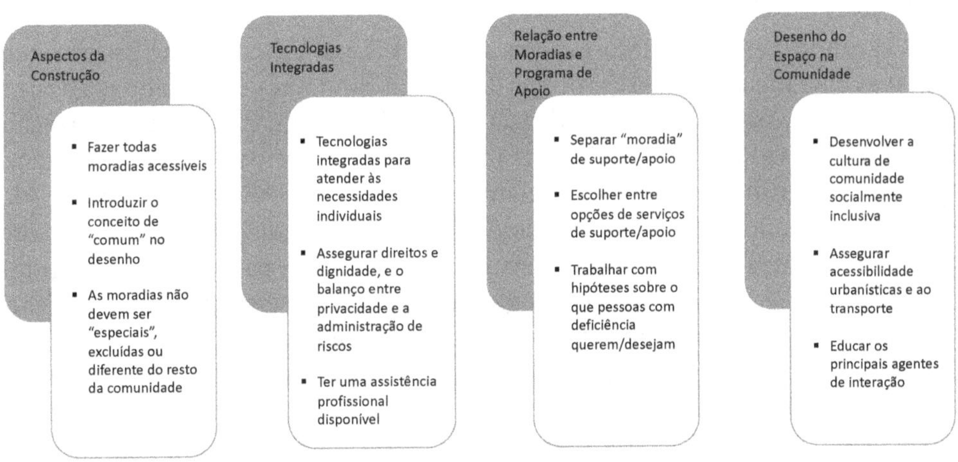

Fonte: Callaway, L. Tregloam,K – Government perspectives on housing, technology and support designn within Australia's Nnational Disability Strategy - 2018

6. CALLAWAY, L. Tregloan, K. *Government perspectives on housing, technology and support design within Australia's National Disability Strategy* 2018.
7. Disponível em: https://www.dss.gov.au/sites/default/files/documents/12_2017/final_-_national_disability_strategy_australian_government_action_plan_-_5_dec_2017.pdf.

Na primeira coluna da figura, observa-se que a construção deve ser acessível como premissa e o sentido de "comum" deve ser preservado na comunidade, ou seja, dentro do possível é importante evitar o sentido de "especial" ou o de segregação. O imóvel de uma pessoa com deficiência pode e deve ser o mesmo de qualquer pessoa. O ideal é que as pessoas vivam em edifícios comuns e tenham vizinhos como qualquer pessoa. O fato de a pessoa com deficiência precisar de algum tipo de apoio individualizado não a impede de conviver com outras pessoas com outros tipos de necessidades (CALLAWAY & TREGLOAN, 2018).

Do ponto de vista da arquitetura e no que diz respeito ao processo de elaboração e de avaliação dos espaços, a especificidade de um projeto para pessoas com deficiência não é diferente de um projeto para pessoas sem deficiência, embora haja cuidados e detalhes no projeto de arquitetura do imóvel que podem estar voltados para melhorar muito o bem-estar de pessoas com deficiência.[8] O sucesso das moradias independentes deve-se, em parte, à envolvência urbana do local. Uma edificação para abrigar moradias independentes para pessoas com deficiência deverá, idealmente, situar-se em um bairro ou em uma parte do bairro que propicie um bom entendimento quanto à sua localização. A edificação em si não deverá ocupar uma grande área construída, já que é preferível espaços mais controlados e, por isso, mais perceptíveis em sua totalidade pelo morador. O bairro em questão deverá possuir referências e um movimento de comércio de rua com o benefício de certa tranquilidade e familiaridade para tornar o passeio e o percurso por essas ruas em uma experiência reproduzível e reconhecível (POPPE, 2017).

O segundo grupo de fatores retratado na Figura 1 diz respeito às tecnologias assistivas cuja incorporação às rotinas deve estar diretamente relacionada às necessidades das pessoas sem prejuízo de sua privacidade, dignidade e administração de riscos inerentes a sua possibilidade de independência. Dentro do possível, o acesso a profissionais especializados para manter e reparar os equipamentos integrados à rotina de cada morador deve ser previsto, assim como instalação elétrica, cabeamento de dados, unidades de controle e sistemas de *no-break* para garantir a segurança de continuidade do uso das tecnologias assistivas. Observem como a revisão de literatura internacional é importante para aprender e as vezes e até cortar caminho! Estamos ainda falando da falta de ofertas imobiliárias de moradias para pessoas com deficiência quando outros países já descrevem a experiência da importância de se prever tecnólogos e instalações que garantam a segurança de continuidade do uso das tecnologias. A vantagem de não ser pioneiro é aprender com a experiência daqueles que já implantaram modelos novos. O campo e os profissionais de tecnologias assistivas precisam se associar ao movimento de busca por soluções para as moradias independentes para pessoas com deficiência no Brasil.

8. Como por exemplo, vãos entre degraus de escada, o uso de vidraria em varandas que expandem o limite do espaço, espelhos que confundem o uso do espaço, ou outros elementos causadores de estresse.

Outro fator chave que o esquema acima destaca é a necessidade de separar o imóvel/moradia do programa de apoio individualizado. Os serviços de apoio individualizados devem ser competitivos e, para tanto, devem dispor de protocolos, métodos e desenhos de processos para sua aplicação, supervisão e controle de qualidade (avaliação), todos elaborados com a participação dos "clientes". Segundo o estudo australiano, todos os programas de apoio individualizados que trabalham com os desejos de emancipação e de conquistas de novas habilidades das pessoas com deficiência têm mais chances de serem avaliados positivamente do que aqueles que preservam a visão de apoio assistencialista.

O quarto e último fator relevante para influenciar resultados positivos quanto à integração das pessoas com deficiência diz respeito às atividades "extramuros", ou seja, junto à comunidade/bairro. As cidades projetam no território aquilo que somos e o que queremos ser como sociedade. Moradias para pessoas com deficiência não são um fim em si mesmas. O propósito maior é a inclusão social e a convivência com diferentes formas de existir. A cultura de comunidades socialmente inclusivas se constrói com visão política de espaços urbanos que facilitem a convivência e a tolerância com a diversidade humana. Cidades que dependem exclusivamente do mercado imobiliário para progredir tendem a fracassar como projeto de convivência social com qualidade de vida e segurança. Os espaços públicos são um fator de integração e, nesse caso, a acessibilidade constitui uma premissa. Se pessoas com impedimentos físicos, sensoriais ou intelectuais tiverem a oportunidade de conviver e disfrutar dos espaços culturais, de lazer e de integração social nas cidades, a mudança se dará de forma natural. A presença e convivência dessas pessoas gera necessidades que rapidamente são atendidas como resposta, não apenas social, mas também do mercado que passa a enxergar novas funções de consumo. Um círculo virtuoso de inclusão.

Todos esses aspectos devem ser considerados quando tratamos da questão de moradias independentes para pessoas com deficiência. Parte do aprendizado sobre os fatores relacionados à real condição de integração social de pessoas com deficiência que queiram morar sozinhas ou junto a alguém de sua escolha foi observado e documentado a partir de estudos sobre a aplicação da política "Housing First" implantada nos Estados Unidos durante os anos 1990 (CHAN, 2018). Embora sejam populações totalmente distintas, o programa para acolher pessoas vulneráveis/moradores em situação de rua (muitas vezes associadas ao uso de drogas e doença mental) substituiu a ideia de que seria necessária uma evolução no tratamento e assistência até o ponto em que essas pessoas se adaptariam a sua própria casa. O Programa passou a não impor certas condições como pré-requisito para adquirir sua própria casa e começou pelo fim: dando acesso a moradias para que, a partir dela, as pessoas tivessem oportunidade de se estruturar como ser humano (daí o nome *housing first* – primeiro uma casa). Em um acompanhamento de dois a cinco anos, observaram que o nível de permanência nos tratamentos assistenciais oferecidos no modelo anterior (*continuum of care* – COC) era entre 30 e 50% da população enquanto os que fizeram parte do programa *Housing First* era entre 80 e 88%. Alguns anos mais tarde, pesquisas indicaram que a moradia era apenas um insumo (*input*) que contribuía para a recuperação e não um produto (*output*) de uma recuperação bem-sucedida. De fato, para uma verdadeira recuperação social as pessoas precisam estar fisicamente integradas à comunidade, viver e participar na vida da comunidade como escolha própria.[9]

Não se deseja fazer comparações entre populações vulneráveis, moradores em situação de rua, com a população de pessoas com deficiência, já que são situações sociais bem distintas. Entretanto, sob o foco das políticas que dão acesso a habitações de interesse social, considera-se importante a experiência documentada sobre o quão estruturante pode ser uma moradia independente e o quanto a convivência na comunidade garantiu a recuperação dessas pessoas e sua inserção social. Quando os ambientes de convivência social – trabalho, espaços públicos da cidade, comércios e locais para lazer – fazem a adaptação necessária para acolher a presença de todo tipo de pessoa, a sociedade se enriquece.

Outro estudo interessante demonstrou que investimentos em habitação de interesse social gerava melhorias nas condições de saúde, de educação e produtividade, além de provocar um impacto direito sobre a segurança nas cidades no caso da população em situação de rua (Diamond, 2020). O objetivo do estudo era mostrar que, com todas as críticas que possa haver com relação às análises de custo-benefício, é importante destacar os ganhos em outros setores e, dentro do possível monetizá-los, para relativizar a quantidade de dinheiro a ser gasto num determinado projeto com compensações e benefícios. Quando se olha exclusivamente para o custo, enxerga-se pouco e a sociedade se acostuma com horizontes e projetos de desenvolvimento muito imediatistas. Desenvolvimento social e humano é tarefa de longo prazo.

4. CONSIDERAÇÕES FINAIS

Apresentadas as características e modelos de moradias para pessoas com deficiência baseadas em revisão de literatura internacional, encontramos que o Brasil concentra sua oferta de residências na modalidade coletiva e com equipe de apoio permanente convivendo com os residentes em regime de plantões. Felizmente possuímos um marco jurídico atual e moderno que garante o direito[10] a moradias

---

9. CHAN, D. *Safe Spaces, Agency, and Connections to "Regular Stuff"*: What makes Permanent Supportive Housing Feel like Home, 2018.
10. De acordo com a Convenção dos Direitos das pessoas com Deficiência (Decreto 6.949/09 – artigo 19): *a) As pessoas com deficiência podem escolher seu local de residência e onde e com quem morar, em igualdade de oportunidades com as demais pessoas, e que não sejam obrigadas a viver em determinado tipo de moradia;*

    b) As pessoas com deficiência devem ter acesso a uma variedade de serviços de apoio em domicílio ou em instituições residenciais ou a outros serviços comunitários de apoio, inclusive os serviços de atendentes pessoais que forem necessários como apoio para que as pessoas com deficiência vivam e sejam incluídas na comunidade e para evitar que fiquem isoladas ou segregadas da comunidade;

    c) Que os serviços e instalações da comunidade para a população em geral estejam disponíveis às pessoas com deficiência, em igualdade de oportunidades, e atendam às suas necessidades.

sinalizando para o futuro, já que menciona a moradia para vida independente. Destacamos, portanto, a necessidade urgente de regulamentação dos artigos 31 e 32 da Lei Brasileira de Inclusão.

O Sistema Único de Assistência Social – SUAS vem atendendo, ainda de forma insuficiente, a demanda por moradias para pessoas com deficiência em situação de vulnerabilidade, sem vínculo familiar e com renda menor que o salário mínimo. A política de residências inclusivas tem apenas 10 anos e um legado que precisa de tempo e recursos para que seja atualizado às novas aspirações de autonomia previstas em lei. A Secretaria Nacional de Assistência Social deveria, nessas circunstancias, apresentar um plano de governo demonstrando em quanto tempo e com que recursos poderá viabilizar a oferta de novas residências, bem como um plano para a migração para o novo modelo das inúmeras situações de não enquadramento das moradias existentes como são os casos dos abrigos institucionais, casas lares e algumas ILPIs.

Além do déficit estrutural na oferta de moradias, um recente relatório do Observatório de Direitos Humanos[11] sobre as condições das residências e instituições que acolhem crianças e adultos com deficiência indica que o Brasil, ainda hoje, vive uma situação indesejável do ponto de vista dos direitos humanos. A missão que veio ao Brasil fez observações diretas durante visitas a 19 instituições de acolhimento (conhecidas no Brasil como abrigos institucionais e casas-lares), incluindo oito abrigos para crianças, bem como cinco residências inclusivas para pessoas com deficiência. De acordo com o relatório

> ...a maioria das pessoas com deficiência em instituições visitadas pela Human Rights Watch no Brasil vive isolada da sociedade e tem pouco mais do que suas necessidades mais básicas atendidas, como alimentação e higiene. A maioria não tem qualquer controle relevante sobre suas vidas, e fica limitada pelo cronograma de atividades das instituições e pela vontade dos funcionários. Muitas pessoas ficam confinadas em suas camas ou quartos por longos períodos ou, em alguns casos, o dia inteiro. Elas não podem fazer escolhas simples do dia a dia que a maioria das pessoas faz sem sequer perceber, como quando e o que comer, com quem se relacionar, a qual programa de televisão assistir, ou se vai sair e participar de uma atividade de lazer.

Quando se afirmou no início deste artigo que "o tratamento que se confere às pessoas com deficiência define os traços mais íntimos de uma sociedade e coloca em relevo os valores culturais que a sustentam" (DESPOUY, 1993), precisamos fazer todo o possível para fazer valer nosso compromisso com a inclusão social de adultos com deficiência.

5. REFERÊNCIAS

BRASIL – Política Nacional de Habitação. Brasília, Ministério das Cidades, 2004.

BRASIL. Decreto 6.949/2009. Brasília, 2009.

BRASIL. Lei Brasileira de Inclusão 13.146/2015. Brasília, 2015.

11. Disponível em: https://www.hrw.org/pt/report/2018/05/23/318044.

BRASIL. Censo Demográfico: Características gerais da população, religião e pessoas com deficiência. IBGE, 2010.

BRASIL. Ministério de Desenvolvimento Social, Residências Inclusivas. Brasília, 2014.

BRASIL. Ministério de Desenvolvimento Social, Tipificação Nacional de Serviços Socioassistenciais, Brasília, 2014. Disponível em: http://www.mds.gov.br/webarquivos/publicacao/assistencia_social/Normativas/tipificacao.pdf.

CALLAWAY, L., TREGLOAN, K. *Government perspectives on housing, technology, and support design within Australia's National Disability Strategy*, 2018.

CHAN, D. *Safe Spaces, Agency, and Connections to "Regular Stuff"*: What Makes Permanent Supportive Housing Feel like Home, 2018.

DEPARTMENT OF HEALTH, UNITED KINGDON – Valuing People: A New Strategy for Learning Disability for the 21st Century – A White Paper, 2001.

DESPOUY, L. *Los Derechos Humanos de las Personas con Discapacidad.* Subcomisión de Prevención de Discriminaciones y Protección a las Minorías, Naciones Unidas, Nova York, 1993.

DIAMOND, M. *The cost and benefit of affordable housing*: a partial solution to the conflict of competing goods. Georgetown University of Law Center, 2020. Disponível em: https://scholarship.law.georgetown.edu/facpub/2293. Acesso em: 10 jul. 2020.

FYSON, R., TARLETON, B., WARD, L. *The impact of the Supporting People programme on adults with learning disabilities* (Findings). Published by Joseph Rowntree Foundation, 2007.

HUTCHINGS, B., CHAPLIN, E. The Realtionship of Person-Environment Fit to Perceptions of Autonomy, Competency anda Satisfaction Among Older Adults with Developmental Disabilities. *Journal of Policy and Practice in Intellectual Disabilitie*, v. 14, n. 3, 2017.

INSTITUTO JNG – Moradias Independentes (2016).

JACOB, P. *Il n'y a pas de citoyens inutiles*. Ed. Dunob, 2016.

OLIVER, M. *Understanding Disability* – From Theory to Practice. 2. ed. 2009.

POPPE, F. – Moradias Independentes com Apoio Individualizado para Pessoas com Deficiência Intelectual. *Revista Inclusão Social*. v. 10, n. 2 (2017) – Construção da autonomia e vida independente de adultos com deficiência intelectual.

RATTIA, V., HASSIOTISA, A., CRABTREEB, J., DEBC, S., GALLAGHERD, P., UNWINE, G. *Review Article*: The effectiveness of person-centred planning for people with intellectual disabilities: A systematic review, Research in Developmental Disabilities 57, p. 63-84, 2016.

ROLNIK, R. *A Guerra dos lugares* – A colonização da terra e da moradia na era das finanças. Boitempo Editoral, 2015.

WOODMAN, A., MAILICK, M., ANDERSON, K., ESBENSEN, A. Residential Transitions among Adults with Intellectual Disability across 20 Years. *Am J Intellect Dev Disabil.* 2014 November; 119(6): 496-515, 2014.

O MITO DA CAVERNA DO DEFICIENTE

Maria Valéria Pereira Novaes de Paula Santos

Delegada de Polícia Titular da 1ª Delegacia de Polícia da Pessoa com Deficiência do Estado de São Paulo/DPPD.

Sumário: 1. Introdução – 2. Conceitos – 3. O funcionamento da delegacia de polícia da pessoa com deficiência e o centro de apoio técnico; 3.1 Mais informações sobre a DPPD e o centro de apoio, segundo o folder elaborado e divulgado pelo IJC – Instituto Jô Clemente – 4. Entendendo a violência; 4.1 Crimes da Lei Brasileira de Inclusão – 5. Estatísticas do centro de apoio técnico – 6. Conclusões preliminares: é importante dar visibilidade! – 7. Mais Informações – 8. Referências.

1. INTRODUÇÃO

Este artigo traz algumas realidades desconhecidas de grande parte da população brasileira, faremos referência à causa das pessoas com deficiência.

De início gostaria de me apresentar, sou uma cidadã que em pleno século XXI, fui na maior parte de minha vida, e lá se vão décadas, prisioneira de uma caverna onde imagens e sons eram minha única realidade. Na condição de escrava, não questionava outros caminhos, outras realidades, estava presa àquele mundo e àquela única visão do que acreditava existir.

No início do ano de 2019 tive a sorte de sair da caverna, abri meus olhos para o sol, senti seu calor e vi a luz, e toda verdade que desconhecia apareceu diante da minha visão e sentidos, abafados que eram pela escuridão da caverna.

Permitam-me ter iniciado esse despretensioso artigo com a metáfora elaborada por Platão em "A República". Esse diálogo entre Sócrates e Glauco deixa claro que existem outras realidades não tão distantes, mas que eram, no meu caso, ignoradas, vistas de uma maneira distorcida e entre o real e o imaginário havia uma verdade bem diferente.

Minha primeira descoberta aconteceu como já mencionei no início de 2019, sendo Delegada de Polícia e agente da Segurança Pública do meu Estado São Paulo, fui convidada a assumir a titularidade da 1ª Delegacia de Polícia da Pessoa com Deficiência, jovem unidade policial inaugurada em 2014, criada com o objetivo de investigar crimes contra pessoas com deficiência, além de fazer o levantamento da violência praticada contra este público.

2. CONCEITOS

Antes de ir adiante, é importante citar como devemos usar os termos corretamente no assunto ligado aos direitos das pessoas com deficiência:

Os termos mais "*utilizados*" sobre deficiência são "pessoa portadora de deficiência", portador de necessidade especial" e "deficientes", aprendi que não estão corretos não é a forma mais adequada para se referir a uma pessoa com deficiência.

Atualmente, o termo oficial e *correto* que foi definido pela Convenção das Nações Unidas sobre o Direito das Pessoas com Deficiência é PcD que significa Pessoa com Deficiência, pois ele esclarece que há algum tipo de deficiência sem que isso inferiorize quem a tem. Pessoa portadora de deficiência (PPD) ou Portador de Necessidades Especiais (PNE) e deficientes são termos errados e devem ser evitados, uma vez que não transmitem a realidade como deveriam, assim como termos que geram preconceitos e inferioriza as pessoas como retardado mental, mongoloide, doidinho, surdo-mudo, especial, ceguinho, paralítico, mudinho, louco, treze, coitado, aleijado, defeituoso, inválido, incapacitados e outros. Não devem ser usados mais!

A Convenção Sobre os Direitos da Pessoa com Deficiência patrocinada pela Organização das Nações Unidas – ONU, aprovada pelo Brasil por intermédio do Decreto Legislativo 186, de 09 de julho de 2008, nos termos do § 3° do art. 5° da Constituição Federal e, portanto, com equivalência de emenda constitucional, ratificada em 1° de agosto de 2008 e promulgada pelo Decreto 6.949, de 25 de agosto de 2009, trouxe ao ordenamento jurídico brasileiro novo conceito de pessoa com deficiência, dessa vez de status constitucional e, assim, com eficácia revogatória de toda a legislação infraconstitucional que lhe seja contrária.

A legislação brasileira segue esse conceito:

A Lei 13.146/2015 instituiu a Lei Brasileira de Inclusão da Pessoa com Deficiência.

> Art. 1° É instituída a Lei Brasileira de Inclusão da Pessoa com Deficiência (Estatuto da Pessoa com Deficiência), destinada a assegurar e a promover, em condições de igualdade, o exercício dos direitos e das liberdades fundamentais por pessoa com deficiência, visando à sua inclusão social e cidadania.
>
> Parágrafo único. Esta Lei tem como base a Convenção sobre os Direitos das Pessoas com Deficiência e seu Protocolo Facultativo, ratificados pelo Congresso Nacional por meio do Decreto Legislativo 186, de 9 de julho de 2008 , em conformidade com o procedimento previsto no § 3° do art. 5° da Constituição da República Federativa do Brasil , em vigor para o Brasil, no plano jurídico externo, desde 31 de agosto de 2008, e promulgados pelo Decreto 6.949, de 25 de agosto de 2009 , data de início de sua vigência no plano interno.

E aqui temos a definição atual

> Art. 2° Considera-se pessoa com deficiência aquela que tem impedimento de longo prazo de natureza física, mental, intelectual ou sensorial, o qual, em interação com uma ou mais barreiras, pode obstruir sua participação plena e efetiva na sociedade em igualdade de condições com as demais pessoas.
>
> § 1° A avaliação da deficiência, quando necessária, será biopsicossocial, realizada por equipe multiprofissional e interdisciplinar e considerará:
>
> I – os impedimentos nas funções e nas estruturas do corpo;

II – os fatores socioambientais, psicológicos e pessoais;

III – a limitação no desempenho de atividades; e

IV – a restrição de participação.

3. O FUNCIONAMENTO DA DELEGACIA DE POLÍCIA DA PESSOA COM DEFICIÊNCIA E O CENTRO DE APOIO TÉCNICO

Antes de explicar o funcionamento desta Delegacia gostaria de compartilhar alguns dados que poderão ajudar na compreensão deste artigo. Segundo senso elaborado pelo IBGE através de dados revistos no ano de 2017 sobre o levantamento da quantidade de brasileiros que são deficientes, passando a considerar pessoa com deficiência, apenas aquelas que responderam não conseguir de modo algum ou ter grande dificuldade, concluíram que o total de pessoas com deficiência apurado no Brasil é de 15.750.969 (quinze milhões, setecentos e cinquenta mil, novecentas e sessenta e nove) de pessoas com deficiências. No Estado de São Paulo o total é de 3.008.617 (três milhões, oito mil e seiscentas e dezessete) pessoas com deficiência, e na cidade de São Paulo existem 810.080 (oitocentas e dez mil e oitenta) pessoas com deficiência, cidadão espalhados pela grande metrópole que merecem que o Estado cumpra com o que diz o artigo *1º da Lei Brasileira de Inclusão da Pessoa com Deficiência (Estatuto da Pessoa com Deficiência) mencionado anteriormente.*

São números altos para serem ignorados e, seria interessante que todos os cidadãos supostamente sem deficiência, pudessem visualizar essa realidade que se torna concreta se imaginarmos que somente na cidade de São Paulo temos aproximadamente dez Maracanãs lotados com pessoas com deficiência. Cidadãos do Estado brasileiro que merecem o mesmo tratamento de todos os outros cidadãos desta grande cidade.

Voltando à minha saída da caverna, após receber o convite para assumir a Delegacia de Polícia da pessoa com Deficiência a princípio causou-me surpresa pois vivendo dentro de uma caverna não tinha conhecimento da existência desta unidade policial, mesmo sendo profissional da área da segurança pública, e afirmo, foi uma agradável surpresa.

A Delegacia ligada à Secretaria Estadual de Segurança Pública é composta por policiais, Delegada, Escrivães e Investigadores e tem como parceira a Secretaria Estadual dos Direitos da Pessoa com Deficiência/SEDPcD que mantém um Centro de Apoio Técnico composto de uma equipe multidisciplinar composta por Psicólogas, Assistentes Sociais, Intérprete de Libras, Supervisor Operacional e Pesquisadora Social, esta que faz todo o levantamento dos dados sobre violência contra esse público. Atualmente o Centro de Apoio Técnico e sua equipe multidisciplinar está sendo gerido pelo Instituto Jô Clemente, antiga APAE de São Paulo, por meio de um Termo de Colaboração.

Em qualquer Delegacia de Polícia o primeiro atendimento é feito por um policial, pode ser um Investigador, um Escrivão ou pelo próprio Delegado de plantão dependendo das circunstâncias do dia. Na 1ª DPPD o atendimento é iniciado pela Assistente Social ou Psicóloga ou mesmo pelo Intérprete de libras, no caso de vítimas surdas, acompanhado de um Escrivão de Polícia, além do atendimento diferenciado também é colocado à disposição da vítima recursos de tecnologia assistiva e de acessibilidade.

A estrutura humana da Delegacia tem também como função difundir junto à sociedade a existência da Delegacia, levando ao conhecimento dos alunos em formação da Academia de Polícia do Estado através de palestras, todas as características da Delegacia, e dos profissionais que exercem suas funções naquele local, ressaltando-se que todos os policiais que trabalham na DPPD são vocacionados, treinados para o atendimento diferenciado voltado para a promoção e defesa dos direitos da Pessoa com Deficiência.

3.1 Mais informações sobre a DPPD e o Centro de Apoio, segundo o folder elaborado e divulgado pelo IJC – Instituto Jô Clemente

Objetivos do Centro de Apoio:

- Atendimento técnico multidisciplinar e policial para pessoas com deficiência, garantindo acessibilidade e uso de tecnologias assistivas.
- Formação para profissionais da rede visando prevenção da violência.
- Geração e difusão de dados sobre violência contra esse público.
- Consultoria e suporte técnico a outros distritos policiais.

Diferenciais da 1ª DPPD

- Psicólogos e Assistentes Sociais realizam escuta técnica qualificada;
- Intérpretes de Libras para garantia de acessibilidade comunicacional para pessoas surdas;
- Disponibilização de documentos e boletins de ocorrência acessíveis, com fonte ampliada e gravação em áudio, para pessoas com baixa visão e cegas;
- Veículo acessível para transporte de pessoas com mobilidade reduzida ou em cadeira de rodas.
- Atendimento e orientações sobre direitos das pessoas com deficiência.

4. ENTENDENDO A VIOLÊNCIA

Violência contra pessoas com deficiência é qualquer ato violento físico, psicológico, sexual, simbólico ou envolvendo negligência direcionado a uma PcD. Esse grupo, historicamente, tem sido vítima de diversos fenômenos violentos, fenômenos muitas vezes motivados pelo desnível de poder no qual se encontram em relações sociais com as demais pessoas. Essa população, muitas vezes, apresenta maior vulnerabilidade, além de serem frequentemente invalidadas em suas tentativas de reverter situações de violência e de opressão (WILLIAMS, 2003).

"A violência manifestada por ofensas ou por agressões físicas direcionadas às pessoas a partir de alguma característica pessoal ou social é entendida como 'estigma' (GOFFMAN, 1988). Esse fenômeno pode ser desencadeado por diversos motivos, mas com frequência é direcionado a uma pessoa ou a um grupo que possui alguma característica considerada divergente, inferior ou depreciativa". O estigma direcionado às pessoas com deficiência se faz presente em seu cotidiano, seja na escola, no convívio social, na família e até na maneira como a deficiência é retratada pela mídia.

Uma das maiores preocupações no combate à violência contra a pessoa com deficiência é o desconhecimento dos artigos criminais da Lei Brasileira de Inclusão. Além de todos os artigos do Código Penal, a pessoa com deficiência pode ser vítima também de crimes existentes na LBI e são eles os artigos 88, 89, 90 e 91 que tratam dos crimes relativos a condutas discriminatórias, apropriação de bens de forma indevida pertencentes à pessoa com deficiência, ao abandono da pessoa com deficiência ou mesmo com a retenção de cartão da pessoa com deficiência destinado ao recebimento de benefícios ou outros meios, para se obter vantagem indevida.

Esses artigos são desconhecidos da maioria esmagadora da nossa população, ignoram que a pratica de qualquer um dos artigos 88,89,90,91 da LBI podem condenar o autor a penas de reclusão de um até quatro anos ou à pena de detenção até dois anos além das multas que serão cobradas em qualquer dos crimes praticados, todos de ação incondicionada.

4.1 Crimes da Lei Brasileira de Inclusão

> Art. 88 Praticar, induzir ou incitar discriminação de pessoa em razão de sua deficiência:
>
> Pena: reclusão, de 1 (um) a 3 (três) anos, e multa.
>
> Art. 89 Apropriar-se de ou desviar bens, proventos, pensão, benefícios, remuneração ou qualquer outro rendimento de pessoa com deficiência:
>
> Pena: reclusão, de 1 (um) a 4 (quatro) anos, e multa.
>
> Art. 90 Abandonar pessoa com deficiência em hospitais, casas de saúde, entidades de abrigamento ou congêneres:
>
> Pena: reclusão, de 6 (seis) meses a 3 (três) anos, e multa.
>
> Art. 91 Reter ou utilizar cartão magnético, qualquer meio eletrônico ou documento de pessoa com deficiência destinados ao recebimento de benefícios, proventos, pensões ou remuneração ou à realização de operações financeiras, com o fim de obter vantagem indevida para si ou para outrem:
>
> Pena: detenção, de 6 (seis) meses a 2 (dois) anos, e multa.

Agora partirei para a realidade vivida diariamente na Delegacia, quais são os crimes praticados contra a pessoa com deficiência além dos artigos da LBI, pois são todos os crimes do Código Penal, desde um abuso sexual, violência doméstica, lesão corporal, estelionato, ameaça, injúria, e tantos outros.

As estatísticas não mentem, a violência é prática comum em pessoas com deficiência, mesmo sendo a Delegacia desconhecida de grande parte das pessoas com deficiência, somamos desde a abertura da Delegacia Especializada um total de 9.545 atendimentos.

5. ESTATÍSTICAS DO CENTRO DE APOIO TÉCNICO

Total de atendimentos de 2014 a 2020* *2020 – jan. a junho

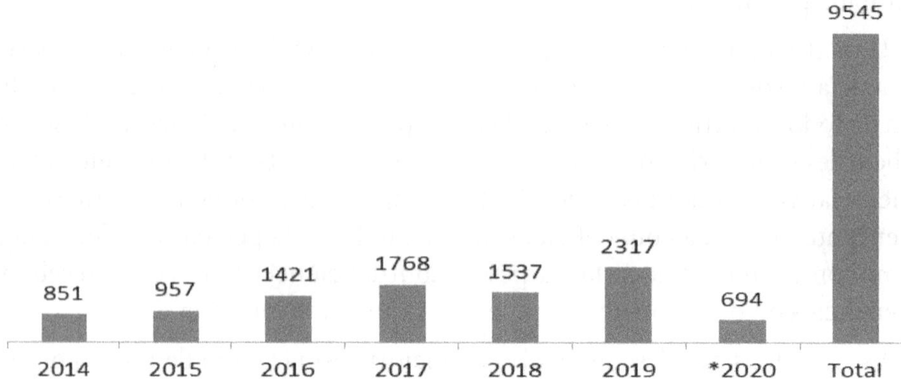

Ranking de crimes com maior incidência (2019).
Fontes: Dados do Estado e do Município de São Paulo – SSP/SP*Cartório da 1ª DPPD

Estado de SP **10.828 B.O's.** **14.349 crimes/rubricas**	**Município de SP** **3117 B.O's.** **3.856 crimes/rubricas**	**1ª. DPPD** ***500 B.O's** **368 crimes/rubricas**
Ameaça: 1886 Furto: 1281 Lesão Corporal: 1225 Injúria: 1182 Violência doméstica: 959 Roubo: 945	Roubo: 407 Furto: 378 Ameaça: 355 Lesão Corporal: 291 Estelionato: 284 Injúria: 274 Morte Suspeita: 182 Violência doméstica: 164	Estelionato: 37 Lesão Corporal Dolosa: 35 Injúria: 31 Ameaça: 29 Furto: 21 Violência Doméstica: 17 (Lesão corporal dolosa/ameaça/outros)

Número de pessoas com deficiência que compareceram à 1ª. DPPD, de acordo com o tipo de deficiência – Ano 2019 – Total: 1366

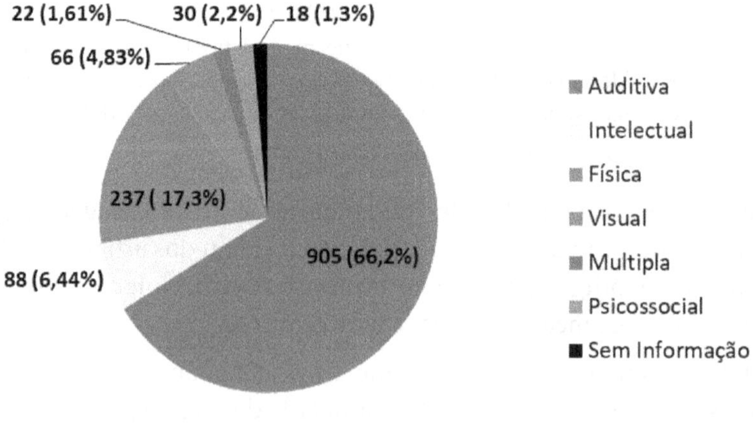

Formações realizadas pelo Centro de Apoio Técnico no ano 2019

Formações realizadas	Participantes
Encontro de Formação com a Rede	90
ACADEPOL	75
ACADEPOL	83
Encontro de Formação com a Rede	58
Encontro de Formação com a Rede	87
Palestras Setembro Azul	262
Seminário Autonomia: Nada sobre Nós, sem nós"	58
Total de participantes capacitados	713

Encaminhamentos feitos para a rede de serviços – Ano de 2019

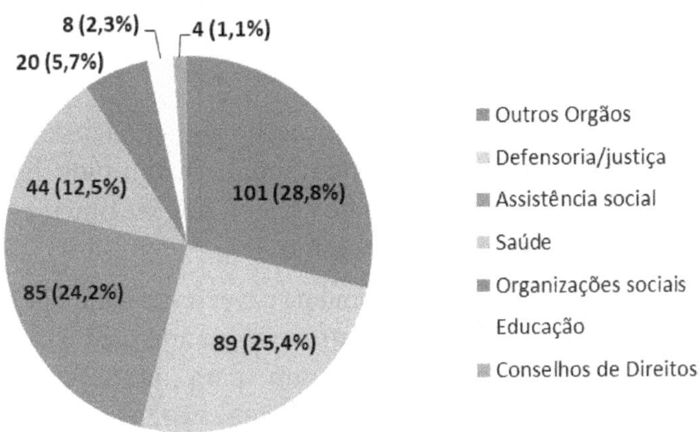

6. CONCLUSÕES PRELIMINARES: É IMPORTANTE DAR VISIBILIDADE!

São tantos casos atendidos pela Delegacia, muitos que ensejam apenas orientação e um atendimento técnico especializado por parte dos profissionais do Centro de Apoio, para encaminhamento à local próprio onde possam ser atendidos em sua demanda, outros de orientação policial, ou instauração de inquérito policial para a apuração do delito e autoria, e nesta convivência diária com a vítima percebemos o quanto é necessário um esclarecimento, uma providência.

A violência contra a pessoa com deficiência é real, concreta e passa despercebida para todos que vivem na caverna, como eu vivia, traduz-se na agressão ao autista morador de condomínio que sofre com o preconceito e com a ignorância. Já recebemos pais que choravam pois estavam sendo forçados a se retirarem de seu condomínio por causa do suposto barulho causado por seu filho autista. Já recebemos mães indignadas cujos filhos com síndrome de down foram espancados por coleguinhas no recreio da escola, já recebemos crianças vítimas de abuso sexual, esposas cadeirantes espancadas pelo marido, já estivemos em locais onde constatamos a ausência absoluta do mínimo necessário à sobrevivência de um acamado sem movimentos, já vimos clínicas cujos proprietários que deveriam ser responsáveis pelo cuidado ao deficiente mental ou físico sob sua guarda, dispensarem à eles verdadeira sessão de tortura, gritos, expondo-os também à falta de higiene, falta de alimentação, ambiente insalubre, falta total de respeito à dignidade de seus internos. Pergunto, quem são esses algozes que subjugam suas vítimas indefesas, que não tendo como reagir à agressão, ao desrespeito, à desumanidade, são submetidos à insanidade de uma mente doentia que cresce em violência por estar a sua vítima naquele momento, desamparada.

Essa é a realidade que ninguém vê ou não quer ver, essa é a realidade que passei a acompanhar junto aos policiais e à equipe do Centro de Apoio.

Causa dor e indignação que algumas pessoas deem risadas e aplaudam piadas feitas com a deficiência de alguém, quem são essas pessoas que riem, quem são essas pessoas que fazem a piada, sabem elas a dor que estão provocando naquele que tem um filho, um irmão, um pai, um amigo com deficiência de quem gosta e respeita, afetando também o próprio deficiente?

Qual a dificuldade em enxergar no próximo alguém a quem se deve respeitar mesmo que não seja, na visão mesquinha, igual. Qual a pior deficiência, aquela visível e perceptível ou aquela que vem do caráter, dos sentimentos desprovidos de indulgência, de respeito, de amor ao próximo.

Quem são esses seres que nem mesmo na caverna habitam, pois a permanência na caverna diz respeito ao desconhecimento dessa grande população que necessita da presença do Estado para ver garantido o mínimo para sua sobrevivência, e a saída da caverna tem a ver com constatação primeiro da sua existência e em seguida constatar como enfrentam corajosamente suas dificuldades, sem medo, dando a cada um dos que desconhecem seus obstáculos uma lição de perseverança.

São essas as realidades da 1ª Delegacia de Defesa da Pessoa com Deficiência, saí da caverna quando passei a ver o mundo da pessoa com deficiência, passei a tratar diretamente com eles, pessoas iguais a todos nós com algumas diferenças, que não impedem de serem brilhantes.

Eu saí da caverna, e hoje me dedico à causa ao mostrar àqueles que ainda estão dentro desse mundo, onde a visão da realidade é no mínimo deturpada, a visão que passei a ter longe das amarras do preconceito, do vitimismo e da caridade. Eu ganhei a liberdade que me faz ver o mundo mais humano, inserido por todos sem distinção.

7. MAIS INFORMAÇÕES

Leis sobre os direitos das pessoas com deficiência

Convenção Interamericana para a Eliminação de Todas as Formas de Discriminação contra as Pessoas com Deficiência: Decreto 3.956/2001.

Convenção Internacional sobre os Direitos das Pessoas com Deficiência: Decreto 6.949/2009.

Convenção 159, da Organização Internacional do Trabalho sobre Reabilitação Profissional e Emprego de Pessoas com Deficiência: Decreto 129/1991.

Legislação Brasileira sobre Pessoas com Deficiência (coletânea de normas aprovadas até 17.12.2018).

Lei Brasileira de Inclusão da Pessoa com Deficiência (LBI): Lei 13.146/2015.

Lei da Língua Brasileira de Sinais (Libras): Lei 10.436/2002 e Decreto 5.626/2005.

Lei da Regulamentação da profissão de Tradutor e Intérprete da Língua Brasileira de Sinais: Lei 12.319/2010.

Lei de Benefícios da Previdência Social e Cotas para Pessoas com Deficiência: Lei 8.213/1991.

Lei de Defesa dos Direitos do Usuário dos Serviços Públicos: Lei 13.460/2017.

Lei de Diretrizes e Base da Educação Nacional (LDB) ou Lei Darcy Ribeiro: Lei 9.394/1996.

Lei do cão-guia: Lei 11.126/2005 e Decreto 5.904/2006.

Leis do Atendimento Prioritário e da Acessibilidade: Lei 10.048/2000, Lei 10.098/2000 e Decreto 5.296/2004.

Lei Maria da Penha (coibir violência doméstica e familiar contra a mulher): Lei 11.340/2006.

Plano Nacional dos Direitos da Pessoa com Deficiência (Plano Viver Sem Limites): Decreto 7.612/2011.

Política Nacional de Proteção dos Direitos da Pessoa com Transtorno do Espectro Autista (Lei Berenice Piana): Lei 12.764/2012 e Decreto 8.368/2014.

Procedimentos para a Atenção Especializada às Pessoas com Deficiência Auditiva no Sistema Único de Saúde (SUS): Portaria 2.776/2014 do Ministério da Saúde.

Programa Nacional do Livro e do Material Didático em formato acessível: Decreto 9.099/2017.

Recomendação de adequação das atividades dos órgãos do Poder Judiciário às determinações da Convenção Internacional sobre os Direitos das Pessoas com Deficiência: Resolução 230/2016.

Recomendação aos Tribunais na adoção de medidas para a remoção de barreiras físicas, arquitetônicas, de comunicação e atitudinais para a promoção ampla e irrestrita do acesso de pessoas com deficiência às suas dependências e aos serviços para a garantia de pleno exercício de direitos, e instituição de comissões de acessibilidade: Resolução 27/2009.

Recomendação de adequação das atividades dos órgãos do Poder Judiciário às determinações da Convenção Internacional sobre os Direitos das Pessoas com Deficiência: Resolução 230/2016.

Tratado de Marraqueche, acesso a obras publicadas às pessoas com deficiência visual em versão impressa: Decreto 9.522/2018.

DENÚNCIAS

Casos de violência podem ser denunciados à 1ª Delegacia de Polícia da Pessoa com Deficiência e ao seu Centro de Apoio Técnico/IJC, que possui vários canais de atendimento, inclusive de modo remoto e com acessibilidade! WhatsApp para pessoas com deficiência, exceto pessoas surdas: (11) 99918-8167.

WhatsApp exclusivo para pessoas surdas,
contato com Intérprete de Libras:
(11) 94528-9710.
Telefone: (11) 3311-3380
E-mail: dppd.decap@policiacivil.sp.gov.br
Endereço: Rua Brigadeiro Tobias, 527, Luz – São Paulo/SP
(Segunda a sexta-feira das 9h00 às 18h00).
Secretaria de Estado dos Direitos da Pessoa com Deficiência/SP SEDPcD
Site: http://www.pessoacomdeficiencia.sp.gov.br
Tel.: (11) 5212-3700

8. REFERÊNCIAS

GOFFMAN, E. *Estigma*: notas sobre a manipulação da identidade deteriorada. Rio de Janeiro: Coletivo Sabotagem, 1988.

WILLIAMS, L. C. A. Sobre deficiência e violência: reflexões para uma análise de revisão de área. *Revista Brasileira de Educação Especial*, v. 9, n. 2, p. 141-154, 2003.

Folder do Instituto Jô Clemente – IJC.

PESSOAS COM DEFICIÊNCIA E O SEU DIREITO FUNDAMENTAL À CAPACIDADE JURÍDICA: A IMPRESCINDIBILIDADE DE COMPATIBILIZAR A CONCRETIZAÇÃO DO DIREITO COM A EFETIVAÇÃO DA PROTEÇÃO EVENTUALMENTE NECESSÁRIA

Ana Cláudia Mendes de Figueiredo

Pós-graduada em Direito do Trabalho e Processo do Trabalho pela Universidade Cândido Mendes – RJ. Coordenadora do Comitê Jurídico e do Grupo Nacional de Autodefensoria da Federação Brasileira das Associações de Síndrome de Down. Conselheira no Conselho Nacional dos Direitos das Pessoas com Deficiência e Membro do Comitê dos Direitos das Pessoas com Deficiência da OAB-DF. Advogada.

Eugênia Augusta Gonzaga

Mestre em Direito Constitucional pela PUC/SP. Procuradora Regional da República. Autora do livro Direitos das Pessoas com Deficiência, pela WVA Editora.

1. INTRODUÇÃO

A Lei 13.146, de 6 de julho de 2015, que institui a Lei Brasileira de Inclusão da Pessoa com Deficiência (LBI) – ou Estatuto da Pessoa com Deficiência –, implementou importantes alterações e inovações no âmbito dos direitos das pessoas com deficiência, com o fim de adequar o ordenamento jurídico interno às normas e aos princípios da Convenção Internacional sobre os Direitos das Pessoas com Deficiência (CDPD) e seu Protocolo Facultativo. Tais documentos foram aprovados pelo Congresso Nacional, mediante o Decreto Legislativo 186, de 9 de julho de 2008, conforme o procedimento previsto no § 3º do artigo 5º da Constituição Federal – o que torna os seus preceitos equivalentes à emenda constitucional –, e promulgados por meio do Decreto 6.949, de 25 de agosto de 2009.

A revolução havida, então, nesse âmbito, não decorreu de simples opção legislativa, mas da necessidade do estrito cumprimento do disposto na CDPD, especialmente em face do seu valor de norma constitucional. Além de a Convenção impor-se no plano interno desde 2009, ela obriga o Brasil perante a comunidade internacional, uma vez que foi ratificada, sem ressalvas, pelo país.

Entre as significativas mudanças impostas pela LBI são dignas de nota aquelas alusivas à disciplina da capacidade das pessoas, desencadeadas pelo disposto no artigo 12 da Convenção, o qual estatui expressamente que "as pessoas com deficiência gozam de capacidade legal em igualdade de condições com as demais pessoas em todos os aspectos da vida" (item 2).

Relativamente a certas pessoas com deficiência – como aquelas com deficiência intelectual e algumas com deficiência psicossocial – o novo paradigma tem encontrado importante resistência, principalmente em razão da ideia de desamparo, decorrente da desproteção do seu patrimônio. Essa ideia precisa ser superada, a partir da compreensão de que a deficiência hoje é uma questão de direitos humanos, bem como a partir do entendimento de que é preciso compatibilizar a concretização do direito ao reconhecimento da capacidade jurídica com a garantia do amparo eventualmente necessário à preservação da dignidade dessas pessoas.

2. SÍNTESE DAS ALTERAÇÕES PROMOVIDAS PELA LBI EM RELAÇÃO À CAPACIDADE JURÍDICA

Foi registrado categoricamente na LBI que "A deficiência não afeta a plena capacidade civil da pessoa" (artigo 6º) e que "A pessoa com deficiência tem assegurado o direito ao exercício de sua capacidade legal em igualdade de condições com as demais pessoas" (artigo 84). Desse modo, ela pode exercer todos os atos realizados pelas pessoas em geral, como casar-se e constituir união estável, exercer o direito de decidir sobre o número de filhos, de ter acesso a informações adequadas sobre reprodução e planejamento familiar, de exercer o direito à guarda, à tutela, à curatela e à adoção e de testemunhar, entre outros.

O artigo 83 da mesma Lei, destinado aos serviços notariais e de registro, afirma constituir discriminação em razão de deficiência a negativa ou a criação de óbices ou condições diferenciadas à prestação de seus serviços em razão de deficiência do solicitante, devendo ser reconhecida a sua capacidade jurídica plena e garantida a acessibilidade, notadamente a arquitetônica e a relativa à comunicação e à informação sobre o conteúdo do documento[1].

1. O acesso à informação e à comunicação deve ser assegurado por meio, por exemplo, da Língua Brasileira de Sinais (Libras), do Braille, do texto com linguagem simples e de todas as espécies de tecnologia assistiva ou ajuda técnica, consideradas como tais os "produtos, equipamentos, dispositivos, recursos, metodologias, estratégias, práticas e serviços que objetivem promover a funcionalidade, relacionada à atividade e à participação da pessoa com deficiência ou com mobilidade reduzida, visando à sua autonomia, independência, qualidade de vida e inclusão social" (LBI, art. 3º, III).

O novo paradigma, de reconhecimento da capacidade de direito e de agir às pessoas com deficiência, foi imposto, pela LBI, aos artigos 3º e 4º do Código Civil, que dispõem, respectivamente, sobre as hipóteses de incapacidade absoluta e relativa. Para tanto aquela Lei revogou os itens II e III do artigo 3º da Lei 10.406/2002 ("os que, por enfermidade ou deficiência mental, não tiverem o necessário discernimento para a prática desses atos" e "os que, mesmo por causa transitória, não puderem exprimir sua vontade") e revogou também a segunda parte do inciso II do artigo 4º dessa Lei ("os que, por deficiência mental, tenham o discernimento reduzido"), bem como o inciso III desse mesmo preceito legal ("os excepcionais, sem desenvolvimento mental completo").

A par dessas modificações, foram feitas mudanças também em relação à curatela (artigos 84 e 85 da LBI e 1.767 e seguintes do Código Civil) e foi introduzido, mediante os artigos 115 e 116 da LBI, o instituto da tomada de decisão apoiada (artigo 1.783-A do Código Civil).

3. VALORES E PRINCÍPIOS FUNDANTES DO DIREITO DAS PESSOAS COM DEFICIÊNCIA À CAPACIDADE JURÍDICA PLENA

As novas regras legais, que ratificaram o rompimento da identificação histórica entre deficiência e incapacidade jurídica, foram pautadas essencialmente no direito internacional dos direitos humanos e nos princípios da CDPD, entre os quais o respeito pela dignidade e a autonomia individual, inclusive a liberdade de fazer as próprias escolhas. O direito à capacidade jurídica também está em consonância com os princípios da não discriminação, da plena e efetiva participação e inclusão na sociedade, da igualdade de oportunidades e da acessibilidade.

Ocorre que essa mudança de paradigma vem sofrendo várias críticas e questionamentos no âmbito interno, não faltando iniciativas, inclusive legislativas, voltadas a promover um equivocado e inconstitucional retrocesso nesse campo. Vale, portanto, fazer constar aqui alguns esclarecimentos sobre o reconhecimento do direito das pessoas com deficiência à capacidade.

A luta pela capacidade plena é antiga e de vários grupos (escravos, pessoas sem patrimônio, analfabetos, mulheres, mulheres casadas) aos quais foi paulatinamente sendo reconhecido tal direito. Esse reconhecimento não implicou o desamparo legal de tais pessoas. A elaboração gradual de normas que asseguraram a tais grupos o exercício do direito à capacidade significou a conquista do direito humano fundamental de ser "moralmente livre", de poder fazer valer a sua vontade interior – que é um componente ligado à própria dignidade das pessoas –, sem que isso implicasse a perda de outros direitos.

O desejo de respeito às próprias escolhas não é diferente para as pessoas com deficiência:

> O valor da autonomia [...] se apoia na imagem implícita de uma pessoa *moralmente livre*.[2]
>
> [...]
>
> A autonomia individual está associada com o 'princípio de uma vida independente', isto é, com a capacidade de homens e mulheres com deficiência controlarem pessoalmente seus múltiplos aspectos de vida tomando decisões e assumindo responsabilidades de modo a ascender aos bens materiais e imateriais inerentes a todos. (MADRUGA, 2013)

No caso das pessoas com deficiência e seus familiares essa luta, tão cara, é muito incompreendida e pouco divulgada. Ainda de acordo com Sidney Madruga, apenas em 1972 é que foram registradas as primeiras iniciativas em prol da defesa da "capacidade das pessoas com deficiência", vindas do Movimento de Vida Independente, segundo o qual "[...] a pessoa com deficiência é capaz, como qualquer outra, de administrar sua própria vida, tomar decisões, fazer escolhas e assumir seus desejos; tem, portanto, o poder, para fazer-se representar e ter voz própria nas questões que lhe dizem respeito" (MADRUGA, 2013).

O mesmo autor explicita em outra oportunidade:

> Vida independente, contudo, não se traduz em autonomia absoluta, senão autonomia moral. Não significa querer fazer tudo individualmente, não necessitar de ninguém ou querer viver em isolamento, mas pleitear as mesmas opções e o mesmo controle de vida diária que os homens e mulheres sem deficiência.
>
> É querer, por exemplo, utilizar o transporte público, frequentar escolas, trabalhar, enfim exercer plenamente o exercício da cidadania, mediante a prática de atos da vida civil, dentre eles ascender a um cargo eletivo ou participar de qualquer processo de escolha. (MADRUGA, 2016)

Portanto, a CDPD, ao consagrar o reconhecimento da igualdade no campo da capacidade (artigo 12) e ao reconhecer, já no seu preâmbulo, "a importância, para as pessoas com deficiência, de sua autonomia e independência individuais, inclusive da liberdade para fazer as próprias escolhas", albergou algo cuja necessidade era urgente para as pessoas com deficiência e seus familiares.

É preciso, pois, buscar garantir que as concepções, institutos, leis e políticas públicas sejam revistas e adequadas ao novo paradigma que, por seu turno, não pode implicar o desamparo de pessoas com deficiência que eventualmente necessitem de proteção, nem o afastamento dos direitos historicamente conquistados. Como veremos, é plenamente possível conciliar o exercício da capacidade com a proteção eventualmente necessária, impedindo qualquer retrocesso nesse campo.

4. CONCRETIZAÇÃO, NO DIREITO INTERNO, DOS PRINCÍPIOS E PROPÓSITO DA CONVENÇÃO

Acerca das alterações inauguradas pela LBI, o civilista Flávio Tartuce (2015) afirma terem surgido duas correntes: de um lado, a da *dignidade-vulnerabilidade*, que

---

2. Há grifos também no original, pois o termo "moralmente livre" se refere à citação que Madruga faz a Rafael de Lorenzo (MADRUGA, 2013, p. 111).

abriga os que condenam a inclusão civil das pessoas com deficiência, assegurada pela nova Lei, "pois a dignidade de tais pessoas deveria ser resguardada por meio de sua proteção como vulneráveis"; de outro lado, a da *dignidade-liberdade*, perfilhada pelos defensores das inovações havidas em relação à temática da capacidade, em razão, acima de tudo, do propósito estabelecido na CDPD, de promover e proteger a dignidade dessas pessoas.

Pensamos que a solução para a controvérsia instaurada não se encerra na opção por uma das correntes componentes da dicotomia apresentada, porquanto a Convenção, ao anunciar o reconhecimento de que as pessoas com deficiência gozam de capacidade legal em igualdade de condições com as demais pessoas em todos os aspectos da vida (artigo 12 da CDPD), afirma a necessidade, já referida, de "proteger e assegurar o exercício pleno e equitativo de todos os direitos humanos e liberdades fundamentais por todas as pessoas com deficiência" (artigo 1), inclusive daquelas que requerem maior apoio (alínea "j" do preâmbulo da CDPD), bem como de promover o respeito pela sua dignidade inerente (artigo 1). Ora, são exigências da dignidade da pessoa humana, além do direito à vida, liberdade e igualdade, também o direito à saúde, à educação, à moradia, além de outros (SARLET, p. 128-129). O mencionado princípio estende-se, pois, à proteção do patrimônio quando a perda desse puder acarretar dano que coloque em risco o direito "a um padrão adequado de vida para si e para suas famílias, inclusive alimentação, vestuário e moradia adequados" (CDPD, art. 28), que consubstanciam "as condições materiais básicas para uma vida com dignidade" (SARLET, p. 350)[3]. A ideia remete-nos à Teoria do Estatuto Jurídico do Patrimônio Mínimo, elaborada por Luiz Edson Fachin (2001).

Em síntese, as modificações realizadas pelo legislador nacional são a materialização dos princípios e propósito da Convenção de Nova Iorque, que visam, em todos os seus matizes, garantir direitos às pessoas com deficiência, sem excluir, por certo, outros já assegurados. Por isso não se pode admitir que o reconhecimento do direito ao exercício da capacidade às pessoas com deficiência – em igualdade de condições com as demais pessoas – venha a ensejar o desamparo das pessoas que essas normas visaram resguardar.

4.1 O direito à capacidade jurídica e suas implicações

Um dos argumentos que se coloca frequentemente para se negar às pessoas com deficiência o reconhecimento do direito ao exercício da capacidade jurídica é o de que tal reconhecimento implicaria a perda de direitos e do amparo legal necessário a evitar que viessem a ser prejudicadas na realização de negócios jurídicos. Isso porque apenas como incapazes seriam destinatárias de direitos, como o benefício de prestação continuada (BPC), e contariam com institutos aptos a resguardar seu

3. O direito ao erro precisa ser garantido em relação a bens e valores não tão relevantes, de modo a evitar que eventual disposição viesse a desencadear um prejuízo importante ou a afetar significativamente o patrimônio da pessoa com deficiência.

patrimônio, como a não contagem de prazo prescricional e decadencial; a subsidiariedade da obrigação de indenizar por dano causado e o reconhecimento da nulidade ou anulabilidade do negócio jurídico prejudicial. Esse pensamento, como veremos, precisa ser desconstruído.

4.1.1 *A desnecessidade de curatela para o recebimento de benefícios previdenciários ou assistenciais*

As normas aplicáveis à concessão de benefícios previdenciários ou assistenciais não mais se reportam à incapacidade, mas à deficiência. A Lei 8.742/93 (Lei Orgânica da Assistência Social - Loas), em seu art. 20, já não define a pessoa com deficiência como incapaz[4], tendo sido alterada para se amoldar à Convenção da ONU. A Lei 8.213/91 (Regime Geral de Previdência Social) arrola, no art. 16, dependentes que tenham deficiência intelectual, mental ou deficiência grave, sem fazer qualquer menção à necessidade de declaração judicial de incapacidade. O mesmo ocorre em relação à Lei 8.112/90 (Regime Próprio de Previdência Social), que também foi alterada para afastar a exigência de reconhecimento da incapacidade dos beneficiários com deficiência (arts. 217 e 222).

Portanto, não há mais a menor coincidência entre deficiência e incapacidade para fins de recebimento de benefícios assistenciais ou previdenciários nas situações regidas por essas Leis e em outras inspiradas na CDPD.

Assim, as autoridades que ainda exigem decreto de interdição para que uma pessoa com deficiência obtenha um dos benefícios mencionados estão em rota de colisão com essas alterações legislativas e com as normas constitucionais introduzidas no ordenamento jurídico pátrio a partir da ratificação da CDPD.

4.1.2 *Autonomia e proteção: compatibilidade em situações de vulnerabilidade jurídica*

Desde a publicação da LBI têm sido bem frequentes, como já assinalado, opiniões no sentido de que essa Lei, com o intuito de propiciar maior autonomia às pessoas com deficiência, acabou por desamparar muitas delas, especialmente aquelas com deficiência intelectual e, em alguns casos, com deficiência psicossocial.

Há de se delinear aqui algumas distinções que evidenciam a necessidade de esforço no sentido de manutenção da proteção a essas pessoas, visando, em última análise, à materialização da justiça e da equidade.

As alterações promovidas pela LBI, em homenagem ao artigo 12 da CDPD, concorreram para o desenho de três cenários no tocante à capacidade jurídica:

---

4. Desde a Lei 12.470/2011, a Loas não mais considera como critério de elegibilidade para a percepção do benefício de prestação continuada a incapacidade para a vida independente e para o trabalho.

1) Pessoas com deficiência que não se socorrem do Judiciário para a obtenção de apoio para exercer sua capacidade jurídica, por não necessitarem de suporte para tanto, e que tampouco são passíveis de serem submetidas à curatela, por não se enquadrarem nas hipóteses do artigo 4º do Código Civil;

2) Pessoas com deficiência que, por precisarem de apoio para o exercício da capacidade jurídica, formulam, perante o Judiciário, pedido de tomada de decisão apoiada e

3) Pessoas com deficiência que não conseguem, por qualquer modo, expressar a sua vontade e que, por essa razão, estão sujeitas à curatela (Código Civil, art. 4º), limitada, cumpre lembrar, ao "menor tempo possível" e às questões patrimoniais e negociais.

Embora a LBI não tenha estabelecido, especificamente em relação ao exercício da capacidade jurídica, regras para resguardo – quando necessário – dos indivíduos do segundo grupo e, em alguns casos, do terceiro grupo[5], é impositivo compreender que normas protetivas devem ser aplicadas às pessoas antes resguardadas por essas, ainda que hoje em dia não carreguem mais a pecha da "incapacidade". Com efeito, destinando-se a assegurar e a promover, em condições de igualdade, o exercício dos direitos e das liberdades fundamentais pelas pessoas com deficiência, com vistas à sua inclusão social e cidadania, a LBI não poderia degradar a condição dos seus destinatários, agregando ao novo direito, de igual capacidade, vulnerabilidade antes inexistente (SANTOS, 2016).

Confirma esse entendimento o item 4 do Artigo 4 da Convenção, que norteou a elaboração da LBI e se reveste de *status* constitucional:

> Nenhum dispositivo da presente Convenção afetará quaisquer disposições mais propícias à realização dos direitos das pessoas com deficiência, as quais possam estar contidas na legislação do Estado Parte ou no direito internacional em vigor para esse Estado. Não haverá nenhuma restrição ou derrogação de qualquer dos direitos humanos e liberdades fundamentais reconhecidos ou vigentes em qualquer Estado Parte da presente Convenção, em conformidade com leis, convenções, regulamentos ou costumes, sob a alegação de que a presente Convenção não reconhece tais direitos e liberdades ou que os reconhece em menor grau.

Nesse contexto, às pessoas com deficiência do segundo grupo, que certamente se encontravam abrangidas nas regras que amparavam as pessoas relativa ou absolutamente incapazes – ou que estariam resguardadas por essas regras caso o sistema das incapacidades não houvesse sido alterado –, deve ser aplicada alguma norma protetiva, sob pena de ofensa aos princípios da vedação de retrocesso em matéria de direitos humanos, da igualdade (substancial) e da dignidade humana e à norma

5. Sobre a referida lacuna, Souza e Silva (2016) assentam que "[A] reforma promovida pela Lei 13.146/2015 ainda dependerá de intenso esforço doutrinário e jurisprudencial para a definição de suas verdadeiras repercussões na ordem jurídica brasileira. Em muitos casos, parece ter o legislador simplesmente esquecido de se pronunciar sobre certas garantias antes estendidas à pessoa com deficiência mental pelo manto protetor da incapacidade [...]".

constitucional transcrita. Tal entendimento deveria incidir, por exemplo, a circunstância prejudicial envolvendo pessoa com deficiência intelectual ou com deficiência psicossocial que, embora goze de capacidade plena – por força do novo paradigma –, permanece em situação de exposição a um maior risco de lesão e de exploração. A imprescindível manutenção do amparo legal deve ser pensada também em relação às pessoas com deficiência do terceiro grupo, que eram consideradas absolutamente incapazes ou que seriam assim consideradas, caso não houvesse sido modificado o artigo 3º do Código Civil.

Compreensão distinta, além de afrontar o citado item 4 do Artigo 4 da Convenção, o princípio do não retrocesso e os princípios e propósito desse documento internacional, significaria esvaziar o instituto da tomada de decisão apoiada e as potenciais migrações da incapacidade absoluta para a incapacidade relativa, nos casos em que a pessoa não consegue exprimir a vontade. Isso porque a maciça maioria dos familiares das pessoas com deficiência intelectual e, em alguns casos, com deficiência psicossocial submetidas à curatela, desestimularia a opção por aquele procedimento e deixaria de adotar qualquer iniciativa no sentido da citada migração, ante o receio, em ambos os casos, do referido desamparo. Conforme nos esclarece o magistério de Arlene Kanter (2015), se a pessoa precisa de proteção, que lhe seja dada, mas sem retirar dela o direito à capacidade.

Nesse contexto, os desafios para os operadores do Direito são o de proceder a uma "interpretação funcional do Estatuto, para que suas normas não entrem em contradição com seus próprios fins" (NEVARES, MULTEDO e MEIRELES, 2020), e o de elaborar soluções consonantes com os direitos fundamentais das pessoas com deficiência.

Pensando também na proteção da pessoa com deficiência na seara em debate, Reis Junior (2020) reporta-se ao teor do artigo 5º da Lei 13.146/2015, invocando-o como apto a respaldar decreto de nulidade de ato jurídico em situação na qual aquele que contrata com pessoa com deficiência incorre em alguma das condutas previstas no dispositivo:

> De uma maneira ou de outra, crê-se que o caminho para a proteção da pessoa com deficiência em face de atos ou negócios firmados com incapaz em circunstâncias nas quais o outro contratante ou declarante negligencia, discrimina, explora, oprime ou trata a pessoa com deficiência de modo degradante ou desumano é a nulidade, não em razão da incapacidade desta – que pode existir ou não –, mas ao fundamento de que o ordenamento proíbe taxativamente a exploração da pessoa com deficiência, sem cominar sanção específica. Neste sentido, dispõe o art. 5º da Lei 13.146/15 que "a pessoa com deficiência será protegida de toda forma de negligência, discriminação, exploração, violência, tortura, crueldade, opressão e tratamento desumano ou degradante", razão pela qual o descumprimento de tal norma legal de conduta resultará na nulidade absoluta dos atos e negócios praticados com tal escopo.
>
> Em última análise, não se faz necessário verificar uma "incapacidade de exercício" (prevista agora apenas no art. 4º, III, do CC) para se concluir que um dado negócio é absolutamente nulo, na medida em que a nulidade é funcionalizada ao cumprimento dos valores do ordenamento, dentre eles a proteção e promoção da pessoa com deficiência. Supera-se, assim, as dificuldades de impostas pela alteração do regime das capacidades naquilo que respeita ao controle valora-

> tivo dos atos jurídicos realizados por pessoas com deficiência, sem precisar recorrer ao obsoleto critério da "inexistência" do negócio jurídico.
>
> Em última análise, não se faz necessário verificar uma "incapacidade de exercício" (prevista agora apenas no art. 4º, III, do CC) para se concluir que um dado negócio é absolutamente nulo, na medida em que a nulidade é funcionalizada ao cumprimento dos valores do ordenamento, dentre eles a proteção e promoção da pessoa com deficiência. Foge-se da previsão do art. 166, I, do CC, que não é a única hipótese de nulidade absoluta. Essa interpretação, aliás, supera todas as críticas em torno de uma suposta "mitigação" da proteção à pessoa quanto ao regime das nulidades, eis que caberia apenas a nulidade relativa (art. 171, I, do CC), com prazo decadencial e sem a interrupção da prescrição. Neste caso, numa leitura funcional das invalidades, percebendo-se, no caso concreto, que houve efetivo abuso em face da pessoa com deficiência, em razão de sua condição, a sanção é a nulidade absoluta (tanto para atos e negócios existenciais, quanto aos patrimoniais), que não pode ser confirmada e nem convalesce com o tempo, não se sujeitando a qualquer prazo prescricional ou decadencial. (269-270).

Acrescentamos outrossim que a LBI prevê que, "Em caso de negócio jurídico que possa trazer risco ou prejuízo relevante, havendo divergência de opiniões entre a pessoa apoiada e um dos apoiadores, deverá o juiz, ouvido o Ministério Público, decidir sobre a questão" (art. 1.783-A, § 6º).

De outro lado, o reconhecimento da capacidade plena não impede a intervenção do Ministério Público. Essa é imprescindível se o processo tem como uma das partes uma pessoa com deficiência e o mérito da ação tem algum tipo de relação com a deficiência. Essa intervenção é exigida desde 1989, independentemente da existência de curatela, nos termos do art. 5º da Lei 7.853/89, e foi mantida pela LBI: "O Ministério Público intervirá obrigatoriamente nas ações públicas, coletivas ou individuais, em que se discutam interesses relacionados à deficiência das pessoas". Ou seja, tal intervenção, em se tratando de pessoas com deficiência, não decorre do disposto no artigo 82, inciso I, do Código de Processo Civil (ou do artigo 178, inciso II, do Código de Processo Civil de 2015, que se refere a causas em que há interesses de incapazes), mas de legislação específica.

Por esses motivos, não há razão para privar as pessoas com deficiência do direito à capacidade plena, o qual permite sejam elas consideradas moralmente autônomas, como todos os seres humanos.

5. O APEGO À CURATELA E A RESISTÊNCIA À TOMADA DE DECISÃO APOIADA

É importante nos determos, nessa quadra, nos argumentos, de alguns doutrinadores, de que a curatela asseguraria maior proteção à pessoa com deficiência e de que a tomada de decisão apoiada somente seria passível de ser adotada, no caso da deficiência intelectual e psicossocial, se as limitações forem mínimas.

É fato que as legislações civil e processual civil ainda precisam de ajustes e complementos que as tornem plenamente consentâneas com o novo paradigma da capacidade. Não obstante a existência de lacunas e inconsistências nas normas relativas ao tema, seria possível aos operadores do Direito conferir a tais normas uma interpretação alinhada com os princípios da CDPD.

Entretanto, o que vem ocorrendo na prática é a aplicação da curatela a qualquer caso de "discernimento reduzido" e não sua aplicação, como medida excepcional, a pessoas com impossibilidade de manifestação da vontade.

Tais operadores do Direito, mesmo que por razões altruístas, estão desconectados dos objetivos mundiais de reconhecimento do direito de todas as pessoas com deficiência à capacidade. Até mesmo a opção do legislador brasileiro de impor a curatela nos casos em que a pessoa não pode exprimir a vontade já foi severamente criticada no âmbito da ONU, pelo Comitê sobre os Direitos das Pessoas com Deficiência.

Esse Comitê foi criado exatamente para debater os progressos alcançados pelos países signatários da CDPD e as lacunas existentes na aplicação das normas atinentes às pessoas com deficiência. O Brasil teve seu relatório inicial avaliado em 4 de setembro de 2015, ou seja, após a promulgação da Lei Brasileira de Inclusão da Pessoa com Deficiência, e, com base em tal norma, o Comitê assim se manifestou:

> Referente ao previsto no art. 12, o Comitê demonstrou grande preocupação que, mesmo com a Lei Brasileira de Inclusão, houve poucos avanços no reconhecimento pleno da capacidade das pessoas com deficiência [...].
>
> O Comitê está preocupado que a legislação do Estado Parte ainda preveja a tomada substitutiva de decisão em algumas circunstâncias. Isto é contrário ao artigo 12 da Convenção, conforme explicação no Comentário Geral 1 do Comitê (2014) sobre igual reconhecimento perante a lei. O Comitê também está preocupado que os procedimentos de tomada de decisão apoiada requeiram aprovação judicial e não deem primazia à autonomia, vontade e preferências das pessoas com deficiência.
>
> O Comitê insta o Estado Parte a retirar todas as disposições legais que perpetuem o sistema de tomada de decisão substitutiva.
>
> Também recomenda que, em consulta com as organizações de pessoas com deficiência e outros prestadores de serviços, o Estado Parte adote medidas concretas para substituir o sistema de tomada de decisão substitutiva por um modelo de tomada de decisão apoiada, que defenda a autonomia, vontade e preferências das pessoas com deficiência em plena conformidade com o artigo 12 da Convenção. Insta ainda que todas as pessoas com deficiência que estejam atualmente sob tutela sejam devidamente informadas sobre o novo regime legal e que o exercício do direito de tomada de decisão apoiada seja garantido em todos os casos.

Como se vê, as alterações produzidas pela LBI, tão contestadas no âmbito interno, são, na verdade, tímidas aos olhos do Comitê da ONU. Logo, é de rigor que parlamentares, operadores do Direito e executores das políticas públicas – e por que não dizer toda a sociedade – abracem o novo modelo e encontrem as soluções que a vida diária exige, sem negação do direito fundamental ao exercício da capacidade jurídica e retrocessos em relação ao patamar de proteção já garantido. Esse exercício, como dito, pode se dar de forma apoiada e a manifestação da pessoa com deficiência ocorrer dos mais variados modos, como por exemplo por meio de aposição de impressão digital, de comunicação alternativa ou por qualquer outra forma que demonstre a sua ciência e concordância com o ato, sinalizadoras da sua participação.

6. A IMPRESCINDIBILIDADE DO RESPEITO AOS DIREITOS, À VONTADE E ÀS PREFERÊNCIAS DA PESSOA COM DEFICIÊNCIA EM QUALQUER CASO

O legislador pátrio assegurou, em sintonia com a CDPD (artigo 12), a tomada de decisão apoiada para o exercício da capacidade jurídica, optando por manter, em caráter extraordinário, a curatela.

Independentemente da medida adotada, tanto o apoiador quanto o curador precisam agir com absoluto respeito aos direitos, à vontade e às preferências da pessoa com deficiência, porque o artigo 12, item 4, da Convenção assim exige. A referida orientação não é inexequível. Mesmo uma pessoa sem condições de manifestar a sua vontade tem uma história de vida que pode demonstrar suas inclinações e permitir que se saiba o que gostaria que fosse feito nessa ou naquela hipótese. Portanto, inclusive nesses casos, o curador precisará, sempre que solicitado, explicar a coerência das suas decisões com as vontades e preferências da pessoa submetida à curatela.

6.1 A tomada de decisão apoiada

A CDPD determina, no item 3 do citado artigo 12, que os "Estados Partes tomarão medidas apropriadas para prover o acesso de pessoas com deficiência ao apoio que necessitarem no exercício de sua capacidade legal". Nessa linha, a LBI criou o instituto da "tomada de decisão apoiada".

A tomada de decisão apoiada consiste em instrumento hábil a permitir que as pessoas com deficiência possam decidir por si mesmas os rumos da sua vida, com o auxílio, para tanto, de apoiadores de sua preferência. Trata-se de instrumento apto a garantir autonomia e protagonismo a essas pessoas.

É um instituto bastante amplo – cujos termos e prazo de vigência podem ser negociados – e suscetível de ser utilizado por pessoas com deficiência, ainda que grave, desde que, consoante o Estatuto, consigam exprimir (por qualquer modo) sua vontade.

Esse procedimento[6], facultado às pessoas com deficiência (art. 84, § 2°, da LBI), encontra-se previsto no artigo 116 da LBI, que acrescenta ao Código Civil o artigo 1.783-A, de seguinte teor:

> Art. 1.783-A. A tomada de decisão apoiada é o processo pelo qual a pessoa com deficiência elege pelo menos 2 (duas) pessoas idôneas, com as quais mantenha vínculos e que gozem de sua confiança, para prestar-lhe apoio na tomada de decisão sobre atos da vida civil, fornecendo-lhes os elementos e informações necessários para que possa exercer sua capacidade.

6. Não obstante a LBI faça alusão a processo, a tomada de decisão apoiada não configura, no sentido técnico do termo, um "processo". Carreira Alvim, por exemplo, diz que na tomada de decisão apoiada "não existe exercício de jurisdição, tratando-se de mero procedimento entre pessoas interessadas (não partes) e o Estado juiz, encarregado de fazer o papel de verdadeiro administrador judicial em assunto de interesse privado, verdadeira 'administração pública de interesses privados'" (ALVIM, 2015).

§ 1º Para formular pedido de tomada de decisão apoiada, a pessoa com deficiência e os apoiadores devem apresentar termo em que constem os limites do apoio a ser oferecido e os compromissos dos apoiadores, inclusive o prazo de vigência do acordo e o respeito à vontade, aos direitos e aos interesses da pessoa que devem apoiar.

§ 2º O pedido de tomada de decisão apoiada será requerido pela pessoa a ser apoiada, com indicação expressa das pessoas aptas a prestarem o apoio previsto no caput deste artigo.

§ 3º Antes de se pronunciar sobre o pedido de tomada de decisão apoiada, o juiz, assistido por equipe multidisciplinar, após oitiva do Ministério Público, ouvirá pessoalmente o requerente e as pessoas que lhe prestarão apoio.

§ 4º A decisão tomada por pessoa apoiada terá validade e efeitos sobre terceiros, sem restrições, desde que esteja inserida nos limites do apoio acordado.

§ 5º Terceiro com quem a pessoa apoiada mantenha relação negocial pode solicitar que os apoiadores contra-assinem o contrato ou acordo, especificando, por escrito, sua função em relação ao apoiado.

§ 6º Em caso de negócio jurídico que possa trazer risco ou prejuízo relevante, havendo divergência de opiniões entre a pessoa apoiada e um dos apoiadores, deverá o juiz, ouvido o Ministério Público, decidir sobre a questão.

§ 7º Se o apoiador agir com negligência, exercer pressão indevida ou não adimplir as obrigações assumidas, poderá a pessoa apoiada ou qualquer pessoa apresentar denúncia ao Ministério Público ou ao juiz.

§ 8º Se procedente a denúncia, o juiz destituirá o apoiador e nomeará, ouvida a pessoa apoiada e se for de seu interesse, outra pessoa para prestação de apoio.

§ 9º A pessoa apoiada pode, a qualquer tempo, solicitar o término de acordo firmado em processo de tomada de decisão apoiada.

§ 10. O apoiador pode solicitar ao juiz a exclusão de sua participação do processo de tomada de decisão apoiada, sendo seu desligamento condicionado à manifestação do juiz sobre a matéria.

§ 11. Aplicam-se à tomada de decisão apoiada, no que couber, as disposições referentes à prestação de contas na curatela.

O presente texto da lei é, em linhas gerais, consentâneo com os princípios constitucionais e deve ser aplicado à luz de princípios de vanguarda que regem o processo civil, segundo os quais o processo é um instrumento de cooperação entre todos os sujeitos[7] e um meio para o resguardo e promoção da dignidade da pessoa humana.

Em tal modelo, o juiz, em audiência preferencialmente concentrada, ouvirá, além do requerente e dos 2 (dois) apoiadores eleitos, o Ministério Público e uma equipe multidisciplinar[8]. Nessa audiência, será objeto de apreciação o termo pelo qual serão definidos os limites do apoio (os atos para os quais ele será necessário), o prazo de vigência[9], os apoiadores e os respectivos compromissos, entre os quais o relativo ao "respeito à vontade, aos direitos e aos interesses da pessoa que devem apoiar".

7. Sobre esse vetor cooperativo cf. DIDIER JR, 2010.
8. É importante que sejam ouvidos também os profissionais que acompanham a saúde da pessoa com deficiência.
9. A periodicidade da revisão da medida tem sido tratada de forma variada pelas leis dos diferentes países. No Brasil, o legislador optou por incluir no âmbito dos aspectos passíveis de serem acordados o período de vigência, pelo que o prazo respectivo pode ser fixado pelos acordantes, inclusive como indeterminado

Uma vez homologado o termo da tomada de decisão apoiada, entendemos ser importante o registro no Registro Civil das Pessoas Naturais[10]. Embora não haja exigência legal nesse sentido, o registro permitiria que terceiros interessados em negociar com pessoas com deficiência tivessem ciência, fácil e antecipadamente, sobre a existência ou não de termo de apoio e sobre os atos para os quais se faz ou não necessária a presença dos apoiadores.

Cumpre destacar que um ato negocial, abrangido no termo de decisão apoiada, não pode ser reputado válido se praticado sem os apoiadores indicados porque, embora a pessoa com deficiência detenha por força da lei capacidade plena, ao requerer o apoio, reconhece que não tem condições de exercer sozinha sua capacidade relativamente ao(s) ato(s) incluído(s) no termo. Desconsiderar essa necessidade e pedido importaria em ignorar o apoio idealizado pela Convenção e LBI justamente para, além de viabilizar o exercício da capacidade por parte de algumas pessoas com deficiência, resguardar seus interesses. Ainda que seja dispensável a contra-assinatura dos apoiadores (art. 1.783-A, § 5º, do Código Civil), é importante a presença desses por ocasião da celebração do negócio, para tornar inequívoco o imprescindível fornecimento "de elementos e informações necessários" por ocasião do exercício da capacidade por parte da pessoa com deficiência (*caput* do art. 1.783-A do Código Civil). Entendimento diverso implicaria desconsideração do valor desse apoio legal, tornando inócua essa medida.

Também é recomendável, embora não haja de igual modo previsão na lei, que conste do termo de tomada de decisão apoiada a designação, pela pessoa com deficiência, das pessoas que substituirão os apoiadores indicados, na hipótese de ausência desses, bem como a especificação também de apoio em relação a decisões relacionadas a aspectos sensíveis, tais como cirurgias e tratamentos de maior complexidade.

Não há delimitação na LBI, igualmente, quanto aos atos em relação aos quais é viável estabelecer apoio, podendo o termo definir, por exemplo, um ato específico, como a venda de um imóvel, ou vários atos negociais, como transações financeiras acima de determinado valor.

Reiteramos que limitar a adoção da tomada de decisão apoiada apenas às pessoas com deficiência que têm discernimento quanto às consequências dos atos denominados civis, implicaria desprezo aos princípios da igualdade de oportunidades, da não discriminação e da dignidade humana, orientadores de toda a Convenção. Importaria ainda desvalorização de parte significativa do rol de direitos assegurados na CDPD – a

---

naqueles casos em que não ocorra, em curto espaço de tempo, a possibilidade de a pessoa com deficiência vir a praticar, sem apoio, os atos abrangidos no termo. Reforça a compreensão quanto à possibilidade de estabelecimento de prazo indeterminado para a tomada de decisão apoiada o disposto no artigo 405 do Código Civil italiano, lembrado por Maurício Requião: "[V]. Il decreto di nomina dell'amministratore di sostegno deve contenere l'indicazione: (...) 2. della durata dell'incarico, che può essere anche a tempo indeterminato" (artigo 405, V, 2).

10. Em Parecer ao Projeto de Lei do Senado Federal 757/2015 Flávio Tartuce perfilha entendimento diverso.

exemplo do direito de votar e de ser votado, de exercer cargo público, de casar etc. –, os quais pressupõem, para seu exercício, a capacidade de agir.

Considerados, em uma interpretação sistemática, os princípios e objetivos da CDPD, não resta dúvida de que a capacidade plena é a regra para as pessoas com deficiência e de que a tomada de decisão apoiada – tanto porque mantida a plenitude da capacidade da pessoa, quanto porque privilegiada sua autonomia nos atos decisórios – deve, nos casos em que imprescindível o apoio, ter primazia em relação à curatela, por ser essa uma situação em que a capacidade da pessoa, conforme o Código Civil, é relativa e a sua decisão substituída.

Como o procedimento de tomada de decisão apoiada, por diversas razões, ainda não tem sido utilizado largamente – diferentemente do que ainda ocorre com os processos de interdição/curatela –, é imprescindível a suspensão dos processos de curatela em andamento para que seja concedida às pessoas com deficiência a oportunidade de optar pela tomada de decisão apoiada. A mesma oportunidade de opção deve ser paulatinamente assegurada àqueles que já tiveram decretada sua interdição parcial ou total.

Em relação à curatela decretada sob a vigência da legislação anterior, é imperativo que seus termos sejam compreendidos à luz das novas disposições da LBI. A esse respeito assenta Pablo Stolze (2016):

> Não sendo o caso de se intentar o levantamento da interdição ou se ingressar com novo pedido de tomada de decisão apoiada, os termos de curatela já lavrados e expedidos continuam válidos, embora a sua eficácia esteja limitada aos termos do Estatuto, ou seja, deverão ser interpretados em nova perspectiva, para justificar a legitimidade e autorizar o curador apenas quanto à prática de atos patrimoniais.

6.2 A curatela

A curatela foi tradicionalmente conhecida como instrumento pelo qual o curador, nomeado pelo juiz na ação de interdição, representava o interditado, substituindo-o, nos limites em que decretada a incapacidade desse, nas manifestações de vontade.

Após a vigência da LBI a curatela passou a constituir, "medida protetiva, extraordinária, proporcional às necessidades e às circunstâncias de cada caso, e durará o menor tempo possível" (art. 85, § 3º, da LBI).

O instituto foi significativamente alterado, tendo se tornado absolutamente provisório e excepcional, reservado aos casos de impossibilidade de expressão da vontade. Além disso, a curatela, a ser adotada quando necessário, diz respeito apenas a "atos relacionados aos direitos de natureza patrimonial e negocial" (art. 85 da LBI), não alcançando mais, como antes, o direito ao trabalho, ao matrimônio, ao voto e outros (art. 85, § 1º, da LBI).

Reveste-se, por expressa disposição legal, além do referido caráter extraordinário (art. 85, § 2º, da LBI), também de natureza tuitiva (art. 84, § 3º, da LBI), norteada pelo dever de respeito à vontade e às preferências da pessoa sob curatela, o qual se concretiza, entre outros aspectos, na isenção de conflito de interesses e de influência indevida (artigo 4º da CDPD). Impõe-se considerar, ainda, a proporcionalidade da medida "às necessidades e às circunstâncias de cada caso".

Por essa razão, a curatela assumiu, após a LBI, caráter de "medida extraordinária", a ser adotada apenas nos casos em que a pessoa não puder exprimir sua vontade (art. 4º, III, CC). A citada excepcionalidade foi confirmada pelo § 1º do artigo 84, ao estabelecer que, "Quando necessário, a pessoa com deficiência será submetida à curatela, conforme a lei".

Apenas, portanto, na hipótese de as pessoas com deficiência não conseguirem manifestar sua vontade e preferências, após todos os esforços no sentido de viabilizar tal manifestação, é que a curatela será utilizada e ainda assim pelo menor tempo possível. A nova roupagem conferida ao instituto demanda, pois, um olhar mais rigoroso para as hipóteses de seu cabimento.

A maior conscientização das pessoas com deficiência e das suas famílias, bem como de advogados, defensores e membros do Ministério Público, aliada à atuação jurisdicional, tende a conduzir à ineficácia social das regras relacionadas à curatela, por desuso (DINIZ, 2016).

Nem se alegue que a impossibilidade de expressão da vontade pode se confundir com "discernimento reduzido" ou falta de "discernimento"[11]. Se o legislador quisesse manter o critério do discernimento, não teria alterado o Código Civil para excluir das hipóteses ensejadoras do reconhecimento da incapacidade absoluta a ausência de discernimento (excluída do artigo 3º da Lei 10.406/2002) e das hipóteses relativas à incapacidade relativa o discernimento reduzido (excluído do artigo 4º da Lei 10.406/2002).

O discernimento é, em sua essência, subjetivo, não se admitindo que a capacidade ou "aptidão de uma pessoa para tomar decisões" (NACIONES UNIDAS, 2014) possa ser considerada superior à de outra. Quando a CDPD e a LBI exigem que sejam respeitadas a vontade e as escolhas da pessoa com deficiência – sempre lhe garantindo apoios e salvaguardas –, é porque houve significativa mudança do paradigma da capacidade, conforme já esclarecido na introdução deste estudo.

Entre as alterações introduzidas pela LBI citamos, finalmente, a inclusão da possibilidade de promoção do processo que define os termos da curatela pela própria pessoa (art. 1.768, inciso IV, do CC); a curatela compartilhada (art. 1.775-A do CC); a participação de equipe multidisciplinar no processo (art. 1.771 do CC) e, sempre, a prevalência da vontade e das preferências da pessoa com deficiência, bem como a preponderância da convivência familiar e comunitária (art. 1.777 do CC).

11. Entre os vários doutrinadores que compreendem que a impossibilidade de expressão da vontade deve ser interpretada como discernimento ausente ou reduzido, citamos Nevares, Multedo e Meireles (2020).

7. CONSIDERAÇÕES FINAIS

Inequivocamente, a profunda reforma implementada pela LBI na denominada "teoria das incapacidades" e o reerguimento de nova disciplina, dignificante e igualitária, reclamam a desconstrução da percepção social – vigente no Brasil durante tão longo tempo – de que a deficiência se encontra intrinsecamente vinculada à invalidez e à incapacidade. Tal desconstrução, imprescindível à efetivação do artigo 12 da Convenção, somente é suscetível de acontecer mediante a compreensão das razões do consenso entre os Estados subscritores da CDPD em torno da mencionada norma.

Além da desconstrução da compreensão social acerca da indissociabilidade entre deficiência e incapacidade, outras ações precisam ser empreendidas, em diversas frentes, para a concretização do direito ao reconhecimento de igual capacidade jurídica (FIGUEIREDO, 2019).

O contexto inédito delineado pela Convenção e LBI impõe ao Poder Público sensibilizar e conscientizar a sociedade, especialmente as pessoas com deficiência intelectual e psicossocial e suas famílias, acerca das implicações das mudanças advindas quanto a essa temática, a partir da ratificação da CDPD. Desse modo, aquelas pessoas, que sempre estiveram à margem do direito ao exercício da capacidade, poderão exercer esse direito com segurança. O êxito na aplicação das novas regras alusivas à capacidade depende da informação plena dos envolvidos e de toda a sociedade.

Cabe ainda ao Estado promover a compatibilização da LBI com o Código de Processo Civil e a conformação – às previsões da CDPD – das normas que ainda inviabilizam o exercício da capacidade jurídica por parte das pessoas com deficiência ou impedem essas pessoas de usufruírem direitos, praticarem atos jurídicos ou assumirem responsabilidades em razão da deficiência.

O novo cenário também demanda empenho de advogados, defensores públicos e membros do Ministério Público, no sentido de vindicar ao Poder Judiciário que confira à LBI interpretação harmônica com os princípios gravados na CDPD.

O novo regramento requer, por outro lado, intenso esforço das pessoas com deficiência, organizações representativas, familiares e profissionais vinculados ao tema, no sentido de superar os grandes desafios que se desenharão na prática e de se apropriar de toda a gama de direitos surgida com a edição da LBI.

O contexto inaugurado pela CDPD, e ratificado pela LBI, constitui um enorme desafio para os poderes públicos e toda a sociedade, apenas suscetível de ser suplantado mediante o enfrentamento do tema sob o enfoque do direito internacional dos direitos humanos. Somente a partir desse enfoque e da atuação firme e proativa de todos, conseguiremos ver efetivados, em homenagem aos princípios da Convenção, o direito das pessoas com deficiência ao exercício da sua capacidade plena.

8. REFERÊNCIAS

ALVIM, José Eduardo Carreira. Tomada de decisão apoiada. *Revista Brasileira de Direito Penal*, ano 23, n. 92, p. 8396, Belo Horizonte, out./dez. 2015.

DIDIER JUNIOR, Fredie. *Fundamentos do princípio da cooperação no direito processual civil português*. Coimbra: Wolters Kluwer, 2010.

DINIZ, Maria Helena. A nova teoria das incapacidades. *Revista Thesis Juris*, v. 5, n. 2, p. 263-288, São Paulo, maio/ago. 2016.

FACHIN, Luiz Edson. *Estatuto Jurídico do Patrimônio Mínimo*. Rio de Janeiro: Renovar, 2001.

FIGUEIREDO, Ana Cláudia Mendes de. A capacidade jurídica das pessoas com deficiência: um novo paradigma construído sob a égide dos direitos humanos. In: GUGEL, Maria Aparecida. *Diálogos aprofundados sobre os direitos das pessoas com deficiência*. Belo Horizonte: RTM, 2019.

FONSECA, Ricardo Tadeu Marques da. *O conceito revolucionário da pessoa com deficiência*. Porto Alegre: Smacis, [s.d.]. Disponível em: http://www.ampid.org.br/ampid/Artigos/Onu_Ricardo_Fonseca.php. Acesso em: 15 jul. 2020.

IDA – INTERNATIONAL DISABILITY ALLIANCE. Article 12 – Legal Capacity: Principles of Implementation. [S.l, s.d]. Disponível em: http://www.internationaldisabilityalliance.org/resources/article-12-legal-capacity-principles-implementation. Acesso em: 07 jul. 2020.

KANTER, Arlene. *The development of disability rights under international law*: from charity to human rights. Syracuse: Routledge, 2015.

MADRUGA, Sidney. A Lei Brasileira de Inclusão e a capacidade eleitoral das pessoas com deficiência mental grave. *Jota*, Brasília, 22 jul. 2016. Disponível em: https://www.jota.info/paywall?redirect_to=//www.jota.info/opiniao-e-analise/artigos/lei-brasileira-de-inclusao-e-capacidade-eleitoral-das-pessoas-com-deficiencia-mental-grave-20072016. Acesso em: 15 jul. 2020.

MADRUGA, Sidney. *Pessoas com deficiência e direitos humanos*: ótica da diferença e ações afirmativas. São Paulo: Saraiva, 2013.

MAIOR, Izabel de Loureiro. Quem são as pessoas com deficiência: novo conceito trazido pela convenção da ONU. *Revista Científica Virtual da Escola Superior de Advocacia da OAB-SP*, n. 20, p. 32-43, 2015. Disponível em: https://issuu.com/esa_oabsp/docs/revista_20_1. Acesso em: 21 jul. 2020.

NACIONES UNIDAS. Convención sobre los derechos de las personas con discapacidad. 11º período de sesiones. *Observación general 1* – CRPD/C/GC/1: Artículo 12: Igual reconocimiento como persona ante la ley [Internet]. Adoptada el 11 de abril de 2014 [citado em 15.9.2019]. Disponível em: https://tbinternet.ohchr.org/_layouts/15/treatybodyexternal/Download.aspx?symbolno=CRPD%2fC%2fGC%2f1&Lang=en. Acesso em: 21 jul. 2020.

NEVARES, Ana Luiza Maia; MULTEDO, Renata Vilela; MEIRELES, Rose Melo Vencelau. As implicações do Estatuto da Pessoa com Deficiência no Processo de Inventário. *In*: MENEZES, Joyceane Bezerra de (Org.). *Direito das pessoas com deficiência psíquica e intelectual nas relações privadas*: Convenção sobre os direitos da pessoa com deficiência e Lei Brasileira de Inclusão. 2. ed. rev. e ampl. Rio de Janeiro: Processo: 2020.

ORGANIZAÇÃO DAS NAÇÕES UNIDAS. Comitê sobre os Direitos das Pessoas com Deficiência. *Observações finais sobre o informe inicial do Brasil*. CRPD/C/BRA/CO/1. 226ª sessão. 1º set. 2015. Disponível em: http://www2.camara.leg.br/atividade-legislativa/comissoes/comissoes-permanentes/cpd/documentos/relatorio-do-comite-da-onu-sobre-os-direitos-das-pessoas-com-deficiencia-traduzido-em-portugues. Acesso em: 20 jul. 2020.

REIS JÚNIOR, Antônio dos. O Estatuto da Pessoa com Deficiência: questões de direito intertemporal. In: MENEZES, Joyceane Bezerra de (Org.). *Direito das pessoas com deficiência psíquica e intelectual nas relações privadas*: Convenção sobre os direitos da pessoa com deficiência e Lei Brasileira de Inclusão. 2. ed. rev. e ampl. Rio de Janeiro: Processo: 2020.

REQUIÃO, Maurício. Conheça a tomada de decisão apoiada, novo regime alternativo à curatela. *Consultor Jurídico*, São Paulo, 14 set. 2015. Disponível em: https://www.conjur.com.br/2015-set-14/direito-civil-atual-conheca-tomada-decisao-apoiada-regime-alternativo-curatela. Acesso em: 13 jul. 2020.

SANTOS, Bruno Henrique Silva. Prescrição e decadência contra as pessoas com deficiência após a promulgação da Lei 13.146/15: uma análise constitucional. *Jus*, jun. 2016. Disponível em: https://jus.com.br/artigos/50234/prescricao-e-decadencia-contra-as-pessoas-com-deficiencia-apos-a-promulgacao-da-lei-n-13-146-15-uma-analise-constitucional. Acesso em: 18 jul. 2020.

SOUZA, Eduardo Nunes de; SILVA, Rodrigo da Guia. Dos negócios jurídicos celebrados por pessoa com deficiência psíquica e/ou intelectual: entre a validade e a necessidade de proteção da pessoa vulnerável. In: MENEZES, Joyceane Bezerra de (Org.). *Direito das pessoas com deficiência psíquica e intelectual nas relações privadas*: Convenção sobre os direitos da pessoa com deficiência e Lei Brasileira de Inclusão. 2. ed. rev. e ampl. Rio de Janeiro: Processo: 2020.

STOLZE, Pablo. É o fim da interdição? *Revista Jus Navigandi*, Teresina, ano 21, n. 4.605, 9 fev. 2016. Disponível em: https://jus.com.br/artigos/46409/e-o-fim-da-interdicao. Acesso em: 14 jul. 2020.

TARTUCE, Flávio. Alterações no Código Civil pela Lei 13.146/2015 (Estatuto da Pessoa com Deficiência). *Repercussões para o Direito de Família e confrontações com o novo CPC*. Parte II. Migalhas, 26 ago. 2015. Disponível em: https://www.migalhas.com.br/coluna/familia-e-sucessoes/225871/alteracoes-do-codigo-civil-pela-lei-13146-2015-estatuto-da-pessoa-com-deficiencia--repercussoes-para-o-direito-de-familia-e-confrontacoes-com-o-novo-cpc-parte-ii. Acesso em: 14 jul. 2020.

DEFICIÊNCIA, GÊNERO E PARTICIPAÇÃO SOCIAL: QUAL SAÚDE DEFENDEMOS?

Vitória Bernardes

Psicóloga, integrante do Coletivo Feminista Helen Keller de Mulheres com Deficiência e da União Brasileira de Mulheres. Possui atuação no controle social, onde está como Conselheira Nacional de Saúde (CNS) e Conselheira Estadual dos Direitos das Pessoas com Deficiência do Rio Grande do Sul (COEPEDE/RS). Integra a Comissão Intersetorial de Atenção à Saúde das Pessoas com Deficiência (CNS), a Comissão Intersetorial de Saúde da Mulher (CNS), a Comissão de Direitos Humanos do Conselho Regional de Psicologia do Rio Grande do Sul e da Comissão de Direitos Humanos do Conselho Federal de Psicologia (CFP). Contato: vitoriab.psico@gmail.com.

1. INTRODUÇÃO

Escrevo esse artigo em primeira pessoa, trazendo comigo reflexões construídas e aprendidas nos encontros proporcionados pela militância no movimento social.

O conceito de saúde que abordarei é o trazido pela Organização Mundial da Saúde em 1947, que entende saúde como "um estado de completo bem-estar físico, mental e social e não apenas a ausência de doença ou enfermidade". Mesmo com críticas sobre a aplicabilidade desse conceito, ele traz a perspectiva da integralidade humana e a importância de direitos fundamentais para garantia de saúde.

Ao me deparar com minha própria trajetória, uma adolescente que aos 16 anos de idade sofreu uma lesão medular por arma de fogo, percebo o quanto compreendi a deficiência exclusivamente pela violação de direitos. A primeira experiência que lembro como pessoa com deficiência foi no hospital, enquanto retomava a consciência pós-acidente. Lembro que técnicos de enfermagem chegaram para me dar banho, o que me apavorou, já que a lesão tirou minha sensibilidade do ombro pra baixo e a ideia de homens verem e tocarem meu corpo, principalmente partes que eu não sentia, representava uma ameaça para mim. Na ocasião, minha mãe argumentou sobre a possibilidade de troca por profissionais mulheres e, inclusive, se disponibilizou a realizar esse trabalho. Em vão. Percebi ali que meu corpo havia sido tutelado, já que as decisões sobre ele, naquele momento, não me pertenciam mais, inclusive em espaços que deveriam compreender meu corpo por seu atravessamento etário e de gênero, por exemplo.

A privação da independência para as escolhas sobre nossos corpos é uma violação de direitos e não pode permanecer autorizada e relativizada. Trago essa questão pois essa realidade, além de ser imposta a diversas mulheres com deficiência, traz a necessidade de diferenciar o conceito de autonomia e independência no campo da deficiência, onde a primeira refere-se à capacidade de controlar o próprio corpo e a segunda refere-se à possibilidade de tomar decisões.

> Uma pessoa com tetraplegia severa pode não ser, por exemplo, capaz de se vestir sozinha (por restrição de autonomia), mas ela tem independência para decidir e escolher que tipo de roupa quer vestir. A autonomia (controle sobre o próprio corpo e sobre o ambiente mais próximo) e a independência (faculdade de decidir por si mesma) são os dois lados da mesma moeda, fundamentalmente importantes na vida das pessoas com deficiência (MELLO, 2016, p. 3273).

Não é possível encontrar em um CID (Classificação Internacional de Doenças e Problemas Relacionados à Saúde) justificativas para mudanças em nossa forma de perceber e ser percebida pelo mundo. Assim como não encontraremos em um CID a dimensão de contextos que adoecem e fazem com que o investimento em saúde, nesse conceito amplo, mesmo que economicamente viável, seja preterido, pois a doença também é oportunidade de negócio e/ou controle de corpos. Ao falar em controle sobre corpos, que se materializa também em processos de discriminação, precisamos evidenciar o impacto do capacitismo, que, de acordo com Mello (2016, pág. 3266), se materializa na discriminação que visa hierarquizar "sujeitos em função da adequação de seus corpos a um ideal de beleza e capacidade funcional".

Ao me compreender como mulher com deficiência, entendo também a necessidade e urgência em evidenciar as especificidades constantemente violadas e ignoradas a corpos como o meu. Cabe salientar que, de acordo com o Censo Demográfico 2010, 45.606.048 brasileiros, 23,9% da população total, têm algum tipo de deficiência. As mulheres com deficiência representam 26,5% do número total de brasileiras e, entre as mulheres negras, 30,9% são mulheres com deficiência. As pessoas com deficiência estão majoritariamente nas regiões Nordeste, com 26,63%, e Norte, com 23,4%, que são as regiões economicamente mais pobres do país. Os dados do IBGE evidenciam que a intersecção entre gênero, classe e raça são fundamentais para compreensão da vivência da deficiência, evidenciando que a deficiência, para além de um fator de diversidade, vem sendo um marcador social de desigualdade. É importante frisar que a deficiência é associada a altas taxas de analfabetismo, alimentação inadequada, falta de acesso à água potável, grau de imunidade baixo, doenças (e tratamento inadequado), violências e condições de trabalho perigosas e insalubres. O resultado dessa equação econômica x social é: a pobreza pode gerar deficiência e a deficiência pode resultar em pobreza. Ou seja, a deficiência está conectada diretamente com questões de desigualdades sociais.

Mesmo a deficiência sendo reconhecida pelo Estado brasileiro como resultado de um corpo com impedimento em interação com barreiras[1] construídas e impostas socialmente, a visão biomédica da deficiência, que situa a deficiência exclusivamente no indivíduo, negando o caráter social na perpetuação de desigualdades a essa população, permanece. Sendo assim, o rompimento da patologização da nossa identidade, na qual compreendo como resposta política a esse processo de discriminação aos nossos corpos, segue urgente.

Precisamos falar sobre a diversidade dentro da deficiência e sobre os impactos de um corpo como algo concreto, que atravessa relações e construções de subjetividade. Mais do que refletir o quanto pessoas com deficiência são deixadas para trás, é necessário refletir sobre quais vantagens corpos sem deficiência estão recebendo e a naturalização sobre esse processo de hierarquização funcional de corpos. Essa discussão precisa ser compreendida como importante por aqueles comprometidos com a luta por direitos humanos. De acordo com Diniz (2009, pag. 68), "o corpo com impedimentos somente se delineia quando contrastado com uma representação do corpo sem deficiência".

A corponormatividade, entendida por Mello (2016, p. 3266) como a "estrutura social pouco sensível à diversidade corporal", afeta diretamente a construção de espaços, criação de produtos e as políticas públicas de saúde, por exemplo, já que contemplar a diversidade de funcionalidades não corresponde a um investimento lucrativo em uma lógica de consumo cada vez mais estimulada, ao invés de um estado provedor de direitos fundamentais. Partindo destes fatos, te pergunto: é possível ser saudável em um contexto onde tua presença em escolas regulares é questionada, o acesso ao trabalho é sistematicamente negado e o acesso à saúde é limitado a apenas uma perspectiva sobre nossos corpos? São nossos corpos que estão adoecidos?

2. DESENVOLVIMENTO

A Lei Brasileira de Inclusão da Pessoa com Deficiência (2015), que se alicerça na Convenção Internacional sobre os Direitos das Pessoas com Deficiência da Or-

---

1. Barreiras: qualquer entrave, obstáculo, atitude ou comportamento que limite ou impeça a participação social da pessoa, bem como o gozo, a fruição e o exercício de seus direitos à acessibilidade, à liberdade de movimento e de expressão, à comunicação, ao acesso à informação, à compreensão, à circulação com segurança, entre outros, classificadas em:

   a) barreiras urbanísticas: as existentes nas vias e nos espaços públicos e privados abertos ao público ou de uso coletivo;

   b) barreiras arquitetônicas: as existentes nos edifícios públicos e privados;

   c) barreiras nos transportes: as existentes nos sistemas e meios de transportes;

   d) barreiras nas comunicações e na informação: qualquer entrave, obstáculo, atitude ou comportamento que dificulte ou impossibilite a expressão ou o recebimento de mensagens e de informações por intermédio de sistemas de comunicação e de tecnologia da informação;

   e) barreiras atitudinais: atitudes ou comportamentos que impeçam ou prejudiquem a participação social da pessoa com deficiência em igualdade de condições e oportunidades com as demais pessoas;

   f) barreiras tecnológicas: as que dificultam ou impedem o acesso da pessoa com deficiência às tecnologias (LBI, 2015).

ganização das Nações Unidas (ONU), traz importantes artigos para reflexão sobre o direito à saúde, entre eles: a promoção de saúde às pessoas com deficiência através da atenção integral; capacitação permanente de profissionais que prestam assistência a pessoas com deficiência, incluindo os profissionais de habilitação e de reabilitação; informação acessível à pessoa com deficiência; oferta de tecnologias assistivas que permitam a autonomia; ações de prevenção de deficiências; direito a acompanhante em casos de internação; e o acesso, mediante a remoção de barreiras, aos serviços de saúde. Irei me deter em artigos que correspondem a perspectiva da relação entre deficiência, gênero e participação social, mas, antes disso, se faz necessário pautar o Sistema Único de Saúde (SUS). A política pública que materializa a saúde como direito em nosso país e, para mais de 75% da população é a única opção de assistência à saúde, é também o principal exemplo mundial de acesso universal à saúde (MENDES, 2013). Mesmo tendo sua importância reconhecida internacionalmente, o SUS segue duramente atacado pela forma em que é abordado pela mídia e pelos duros golpes da Emenda Constitucional 95 (EC 95), que congelou investimentos públicos em áreas essenciais, como a saúde, por 20 anos.

Segundo dados do Conselho Nacional de Saúde, conforme metodologia de cálculo utilizada por Funcia, "Somente em 2019, a perda de investimentos na área representou R$ 20 bilhões, o que significa, na prática, a desvinculação do gasto mínimo de 15% da receita da União com a Saúde". Como garantir a superação das iniquidades que permanecem em relação ao acesso de pessoas com deficiência aos serviços de saúde, se não há possibilidade do financiamento adequado dessa política?

A revogação da EC 95 e a defesa do SUS são centrais para garantia dos princípios de universalidade, equidade e integralidade, o que resulta na possibilidade de acesso adequado à saúde por pessoas com deficiência. Precisamos resistir às políticas de austeridade fiscal, já que a defesa do estado mínimo é incompatível à defesa e garantia de direitos humanos.

2.1 Capítulo III, art. 18. § 1º "É assegurada a participação da pessoa com deficiência na elaboração das políticas de saúde a ela destinadas" (LBI, 2015)

O movimento de pessoas com deficiência, que encontrou em familiares e profissionais da área da saúde importantes aliados na luta pelo reconhecimento de desigualdades que demandam organização e luta, ainda não conseguiu transpor as barreiras para falar sobre seus corpos, deixando para trás o olhar do outro sobre nossas necessidades. Mesmo que em diferentes conselhos haja reservas para representações de pessoas com deficiência, corpos sem deficiência, mesmo que se proponham aliados, seguem como regra e legitimidade inquestionada nesses espaços. Como participar da construção de políticas públicas, importante exercício de cidadania em um estado que se pretende democrático, se nossos corpos permanecem tutelados?

Atualmente faço parte de duas instâncias de controle social, uma em nível estadual e outra em nível federal, e, em ambas, percebo a urgência da presença de corpos que representam a imensidão de possibilidades da vivência da deficiência, principalmente de pessoas com deficiência intelectual, psicossocial e auditiva. Um dos fatores para essa realidade é a compreensão da acessibilidade como um direito facultativo ao interesse de quem permanece com o poder de validar ou não sua necessidade, e não o cumprimento de preceitos constitucionais. Mesmo a representatividade não sendo suficiente para defesa e garantia dos nossos direitos, entendo que privar nosso protagonismo nos espaços de controle social é negar a nossa possibilidade de aprender a fazer política. Cidadania é exercício para todos, e precisa ser também para parcela significativa de nossa sociedade: as pessoas com deficiência.

A Convenção sobre os Direitos das Pessoas com Deficiência, que possui status de emenda constitucional, prevê a necessidade dos Estados Partes promoverem "um ambiente em que as pessoas com deficiência possam participar efetiva e plenamente na condução das questões públicas, sem discriminação e em igualdade de oportunidades com as demais pessoas, e encorajar sua participação nas questões públicas", no entanto nossa participação segue deslegitimada, como se o lema "nada sobre nós sem nós" fosse apenas alegórico. O reconhecimento de pessoas com deficiência como protagonistas em seus processos decisórios e de construção de política públicas de saúde precisa ser compreendida como importante estratégia ao fortalecimento da luta pelos direitos das pessoas com deficiência e, sobretudo, uma estratégia fundamental para garantia do acesso à saúde dessa população.

Ocupar espaços no controle social é poder incidir a perspectiva da deficiência na fiscalização, monitoramento e controle das ações da Administração Pública, assim como estratégia central para que a formulação e avaliação da execução das políticas públicas de saúde contemplem e visibilizem nossos corpos. É necessário pautar não apenas a participação social de pessoas com deficiência, mas propiciar a construção, lado a lado, de uma realidade onde essa população possa ser entendida e reconhecida como sujeito. Nossa perspectiva não contribui apenas à nossa realidade, mas traz novas formas de pensar saúde e isso precisa ser compreendido pelos diferentes movimentos sociais, lembrando que o direito ao exercício político é o que nos une, pois sem participação não há mudança.

A solidariedade política precisa ser ecoada e transpor a indiferença sobre a exclusão de nossos corpos. Não há mais espaço para políticas assistencialistas e paternalistas. Não somos sujeitos para quem se entrega migalhas fantasiadas de caridade, e tampouco somos incapazes de exercer nossa cidadania. Nossos corpos têm cor, orientação sexual, identidade de gênero, classe e identidade, e, também por isso, nossa presença precisa ultrapassar a discussão exclusiva sobre a deficiência, contemplando assim todas as dimensões humanas.

Essa estrutura que hierarquiza corpos precisa ser superada e a ausência de acessibilidade precisa ser entendida como a principal manifestação do capacitismo. A democracia precisa ser efetivada às pessoas com deficiência e, para isso, a acessibilidade precisa ser reconhecida como um direito humano fundamental à nossa cidadania e por isso exigida, inclusive por pessoas sem deficiência. Tornar o meio em que vivemos acessível não é uma questão de solidariedade, mas de direitos humanos. Reconhecer a humanidade de pessoas com deficiência é enfrentar, além das demais desigualdades, as barreiras concretas que as afastam dos espaços decisórios e fortalecê-las para que ocupem esses espaços.

A efetivação de políticas que garantam nossa integralidade passa pela construção de diferentes perspectivas, baseadas em diferentes corpos e funcionalidades, sobre suas necessidades. Pessoas com deficiência existem e estão em escolas, universidades, no trabalho, nas ruas, nos transportes públicos e acessam cultura e lazer, por exemplo. Precisamos ocupar, cada vez mais, também o controle social.

2.2 Capítulo III, Art. 18, § 4º, VI "respeito à especificidade, à identidade de gênero e à orientação sexual da pessoa com deficiência" (LBI, 2015)

Ser mulher com deficiência é estar em um não lugar. Não correspondemos as expectativas destinadas à reprodução social imposta para as mulheres, assim como não nos sentimos contempladas em políticas públicas genéricas, destinada a pessoas com deficiência com um único corpo, que certamente não é de uma mulher. Em um país marcado pela colonização, onde a exploração e extermínio seguem como estruturas necessárias para manutenção do poder de poucos, ter em sua legislação a necessidade de compreender a promoção de saúde através do respeito à identidade de gênero e a orientação sexual a corpos esvaziados de sua integralidade é um avanço. Mas, mesmo que se comemore essa conquista, é fundamental reconhecer que leis não mudam por si só atitudes e estruturas.

A cada quatro mulheres, ao menos uma é mulher com deficiência e, mesmo assim, não há mencionado "Saúde das Mulheres com Deficiência" na Política Nacional de Atenção Integral à Saúde da Mulher, como há de mulheres adolescentes, lésbicas, negras, indígenas e em situação de prisão, por exemplo. Reforço a concordância sobre o reconhecimento desses outros marcadores sociais, mas é fundamental evidenciar que invisibilizar essa parcela significativa de mulheres em uma política fundamental é inadmissível. Entendo que a negação dos nossos corpos nessa política é sintoma de uma sociedade que se estrutura no capacitismo para perpetuar a exclusão de pessoas que não correspondem a corponormatividade esperada, o que torna a intersecção dessa identidade nas possibilidades de ser mulher ainda mais urgente. Nossas pautas não podem permanecer genéricas, como se as pessoas com deficiência tivessem apenas um corpo, sem gênero, sexualidade, cor e idade, por exemplo. É urgente que a transversalização da deficiência se materialize em diferentes políticas.

A Política Nacional de Saúde da Pessoa com Deficiência traz entre suas diretrizes a assistência integral à saúde, o que significa reconhecer as necessidades de saúde para além da condição de deficiência, relacionando a pessoa com deficiência ao seu ciclo de vida, onde mora, qual sua orientação sexual, assim como reconhecer demandas de saúde mental, bucal, ginecológica e demais necessidades que promovam sua saúde.

Para que isso se efetive, a Atenção Básica precisa estar fortalecida e os trabalhadores de saúde aptos a garantir um atendimento equânime, onde as necessidades de acessibilidade, seja ela de comunicação, arquitetônica e de transporte, por exemplo, sejam atendidas. Além dessas, é necessário destacar a necessidade de respeito a independência da pessoa com deficiência, a garantia do sigilo profissional e, acima de tudo, que o atendimento não seja marcado por barreiras atitudinais. Precisamos de serviços de saúde capazes de responder às nossas especificidades para adesão a esses serviços e garantia de acesso à saúde, o que será possível através de capacitação permanente de todos trabalhadores da saúde.

Não podemos seguir submetidas a serviços prestados em condições inadequadas, espaços que impedem nosso acesso e a recusa do olhar integral sobre a nossa saúde. A discriminação em serviços de saúde vai além de danos físicos e psicológicos, marcam e reforçam a desmobilização e naturalização de violências contra mulheres com deficiência.

2.3 Capítulo III, Art. 18, § 4º, VII "atenção sexual e reprodutiva, incluindo o direito à fertilização assistida" (LBI, 2015)

Negar o direito à vida sexual implica em negar a natureza humana dessa pessoa, já que sexualidade e desejo são características que atravessam essa condição. Saúde sexual e saúde reprodutiva é, sobretudo, uma questão de cidadania e não um estado biológico, independente do social.

Em decorrência das barreiras impostas historicamente ao movimento de pessoas com deficiência, onde pautas como acessibilidade, acesso ao trabalho e a educação se tornaram centrais para o exercício de nossa cidadania, temas fundamentais às mulheres com deficiência, como garantia de direitos sexuais e direitos reprodutivos foram deixados para trás.

Em uma sociedade baseada no entendimento da mulher pela perspectiva da reprodução social – em que para ser considerada neste lugar é necessário ser a responsável pela manutenção da casa, pelo cuidado de pessoas que estão fora do mercado de trabalho, o que inclui crianças, pessoas com deficiência e idosos, e pela reprodução de novos humanos – há espaço para nos reconhecerem como mulheres? Por mais que possamos exercer o cuidado, somos vistas como incapazes de realizar essa função e, mais do que isso, nossa condição de deficiência faz com que muitas vezes sejamos nós a necessitar de cuidado, o que é imperdoável ao sistema capitalista, que desvaloriza o trabalho de cuidar como forma de manter a exploração de mulheres. Além disso, ainda há a ideia de que corpos como os nossos reproduzem humanos também com deficiência, o que, novamente, é inaceitável em uma cultura eugênica e de exploração de corpos.

Reivindicar a nossa existência enquanto mulheres não é algo simples, sobretudo na garantia de direitos sexuais e reprodutivos, já que o capacitismo e o machismo encontram em nossos corpos uma combinação potente à negação desses direitos.

Por que, enquanto mulher, não posso interromper uma gestação de forma digna, mas enquanto mulher com deficiência, que deseja exercer a maternidade, o aborto passa a ser uma possibilidade a médicos? Nosso direito de decidir, de forma livre e responsável, se queremos ou não ter filhos, quantos filhos desejamos ter e em que momento de nossas vidas é uma afronta a quem não questiona o seu capacitismo e se coloca na posição de decisão sobre o corpo do outro.

Se enquanto mulheres já nos sentimos inseguras sobre a real possibilidade de sofrermos violência obstétrica, nós, mulheres com deficiência, sentimos também a angústia de sofrermos discriminações em razão da nossa deficiência. É importante destacar que uma mulher cega não receber informações sobre seu parto ou não poder segurar seu filho após o nascimento é uma violência obstétrica. É violência obstétrica também uma mulher surda, usuárias de libras, ter que optar entre um intérprete ou seu acompanhante durante o parto. Negar a independência de uma mulher com deficiência física para decidir sobre seu corpo, incluindo a via de parto, também é uma violência obstétrica.

É necessário que profissionais de saúde reconheçam nossas especificidades, mas não nos resumam a elas. A omissão de informações afeta diretamente nossa saúde sexual, nos vulnerabilizando a infecções sexualmente transmissíveis, gestações não planejadas e a dificuldades, inclusive, de identificar violências sexuais. Necessitamos de mamógrafos e macas acessíveis, mas não podemos resumir a garantia de nossos direitos sexuais e direitos reprodutivos apenas com a garantia de acessibilidade. A imagem assexuada de pessoas com deficiência, sobretudo de mulheres, é mais uma entre tantas manifestações do capacitismo.

2.4 Capítulo III, Art. 26: "Os casos de suspeita ou de confirmação de violência praticada contra a pessoa com deficiência serão objeto de notificação compulsória pelos serviços de saúde públicos e privados à autoridade policial e ao Ministério Público, além dos Conselhos dos Direitos da Pessoa com Deficiência" (LBI, 2015)

Estimativas apontam que 16% a 30% de homens com deficiência e 40% a 68% das mulheres com deficiência sofrerão violência sexual antes dos 18 anos (UNFPA, 2018). De acordo com o Atlas da Violência (2018), cerca de 10% das vítimas de estupro possuíam alguma deficiência e, além disso, 12,2% do total de casos de estupros coletivos foram contra vítimas com deficiência. Esses dados foram coletados através do Sistema de Informação de Agravos de Notificação do Ministério da Saúde (Sinan/MS), lembrando que a saúde é a única a fazer esse recorte sobre deficiência. Mesmo com números impactantes, precisamos compreender que eles não correspondem à totalidade das vítimas, que frequentemente são impedidas de acessar os serviços de saúde devido aos obstáculos, que perpassam pela acessibilidade, mas não se limitam a ela, para o exercício de sua cidadania. Além disso, além do gênero ser um fator de risco, deficiência também parece ser.

Além de pautar essas violências, precisamos romper com a individualização dessas realidades e garantir políticas públicas, principalmente no âmbito do SUS como porta de entrada na (possível) rede de proteção, que compreendam a deficiência como um importante marcador social e reconheçam essas violências em nossos corpos, já que muitas vezes, por inúmeras barreiras, não reconhecemos essas violências ou somos impedidas de denunciá-las. Não podemos trazer o tema da violência contra mulher com deficiência apenas quando casos isolados surgem no noticiário.

O Brasil, ao ser signatário da Convenção sobre os Direitos das Pessoas com Deficiência e incorporá-la em sua Constituição, reconhece que mulheres e meninas com deficiência estão sujeitas a essas e outras discriminações e se compromete a adotar medidas que assegurem nossa proteção. Mesmo assim, seguimos invisibilizadas por um capacitismo perpetuado em todos os espaços, incluindo do poder público. Não podemos seguir ignorando que mulheres com deficiência também sofrem violência de gênero e precisamos de políticas públicas de cuidado, assistenciais e de segurança capazes de romper com a perpetuação de violências contra nossos corpos.

3. CONCLUSÃO

É necessário registrar que esse artigo foi construído durante a pandemia ocasionada pela Covid-19 e, até sua conclusão, as incertezas sobre suas consequências sociais, econômicas e de saúde permanecem.

Em relação às pessoas com deficiência, temos poucos dados sobre possíveis consequências da infecção por coronavírus. Mesmo assim, cabe ressaltar que, para além de condições de saúde preexistentes, o uso de tecnologias assistivas, situação de pobreza e a violação constante do nosso direito ao acesso de informações, já que recursos de audiodescrição, libras, legendas, documentos em meios e formatos acessíveis e linguagem simples são exceção em nosso país, nos colocam em maior vulnerabilidade a essa doença.

A Organização das Nações Unidas, lançou um alerta sobre a necessidade de políticas que contemplem as pessoas com deficiência durante essa crise. O texto afirma que "pouco foi feito para fornecer as orientações e apoios necessários às pessoas com deficiência para protegê-las durante a atual pandemia da Covid-19, apesar de muitas delas pertencerem ao grupo de alto risco", lembrando que "medidas de contenção, como distanciamento social e isolamento pessoal, podem ser impossíveis para quem precisa de apoio para comer, se vestir ou tomar banho" (ONU, 2020). Para além do trazido, se faz necessário evidenciar o projeto eugênico do governo federal, que joga à população a responsabilidade por suas mortes, como se o seu adoecimento fosse responsabilidade dos que não tem um "histórico de atleta", e não o resultado de um sistema socioeconômico que vê na pandemia uma "oportunidade" para matar os não rentáveis.

A pandemia escancarou as desigualdades existentes, no entanto, permitiu que mais pessoas fossem postas em nosso lugar. Como se organizar, se reunir e trabalhar sem sair de casa? Encontros virtuais, teletrabalho, o impedimento de ocupar as ruas e a necessidade de discutirmos direitos fundamentais, como moradia e alimentação, passaram a fazer sentido para uma parcela ainda maior da população. No entanto, a igualdade de oportunidades no acesso e uso de ferramentas tecnológicas que supram minimamente o distanciamento social, mais uma vez, não chegou a todas as pessoas com deficiência. Intérprete de libras, legendas, audiodescrição e o próprio acesso à celulares, computadores e à internet, tão necessários nesse período de isolamento, são atravessadas pela desigualdade econômica, assim como por barreiras nas comunicações e barreiras tecnológicas, fazendo com que esses recursos não sejam acessíveis a todas pessoas com deficiência.

Não temos uma política de cuidado, nem acesso a politicas assistências que deem conta das desigualdades impostas a corpos entendidos pela deficiência. Entretanto, a necessidade de cuidado durante a pandemia e a insegurança em não recebê-lo por pessoas que não vivenciam a deficiência abriu a possibilidade e visibilidade a um diálogo que rompe com a responsabilidade individual das pessoas com deficiência na promoção de seu cuidado, reforçando a necessidade de reconhecermos a nossa interdependência e nos organizarmos em busca de justiça social a todos.

Precisamos pensar em novas formas de construir políticas que contemplem corpos com deficiência, o que será possível se tivermos nosso direito ao acesso a informações e espaços garantidos, para que ocupemos cada vez mais universidades, o controle social e demais espaços que permitam assumir o protagonismo de nossa luta. O papel passivo destinado às pessoas com deficiência não nos cabe. Seguimos em busca do rompimento de discursos hegemônicos que retratam, comunicam e tratam a deficiência como patologia e não construção social.

2020 se tornou um ano histórico para discussão da importância do sistema único de saúde, da renda universal, de políticas de moradia, de direito à educação e ao emprego. Se começo esse artigo dizendo sobre minha percepção sobre a militância, termino dizendo que temos muito a fazer, e as contribuições que temos a dar enquanto pessoas com deficiência são essenciais para mudança dessa estrutura excludente. E o entendimento disso é uma importante estratégia para promoção de nossa saúde.

Agradeço as pessoas com deficiência que vieram antes de mim e oportunizaram, através de suas lutas, que eu ocupe espaços como esse para fortalecer discussões que nos permitam, cada vez mais, exercer nossa cidadania. Às demais companheiras e companheiros de diferentes movimentos sociais, convido que não sigamos romantizando as desigualdades impostas às pessoas com deficiência as nomeando erroneamente de superação. Não podemos reproduzir a lógica capitalista nas lutas por justiça social, onde quem não é válido para essa lógica de exploração, também não é considerado nos espaços de construção política.

Trago com um trecho do discurso do sanitarista Sergio Arouca, durante a 8ª Conferência Nacional de Saúde, para dizer: não há democracia sem acessibilidade!

Saúde não é simplesmente ausência de doença é um bem-estar físico, social, afetivo e que pode significar que as pessoas tenham mais alguma coisa do que simplesmente não estar doentes: que tenham direito à casa, ao trabalho, ao salário condigno, à água, à vestimenta, à educação, às informações sobre como dominar o mundo e transformá-lo. Que tenham direito ao meio ambiente que não os seja agressivo, e que, pelo contrário, permita uma vida digna e decente. Direito a um sistema político que respeite a livre opinião, a livre possibilidade de organização e autodeterminação de um povo, e que não esteja todo tempo submetido ao medo da violência, daquela violência resultante da miséria, e que resulta no roubo, no ataque. Que não esteja também submetido ao medo da violência de um governo contra o seu próprio povo, para que sejam mantidos interesses que não são do povo (AROUCA, 1986).

4. REFERÊNCIAS

AROUCA, Sérgio. Discurso proferido na 8ª Conferência Nacional de Saúde, Brasília (DF), mar. 1986. Disponível em: https://www.youtube.com/watch?time_continue=32&v=-_HmqWCTEeQ&feature=emb_logo. Acesso em: 20 jul. 2020.

BRASIL. Decreto 6.949, de 25 de agosto de 2009. Promulga a Convenção Internacional sobre os Direitos das Pessoas com Deficiência e seu Protocolo Facultativo, assinados em Nova York, em 30 de março de 2007. Disponível em: http://www.planalto.gov.br/ccivil_03/_ato2007-2010/2009/decreto/d6949.htm. Acesso em: 20 jul. 2020.

BRASIL. Lei 13.146, de 06 de julho de 2015. Institui a Lei Brasileira de Inclusão da Pessoa com Deficiência (Estatuto da Pessoa com Deficiência). Disponível em: http://www.planalto.gov.br/ccivil_03/_ato2015-2018/2015/lei/l13146.htm. Acesso em: 20 jul. 2020.

CONSELHO NACIONAL DE SAÚDE. Saúde perdeu R$ 20 bilhões em 2019 por causa da EC 95/2016, 2020. Disponível em: https://conselho.saude.gov.br/ultimas-noticias-cns/1044-saude-perdeu-r-20-bilhoes-em-2019-por-causa-da-ec-95-2016#:~:text=Desde%20que%20a%20Emenda%20Constitucional,da%20Uni%C3%A3o%20com%20a%20Sa%C3%BAde. Acesso em: 20 jul. 2020.

DINIZ, Debora; BARBOSA, Lívia; SANTOS, Wederson Rufino dos. Deficiência, direitos humanos e justiça. *Sur, Rev. int. direitos humanos*. v. 6, n. 11, p. 64-77, São Paulo, dez. 2009. Disponível em: http://www.scielo.br/scielo.php?script=sci_arttext&pid=S1806=64452009000200004-&lng=en&nrm-iso. Acesso em 20 de julho de 2020.

INSTITUTO BRASILEIRO DE GEOGRAFIA E ESTATÍSTICA (IBGE). Censo Demográfico 2010: características gerais da população, religião e pessoas com deficiência. Rio de Janeiro, 2010. Disponível em: https://biblioteca.ibge.gov.br/visualizacao/periodicos/94/cd_2010_religiao_deficiencia.pdf. Acesso em: 20 jul. 2020.

INSTITUTO DE PESQUISA ECONÔMICA APLICADA; FÓRUM BRASILEIRO DE SEGURANÇA PÚBLICA (Org.). Atlas da violência 2018. Rio de Janeiro: IPEA; FBSP, 2018. Disponível em: https://www.ipea.gov.br/portal/images/stories/PDFs/relatorio_institucional/180604_atlas_da_violencia_2018.pdf. Acesso em: 20 jul. 2020.

MELLO, Anahi Guedes de. Deficiência, incapacidade e vulnerabilidade: do capacitismo ou a preeminência capacitista e biomédica do Comitê de Ética em Pesquisa da UFSC. *Ciênc. saúde coletiva*, v. 21, n. 10, p. 3265-3276, Rio de Janeiro, Oct. 2016. Disponível em: http://www.scielo.br/scielo.php?script=sci_arttext&pid=S1413-81232016001003265&lng=en&nrm=iso. Acesso em: 20 jul. 2020.

MENDES, Eugênio Vilaça. 25 anos do Sistema Único de Saúde: resultados e desafios. *Estud. av.*, v. 27, n. 78, p. 27-34, São Paulo, 2013. Disponível em: http://www.scielo.br/scielo.php?script=sci_arttext&pid=S0103-40142013000200003&lng=en&nrm=iso. Acesso em: 20 jul. 2020.

UNITED NATIONS HUMAN RIGHTS. COVID-19: Who is protecting the people with disabilities? – UN rights expert. 2020. Disponível em: https://www.ohchr.org/EN/NewsEvents/Pages/DisplayNews.aspx?NewsID=25725&LangID=E. Acesso em: 20 jul. 2020.

UNITED NATIONS POPULATION FUND (UNFPA). Young persons with disabilities: global study on ending gender – based violence, and realising sexual and reproductive health and rights. New York: UNFPA, 2018. Disponível em: https://www.unfpa.org/sites/default/files/pub-pdf/UNFPA-WEI_Guidelines_Disability_GBV_SRHR_FINAL_19-11-18.pdf?fbclid=IwAR33vZNFo4KyVA6kT4uOkuEB73zXk7ZOBNzNtXvStn9OOWiaktokagLXNVE. Acesso em: 20 jul. 2020.

CONVENÇÃO SOBRE OS DIREITOS DAS PESSOAS COM DEFICIÊNCIA: UM NOVO PARADIGMA PARA AS POLÍTICAS SOCIAIS NO BRASIL

Wederson Santos

Doutor em Sociologia pela Universidade de Brasília. Assistente social.

Olemar Guilherme da Cunha

Advogado e consultor jurídico.

1. INTRODUÇÃO

Um corpo com deficiência expressa uma condição que faz parte da diversidade humana (DINIZ; BARBOSA; SANTOS, 2009). Essa afirmação traz implicações significativas para as pessoas que a experimentam, para a sociedade e para os governos. No entanto, compreender a deficiência como componente da condição humana não pode, por outro lado, resultar que essa população experimente desigualdade, opressão ou tratamento discriminatório.

É condição de possibilidade para a vivência humana habitar o corpo que se tem (BUTLER, 2009). Embora pareça elementar, essa compreensão implica para as pessoas com deficiência que as desigualdades sofridas por elas tenham impacto no nível da própria noção de sua existência, configurando ameaças à sua dignidade. É nesse sentido que afirmar a deficiência como expressão da diversidade, assim como a cor da pele, gênero, raça, geração, diversidade sexual, pertencimento cultural e comunitário é uma alegação para a proteção da dignidade humana (NUSSBAUM, 2006).

A Convenção sobre os Direitos das Pessoas com Deficiência, aprovada em Assembleia Geral das Nações Unidas em 2006 é, hoje, o principal instrumento jurídico internacional para a proteção e promoção da dignidade dessas pessoas (DHANDA, 2008). A Convenção, dentre várias inovações, trouxe uma nova forma de compreender e descrever a experiência da deficiência. Para superar a hegemonia biomédica, prevalente por séculos com um discurso de autoridade sobre o corpo deficiente (COURTINE, 2009), a concepção de deficiência da Convenção busca compreendê-la como um fenômeno multidimensional de causalidade social, estruturada por valores culturais, políticos, além dos de saúde.

A deficiência teria causalidades sociais porque sociedades tratam de forma distinta e impõe barreiras às pessoas em função dos impedimentos corporais experimentados por elas, tais como comprometimentos físicos, mentais, sensoriais e intelectuais (BARNES *et al*, 2002). Isto é, a deficiência deixou de ser entendida como um atributo individual ligado às concepções de anormalidade dos corpos, para se transformar em uma questão pública, originada por contextos poucos sensíveis à diversidade corporal. A consequência imediata é que necessidades particulares das pessoas com deficiência deixam de ter na atenção médica, de saúde e de reabilitação seus requerimentos principais, passando a se localizar em outros instrumentos, como mudanças legislativas para garantias variadas, alterações nos espaços públicos e políticas sociais que materializam direitos de cidadania.

Desde o final dos anos 1970, movimentos políticos e acadêmicos começaram a reivindicar diferentes posturas e abordagens sobre o corpo deficiente, o que mudou a compreensão do que significava uma pessoa viver com deficiência (DINIZ, 2007; BARNES et al, 2002). Tais reivindicações deram origem a um movimento denominado *modelo social da deficiência* (DINIZ, 2007). Foram as ideias desse modelo que estiveram por trás das concepções da Convenção da ONU, de 2006 (PALACIOS, 2008). Como no Brasil a Convenção foi incorporada ao marco jurídico brasileiro com *status* de emenda constitucional, pelo Decreto Legislativo 6.949 de 2009, a força normativa dela é capaz de alterar compreensões internas sobre ações públicas direcionadas à deficiência no marco jurídico, político e social.

Além de a Convenção transformar-se em um dos documentos internacionais mais importantes para a assegurar os direitos humanos das pessoas com deficiência, ela é capaz de influenciar o conteúdo e o alcance das políticas sociais para materializar a garantia destes direitos (BARBOSA, 2013; MORRIS, 2011). Segundo Lívia Barbosa (2013), a Convenção protege as necessidades das pessoas com deficiência tanto no que se refere à determinação coletiva da noção de sujeito típico, como nos casos singulares. Assim, concepções trazidas na Convenção resultaram de um debate internacional de mais de três décadas, em que se deslocou o debate público sobre as demandas por justiça e equiparação de oportunidades às pessoas com deficiência, com uma força capaz de influenciar o perfil das políticas sociais a partir de então.

Segundo Jeni Morris (2011), para se ter políticas sociais capazes de enfrentar as barreiras incapacitantes impostas às pessoas com deficiência é fundamental uma defesa explícita de políticas sociais de promoção do bem-estar social, ligadas a uma noção ampla de seguridade social. Como é evidente que pessoas com deficiência, nas suas mais variadas expressões e fases da vida, estão em desvantagem numa sociedade regida pela distribuição de bens e recursos via mercado, é urgente a adoção de mecanismos coletivos e redistributivos de recursos sociais, econômicos e de status para atendimento das necessidades humanas básicas (MORIS, 2011; FRASER; HONNETH, 2003). Morris complementa que tal redistribuição precisa estar centrada em um código de princípios que valorize a diversidade e trate as pessoas com deficiência como pertencentes à sociedade, incentivando sua inclusão e valorizando a ideia de que elas contribuem para as comunidades das quais fazem parte (MORRIS, 2011).

Para tanto, o objetivo deste capítulo é o de analisar em que medida os princípios e garantias assinalados na Convenção são capazes de reorientar as políticas sociais no Brasil. Em um primeiro momento, será feito um resgate histórico da configuração das políticas sociais no país (*fase caritativo-burocrática*). Em seguida, será problematizada a configuração das garantias às pessoas com deficiência no ordenamento jurídico, como foram os avanços a partir da Constituição Federal de 1988 (*fase dos direitos de cidadania*). Em terceiro momento, depois de analisar os modelos de tratamento da questão da deficiência na modernidade, serão trazidos os principais eixos-estruturantes da Convenção, naquilo que ela inova, que ensejam para uma nova fase de princípios orientadores para ações estatais em nosso cenário (*fase universalizante das políticas sociais*). Por fim, argumenta-se que, por ser um tratado de direitos humanos com força de emenda constitucional, a Convenção tem potencial para inaugurar um novo paradigma para as políticas sociais, superando inclusive a cobertura apenas às pessoas com deficiência, ao alcançar a totalidade da população, seja pela expectativa universalizante da Convenção seja pelas garantias assentadas no texto constitucional.

2. POLÍTICAS SOCIAIS NO BRASIL: A FASE CARITATIVO-BUROCRÁTICA E A FASE DE DIREITOS DE CIDADANIA

O sistema de proteção social brasileiro teve início com a Constituição Federal de 1988. Antes disso, durante boa parte do século XX a cidadania no Brasil se limitava aos direitos trabalhistas, ao ponto de Wanderley Guilherme dos Santos (1979), em seu estudo clássico, ter denominado a cidadania no período até os anos 1980 como *cidadania regulada*. Tal nomenclatura se deve ao fato de que o acesso à riqueza socialmente produzida via garantia de direitos sociais ocorria apenas por uma pequena parcela da população, os trabalhadores formais, como pré-condição para exercício da cidadania.

Só era possível falar em mediação do Estado na provisão de bem-estar ou de criação de condições de atendimento de necessidades básicas da população pelo acesso aos direitos trabalhistas, bem como a proteção aos dependentes dos trabalhadores e trabalhadoras. Essa rede de proteção limitada ficava ao lado de uma política de educação tímida, de um orçamento para área habitacional quase inexistente e frente aos ocasos da assistência social e de saúde, enquanto direitos de cidadania, (BOSCHETTI, 2006; SANTOS; 1979), com praticamente inexistência de garantias legais às pessoas com deficiência (FIGUEIRA, 2008).

2.1 A fase caritativo-burocrática

O processo de urbanização e de industrialização no país nas duas primeiras décadas do século XX trouxe também a emergência da questão social. Consequentemente, suas manifestações ficaram ainda mais evidentes como tema necessário de intervenção pública (LOBO, 2008). Isto não quer dizer que não houvesse mazelas e iniquidades anteriores ao século XX. Elas apenas se configuravam de outra forma e as respostas estatais também se davam em uma outra perspectiva, pelas atribuições primordialmente relegadas às famílias, à caridade e à filantropia da sociedade para combater as desigualdades (LOBO, 2008; COSTA, 1979). Por sua vez, a organização do trabalho na indústria nascente contou com cada vez mais acirradas lutas trabalhistas, reivindicando melhorias nas condições de trabalho e proteções via garantias e direitos, sobretudo, a partir da segunda metade da primeira década do século XX.

O paradigma de enfrentamento à pobreza introduzido pela caridade no Brasil Colônia deixou marcas difíceis de superar nas décadas seguintes. A caridade praticada pela Igreja Católica, como força moral, nunca descreveu a pobreza como um problema de desigualdade, e nas fases colonial e imperial não havia questionamentos sobre a pobreza como um problema social a ser combatido e eliminado em nome da justiça social (LOBO, 2008). Até mesmo com a Legião Brasileira de Assistência Social (LBA), criada em 1942, tendo participação de financiamento público, a execução ficava a cargo de entidades filantrópicas e de caridade – iniciativas espontâneas da sociedade civil –, deixando a assistência longe do cariz de direito de cidadania.

No alvorecer do século XX, a industrialização nascente e a urbanização mais intensa fizeram surgir a ideia de que o trabalho organizado poderia trazer a pacificação necessária para tantas agruras da pobreza e da desigualdade socioeconômica em um país de dimensões continentais (SANTOS, 1979). Entretanto, uma maior proteção social veio não do trabalho institucionalizado, mas das lutas por melhorias nas condições de trabalho e na proteção por meio de direitos criados e afiançados aos trabalhadores. É desse embate entre capital e trabalho que as reivindicações trabalhistas, ensejadas nos movimentos grevistas das primeiras décadas do século XX, resultaram nos direitos previdenciários assinalados a partir da Lei Eloy Chaves, sancionada em 1923 (BOSCHETTI, 2006).

Como afirma Robert Castel, o trabalho não é uma simples técnica de produção, mas um suporte antagônico e privilegiado de inscrição na estrutura social, onde existe forte correlação entre o lugar ocupado na divisão social do trabalho e a participação nas redes de sociabilidade e nos sistemas de proteção que protegem um indivíduo diante dos acasos da existência (CASTEL, 1998). Assim, a associação entre o trabalho estável e a inserção relacional sólida caracteriza uma área de integração, ao passo que, inversamente, a ausência de participação em qualquer atividade produtiva e o isolamento relacional conjugam seus efeitos negativos para produzir a exclusão e a desfiliação (CASTEL, 1998). Para Castel, a vulnerabilidade social é, portanto, uma zona intermediária e instável, que conjuga a precariedade do trabalho e a fragilidade dos suportes de proteção social. Essa realidade no Brasil se mostra explícita para o caso das pessoas com deficiência sem proteção trabalhista e sem proteção social praticamente até o final dos anos 1980.

Para Alfredo Bosi (1996), as reivindicações por melhorias nas condições de trabalho e a necessidade de modernização do aparelho do Estado a partir dos anos 1930 resultariam numa dinâmica própria para a formação de um Estado-Providência completamente vinculado ao mundo do trabalho, em que se dependia da intervenção estatal para direcionar os rumos do desenvolvimento econômico e social no Brasil. Isto é, os direitos sociais começaram a ser materializados mais em função do momento de amadurecimento da burocracia estatal no país do que da própria pressão pública por respostas governamentais para o enfrentamento de privações matérias da população.

Dessa diretriz, surgiu um padrão histórico de formulação de políticas públicas no Brasil: elaborações pioneiras de ações para materializar garantias sociais e trabalhistas fizeram com que os indivíduos fossem concebidos antes como objetos de regulação estatal do que como sujeitos de direitos (BOSI, 1996; RIOS; SANTOS, 2009; SANTOS, 1979). Como consequência, essa dinâmica delineou concepções frágeis acerca da dignidade e da liberdade individuais como objetos de proteção na arquitetura do Estado de bem-estar social no Brasil. Alimentadas da disputa entre as oligarquias agrárias enfraquecidas e do referencial do positivismo social, as políticas públicas no Brasil caracterizaram-se pela centralidade da figura do trabalhador como cidadão tutelado, criando um ambiente de progresso econômico e social hostil aos princípios da dignidade, da autonomia e das liberdades individuais (BOSI, 1996; RIOS; SANTOS, 2009).

Desse modo, a proteção social no Brasil materializou-se de forma limitada aos trabalhadores, que passaram a ter acesso a benefícios e direitos previdenciários ao fazerem parte do mercado formal de trabalho, em profissões reguladas pelo controle estatal. Ao mesmo tempo, os trabalhadores protegidos legitimaram e deram a base de sustentação do governo getulista para se manter por quinze anos no poder, ao passo que as pessoas com deficiência estavam à margem dessa proteção (FIGUEIRA, 2008).

O regime capitalista pressupunha força e habilidade corporais para as quais os corpos com deficiência não dispunham ou não estavam preparados (BARTON, 2008). Tais características faziam do mundo do trabalho uma realidade distante das pessoas com deficiência no país ao longo de quase todo o século XX (FRANÇA, 2014). Além da incapacidade dos governos e sociedade em lidar com as demandas particulares das pessoas com deficiência, é preciso considerar a escravidão como um empreendimento que trouxe consequências diretas para a proteção social do trabalhador, de modo geral, e das pessoas com deficiência, em particular. Segunda Lilia Ferreira Lobo:

> ... a escravidão, que durou 350 anos, não teria desaparecido sem antes deixar muitas marcas no corpo social. [...] tiranizou ainda mais as dependências que os europeus impuseram ao povo desta terra e, pior, reduziu os sentidos da liberdade aos privilégios de poder. [...] da diferença sempre reduzida à desigualdade e, quando não manipulada pelos ideais da igualdade, laminada pela normalização. Impossível desconsiderar a construção dos sentidos da deficiência fora desse universo (2008, p. 24).

Levou tempo para as reivindicações das pessoas com deficiência serem tratadas como demandas por justiça e não como barganhas, privilégios ou caridade, o que ocorreu apenas na elaboração da Constituição do final dos anos 1980.

2.2 A fase dos direitos de cidadania

Para reformular o modelo de cidadania no Brasil, a estruturação da política de seguridade social a partir da Constituição de 1988 se tornou central, além de enfrentar grandes desafios (BOSCHETTI, 2006). Segundo Ivanete Boschetti, "a cidadania desejada não somente significava o reconhecimento do indivíduo como sujeito político, mas também exigia a garantia de direitos sociais igualitários e universais" (2006, p. 143). O baixo crescimento econômico e as altas taxas de desemprego e inflação, acentuadas durante toda a década de 1980, impulsionaram ainda mais os debates durante o período da Constituinte no que dizia respeito à urgência de a Constituição Federal incorporar elementos capazes de enfrentar as graves situações de desigualdade acumuladas ao longo do século XX.

Ao analisar os textos constitucionais anteriores à Constituição Federal de 1988 e o espírito jurídico e político de cada época, desde a Constituição do Império de 1824, passando pelas de 1891, 1934, 1937, 1945 e 1967, constata-se uma característica marcante que as particulariza: em seus textos proclamados, sempre houve um descompasso entre os objetivos e princípios declarados e as condições culturais e institucionais em recepcionar tais inovações jurídicas (GONÇALVES, 2009). Isto é, os traços culturais e políticos em cada época das declarações constitucionais sempre entravam em contradição com o espírito das perspectivas jurídicas ensejadas em cada Constituição. Isso se deveu à importação de valores jurídicos dos países europeus, desconsiderando as particularidades históricas brasileiras (GONÇALVES, 2009). Além disso, uma das principais características dos textos constitucionais anteriores foi a não participação da sociedade na sua elaboração, o que foi alterado apenas no período da Constituinte do final dos anos 1980.

Pela primeira vez, o ordenamento jurídico e político destinava ao Estado o papel central na elaboração de medidas de redução das desigualdades sociais a partir da Constituição de 1988. Além disso, diversos direitos às pessoas com deficiência foram assinalados no texto constitucional, como no caso da assistência social, saúde, educação, acessibilidade, trabalho, entre outros (FIGUEIRA, 2008; SANTOS, 2008).

Os anos 1990 no Brasil poderiam ser considerados a década perdida para as políticas sociais, uma vez que os ambientes econômicos e políticos não foram capazes de responder à altura das novidades trazidas pela Constituição de 1988. Os ajustes macroeconômicos conduzidos pelo governo federal na sequência da implantação do Plano Real trouxeram consequências graves para o financiamento e alcance das políticas sociais (BOSCHETTI; BEHRING, 2012). O ideário neoliberal priorizou o corte de gastos em políticas sociais, destinando para o terceiro setor, voluntariado e iniciativas espontâneas da sociedade a responsabilidade por enfrentar as consequências da pobreza e as manifestações das desigualdades sociais (MONTAÑO, 2002). Somente a partir dos anos 2000, as políticas de assistência social, previdência, saúde, segurança alimentar, educação, habitação, trabalho e emprego, mobilidade, dentre outras ganham novos aportes, principalmente aumento do financiamento e tecnicidade na gestão e operacionalização. Pela primeira vez, a desigualdade social cai de forma significativa no país (NERI, 2009).

Compreender tais cenários históricos e características da política social no Estado capitalista é importante para assentar os limites e possibilidades da proteção social brasileira às pessoas com deficiência. Se o Estado passou a mediar de forma mais atuante o atendimento das necessidades básicas da população apenas com a Constituição Federal de 1988, não se pode esquecer dos entraves colocados pelo ambiente político-econômico responsável por aumentar ou não a cobertura das políticas de proteção social nos anos seguintes. Dados recentes dão conta dessa dimensão: no ano de 2015, novamente a quantidade de brasileiros no mercado informal de trabalho ultrapassou a quantidade do regime formal, o que reatualiza os constantes desafios para a universalização da proteção social brasileira com impactos ainda mais severos para as pessoas com deficiência (BECKER, 2019; FRANÇA, 2014).

Por sua vez, a força dos direitos humanos, enquanto uma formulação capaz de reivindicar proteções a liberdades e garantias básicas a todas as pessoas, não reside meramente no seu aspecto formal ou jurídico (FILHO; SOUSA JÚNIOR, 2016) – e a Constituição Federal de 1988 foi preponderante para afirmar os direitos humanos no Brasil. Essa compreensão poderia abrir brechas a uma interpretação de que os direitos humanos apenas deslocam mais uma vez a discussão de realização concreta do exercício das liberdades e da garantia da dignidade a todas as pessoas.

É comum a formalidade dos direitos humanos passar uma impressão para o imaginário social de ser apenas mais um deslocamento retórico de justificações para garantias básicas que nunca se concretizam, principalmente quando se fala em sociedades marcadas por injustiças sociais e desigualdades socioeconômicas, como é o caso brasileiro. Além disso, como alertam Escrivão Filho e Souza Júnior (2016) é crescentemente verificada uma despolitização dos direitos humanos, traduzindo-os apenas como procedimentos interpretados por técnicos e especialistas, eliminando-se, assim, a sua dimensão combativa, libertadora e de luta instituinte popular, própria dos movimentos sociais que exercitam poderes soberanos de luta por direitos em face de contextos de dominação, exploração e discriminação.

Antônio Augusto Cançado Trindade (2004) chama atenção ainda para o fato de que a compreensão da "geração dos direitos", de T.H Marshall ou Norberto Bobbio é prejudicial não só pelo enfraquecimento dos direitos humanos, por ser limitada apenas à realidade Europeia. Mas, é principalmente prejudicial também por não reconhecer as disparidades entre os métodos de implantação dos mesmos, em que os direitos civis e políticos são mais facilmente defendidos, implantados e expandidos e os direitos econômicos, sociais e culturais carecem de implementação. Isso ocorre inclusive sob a falsa justificativa de que os direitos sociais e econômicos envolveriam vultosos orçamentos públicos para serem executados, como se a garantia dos direitos eleitorais, segurança pública, acesso à justiça, dentre outros direitos civis e políticos, também não os envolvesse (FILHO; SOUSA JÚNIOR, 2016).

Para enfrentar estas críticas que enfraquecem as alegações de direitos humanos, Filho e Sousa Júnior (2016) argumentam que apenas via garantia da *indivisibilidade*, *interdependência* e *integralidade* dos direitos humanos os Estados Parte que compõe a Nações Unidas têm condições de materializar, política e institucionalmente, todos os direitos humanos a seus cidadãos e cidadãs (FILHO; SOUSA JÚNIOR, 2016). A realidade concreta dos países – intermediada por fatores econômicos, políticos e culturais – varia e essa diversidade é responsável pela concretização difusa dos direitos humanos nas mais diversas realidades dos contextos de cada nação.

Segundo os autores, *indivisibilidade* é a noção de que os direitos humanos estão intimamente ligados entre si no cotidiano das relações sociais. Isso requer esforços dos governos atuando de forma a garantir o conjunto dos direitos humanos e não priorizando uns em função de outros. A noção de *interdependência* dos direitos humanos afirma que eles não estão só ligados entre si. Mas que é importante concebê-los enquanto efetivação de um direito como condição para a realização de outros correlatos e os vários direitos nas declarações internacionais dão suporte uns aos outros, fortalecendo-os (FILHO; SOUSA JÚNIOR, 2016). Por sua vez, a perspectiva de *integralidade* dos direitos humanos significa que eles devem ser socialmente exigidos, institucionalmente reconhecidos e amplamente garantidos em sua totalidade. É uma forma de não aceitar o discurso ou justificativa da impossibilidade material de efetivar ou outro daqueles elencados entre o rol dos direitos humanos (FILHO; SOUSA JÚNIOR, 2016). Essa concepção de integralidade dos direitos humanos se aproxima de forma importante da compreensão das políticas sociais em sua natureza contraditória e o modo como a integralidade das ações, políticas e serviços visa atenuar tais lacunas naturalmente existentes entre as políticas públicas que têm, entre suas funções, a concretização dos direitos humanos.

É fácil vislumbrar que, para as pessoas com deficiência terem segurança de renda, acesso à saúde, serviços sociais que materializam o bem-estar social, acesso à educação, por exemplo, amplia consideravelmente as possibilidades concretas para o exercício dos direitos políticos e civis, como exercer o voto, acesso à justiça e liberdade de expressão, exemplificadamente. Nesse sentido, os direitos humanos figuram como importante mecanismo de enfrentamento do *status quo* da sociedade que se estrutura por desigualdades, desde que os compreenda na perspectiva da indivisibilidade, interdependência e integralidade. Por fim, os direitos humanos representam uma construção coletiva e instrumento político importantes para direcionar as lutas que buscam materializar cidadania e dignidade das pessoas com deficiência.

3. CONVENÇÃO, ORDENAMENTO JURÍDICO E O IMPACTO PARA A PROTEÇÃO SOCIAL

Inicialmente no presente item, a título de contextualização e de forma sucinta, será retratada no curso da história da humanidade, com vistas a auxiliar nas reflexões subsequentes, a compreensão dos mecanismos jurídicos de apoio e inclusão das pessoas com deficiência, elaborados na sociedade moderna. Posteriormente, parte-se para a análise da Convenção e de seus princípios, diretrizes e garantias com potencial para influenciar uma nova abordagem e implementação das políticas sociais no Brasil.

3.1 Os modelos de deficiência

É possível identificar três modelos principais relacionados com o tratamento dispensado às pessoas com deficiência ao largo da história, quais sejam: o modelo do desprezo ou exclusão, o modelo reabilitador ou médico e o modelo social (PALACIOS; BARIFFI, 2007). O *modelo do desprezo* possui como característica a exclusão e marginalização. Portanto, ficou conhecida como a "fase do desprezo" das pessoas com deficiência, marcada pela preponderância da perspectiva religiosa, pela qual o indivíduo acometido de alguma deficiência era concebido como incapaz de contribuir com a sociedade, o que o torna um fardo para seus familiares e, até mesmo, para a sociedade em geral, sendo objeto no máximo das regulações da caridade (SAMPAIO, 2017).

A evolução do tema se deu para o *modelo médico ou reabilitador*, pelo qual a concepção da deficiência toma contornos racionais e científicos, admitindo-se o caráter sanitário e patológico do indivíduo com algum comprometimento corporal. Contudo, o maior problema identificado nesse modelo é a imputação da deficiência ao indivíduo (PALACIOS; BARIFFI, 2007), isto é, a medicina foi responsável por retirar o corpo com deficiência da esfera mística das causalidades, tendo a caridade como consequência, mas relegou ao corpo com deficiência a subalternização pela anormalidade (ANGELINO et. al, 2011). Importante salientar que, no caso brasileiro, não se trata de coincidência o modelo da exclusão e o modelo médico exatamente corresponderem à fase caritativo-burocrática de políticas sociais no país discutida em item anterior.

Por meio da obra de Agustina Palacios e Francisco Bariffi (2007), é possível identificar que o modelo médico se constituiu no embrião do modelo social, que se contrapôs ao primeiro para superá-lo. Pois, como ressaltam os autores, em razão das deficiências experimentadas no pós-guerra, concebeu-se a obrigação por parte da sociedade no tratamento das demandas por saúde e reabilitação das pessoas com deficiência em muitos países. Assim, o meio desenvolvido para compensar esses indivíduos ocorreu por meio da criação de pensões, procedimentos de reabilitação e cotas laborais. Até mesmo no Brasil, a criação da LBA em 1942 se deu neste contexto (BOSCHETTI, 2006).

No caso brasileiro, segundo Jurandir Freire Costa (1979), no processo de nossa formação sócio histórica, o dispositivo médico inseriu-se na política de transformação familiar compensando lacunas da lei no Brasil. Desse modo, a medicina foi importante como processo de formação de saberes estatais voltados às famílias, com a prática da higienização e técnicas de disciplina, o que dificultou ainda mais superar a hegemonia do saber junto a intervenções limitantes para as pessoas com deficiência.

O *modelo social* constitui a concepção moderna relativamente tanto à condição de pessoa com deficiência quanto a seus direitos individuais e coletivos. Para Rafael Souza (2013) o modelo social possui como característica a atribuição de a deficiência ser uma construção social. Assim, a deficiência possui um significado social, em detrimento das limitações pessoal de cada indivíduo, valorada pela opressão e exclusão social (DINIZ, 2007).

Segundo Souza (2007), não se nega a existência de comprometimentos corporais, em si, nem mesmo a existência das incapacidades, dores, desvantagens ou a necessidade de tratamentos e reabilitação. Esses indivíduos são concebidos como pessoas com limitações pelas barreiras sociais, ambientais, legais e atitudinais impostas a elas. Assim, a questão relativa à deficiência se fundamenta com maior relevância nas barreiras da sociedade que no indivíduo em si. São, portanto, "as barreiras incapacitantes, atitudes discriminatórias, ambientes inacessíveis e a falta de apoios à autonomia que devem ser o foco de políticas sociais para pessoas com deficiência" (MORRIS, 2001, p. 4). Portanto, o método mais eficaz para se combater a opressão e segregação social ocorre por meio de uma reinterpretação do conceito da deficiência, concebendo-se uma valoração positiva em torno da diversidade humana.

Ao analisar a doutrina jusfilosófica de John Rawls relativa à remodelagem de aspectos importantes na teoria do contrato social, Micaele Fernandes (2018) assevera que a omissão relativa à situação de escolha básica constitui um defeito em âmbito de justiça, de modo que a forma estrutural da sociedade não inclui as necessidades de determinadas pessoas no grupo contratante original, situação pela qual esses sujeitos não possuam a liberdade de readequar os princípios de justiça à imagem de suas próprias consciências sobre tais questões.

De fato, a ausência de liberdade para readequar os princípios de justiça por parte das pessoas com deficiência, por muito tempo, encontra-se violado. Empiricamente, é possível identificar essa violação no mundo dos fatos, especificamente ao que concerne à estrutura ambiental urbana que não possui acessibilidade, falta de aportes do Estado para políticas e programas de cuidadores pessoais para aquelas pessoas com restrições funcionais severas para até mesmo desenvolver atos da vida diária (KITTAY, 1998).

3.2 Os princípios da convenção e as políticas sociais

Para Amita Dhanda (2008), a inovação das concepções da Convenção pode ser apontada principalmente, por quatro razões: 1. a Convenção assinalou a mudança da assistência para direitos das pessoas com deficiência, o que provocará alteração nos marcos normativos dos países signatários da Convenção; 2. introduziu o idioma da igualdade para conceder tratamento igualitário e ao mesmo tempo equitativo às pessoas com deficiência; 3. reconheceu a autonomia com apoio para pessoas com deficiência e 4. tornou a compreensão sobre deficiência como parte da experiência humana (DHANDA, 2008). São cinquenta artigos que expressam esses quatro conjuntos de mudanças que inovam na forma como os Estados Parte devem ampliar a proteção dos direitos humanos das pessoas com deficiência. Dessa forma, abaixo passa-se à apreciação das principais novidades da Convenção, sobretudo, no que enseja relações com as políticas sociais.

3.2.1 Reconhecimento da capacidade civil das pessoas com deficiência

A ausência de um regime de direitos políticos e civis para pessoas com deficiências contribuiu de modo significativo para a abordagem assistencialista, porque a "jurisprudência internacional sobre direitos humanos conferiu as qualidades de disponibilidade imediata e justiciabilidade dos direitos políticos e civis" (DHANDA, 2008, p. 46). Isto é, vistos como sujeitos que não participam das deliberações políticas da sociedade, ora as pessoas com deficiência são tratadas como cidadãos incompletos, ora a atenção a suas demandas foi objeto tão somente de proteção material de suas condições de sobrevivência via iniciativas da caridade e assistencialismo (NUSSBAUM, 2009). Para superar tais desafios, a Convenção trouxe uma série de garantias, sobretudo, aquelas assinalados no art. 12 com um novo paradigma para reconhecimento da capacidade civil das pessoas com deficiência principalmente em administrar suas vidas e seu patrimônio.

Além do conteúdo em si, essa garantia na Convenção trouxe efeitos de outra ordem. Como os direitos sociais e econômicos são implementados progressivamente, conforme a disponibilidade dos recursos, os direitos políticos e civis são inegavelmente admitidos como negociáveis em decorrência de sua gradualidade (DHANDA, 2008). Desse modo, as características de "disponibilidade imediata e justiciabilidade contribuem para a aparência não-negociável dos direitos políticos e civis e permite que os detentores desses direitos os afirmam sem ficar na defensiva ou sentir vergonha" (2008, pág. 46). Esse aspecto tem estreito diálogo com a discussão no primeiro item deste artigo sobre a integralidade e indivisibilidade dos direitos humanos apontado por Filho e Souza Júnior (2016), o que demonstra a importância da Convenção quanto a esse aspecto.

Para tanto, a Convenção reconhece que é imprescindível a transição do regime caritativo para o de direitos, e assim o faz ao reconhecer a capacidade civil plena das pessoas com deficiência. Para efetivar o reconhecimento, elencou expressamente como princípio o "respeito pela dignidade inerente, a autonomia individual, inclusive a liberdade de fazer as próprias escolhas, e a independência das pessoas" (ONU, 2006), e ainda o compromisso para os Estados signatários em "assegurar e promover o pleno exercício de todos os direitos humanos e liberdades fundamentais por todas as pessoas com deficiência, sem qualquer tipo de discriminação por causa de sua deficiência" (ONU, 2006).

Ao passo que reforma o modelo da capacidade civil, a Convenção estabelece o dever de os Estados signatários criarem "salvaguardas apropriadas para prevenir abusos, em conformidade com o direito internacional dos direitos humanos" (ONU, 2006). Assim, além de positivar e conferir a capacidade civil e de exercício às pessoas com deficiência cria o dever para os Estados de elaborar mecanismos capazes de permitir o exercício da capacidade legal de modo que "respeitem os direitos, a vontade e as preferências das pessoas, sejam isentas de conflito de interesses e de influência indevida, sejam proporcionais e apropriadas às circunstâncias da pessoa" (ONU, 2006). Com efeito, essas salvaguardas deverão ser proporcionais às características individuais da pessoa, bem como ter sua aplicação limitada e revisada periodicamente, constituídas como medidas excepcionais (ONU, 2006).

Então, para atender a dogmática implementada pela Convenção, foi elaborada a Lei Brasileira de Inclusão (LBI) ou o Estatuto da Pessoa com Deficiência, Lei 13.146 de julho de 2015, com a finalidade de estabelecer instrumentos adequados a reduzirem a falta de autonomia dessas pessoas. Isso ocorre, *a priori*, com a reformulação da capacidade civil, efetuada por meio da alteração dos arts. 3º e 4º do Código Civil que tratam da incapacidade absoluta e relativa, respectivamente (BRASIL, 2015; FIGUEIREDO, 2019).

Como consequência, no plano interno, a redação original do referido art. 3º, continha natureza segregatória e negativa da autonomia das pessoas com deficiência. Nesse sentido, dizia o dispositivo legal: "São absolutamente incapazes de exercer pessoalmente os atos da vida civil: I – os menores de dezesseis anos; II – os que, por enfermidade ou deficiência mental, não tiverem o necessário discernimento para a prática desses atos; [...]" (BRASIL, 2002, art. 3º). A justificativa para esse antigo sistema de capacidades possuía como fundamento o reconhecimento limitado de que pessoas com deficiência tinham em si condições precárias e vulneráveis (PEREIRA; MATOS, 2018). Assim, visando proteger os interesses dessas pessoas, o direito civil elaborou a técnica segundo a qual seriam reconhecidamente incapazes para praticar atos da vida civil, sendo-lhes nomeado um terceiro indivíduo que tomaria as decisões sobre a vida e a administração dos bens (PEREIRA; MATOS, 2018).

No entanto, a LBI, atendendo aos postulados da Convenção, alterou profundamente o ordenamento relativo às pessoas absolutamente incapazes para figurar nessa categoria apenas os menores de 16 (dezesseis) anos, conferindo às pessoas com deficiência capacidade civil plena. Ainda, ocorreu a reformulação das pessoas relativamente incapazes. Para demonstrar o paradigma, no texto do art. 4º anterior à vigência da LBI os relativamente incapazes incluíam "os que, por deficiência mental, tenham o discernimento reduzido" e "os excepcionais, sem desenvolvimento mental completo" (BRASIL, 2002).

O reconhecimento da capacidade civil plena decorre da concepção da interdependência humana (DHANDA, 2008). A autora assevera que há poucas fases na vida humana que fundamentam a autoconfiança, pontua que a "a infância, adolescência e velhice são exemplos óbvios da vulnerabilidade e carência humanas" (DHANDA, 2008). Diante desse quadro, as pessoas humanas constantemente se apoiarem, porém, o apoio mútuo não possui reconhecimento no mundo jurídico (NUSSBAUM, 2006), o que transformava as pessoas com deficiência em sujeitos com direitos limitados.

Assim, por não haver correspondência anterior, a necessidade de apoio causa controvérsia em parte da doutrina jurídica quando se retrata a capacidade legal. Isso pelo fato de que, conforme Justina Nascimento (2012), o novo conceito constitucional de pessoa com deficiência expressa impactos significativos na ordem social. Em primeiro lugar, não serão mais consideradas incapazes para o trabalho e vida independente; em segundo, é suprimida a limitação sob o aspecto médico relativo aos impedimentos de ordem física, mental, intelectual ou sensorial, enquanto são incluídos os elementos sociais por meio da análise do impedimento ou comprometimento em interação com barreiras. Segundo Jacqueline Pereira e Ana Carla Matos (2018), autores que se posicionam contrários à capacidade legal das pessoas com deficiência, o fazem por acreditarem que essas pessoas estariam abandonadas à própria sorte, sem a devida proteção patrimonial e existencial do ordenamento jurídico.

No entanto, há uma alternativa à suposta falta de proteção com base na interpretação da Teoria da Inexistência (PEREIRA; MATOS, 2018). Segunda essa teoria, um ato jurídico praticado por pessoa absolutamente incapaz seria nulo pela falta de manifestação da vontade, constituindo-se instrumento hábil a proteger não somente as pessoas com deficiência, mas também as pessoas sem deficiência. De modo que "o uso da Escala Ponteana para interpretação de negócios jurídicos praticados por pessoas com deficiência capazes, porém sem discernimento, pode evitar a desproteção do vulnerável" (PEREIRA; MATOS, 2018, p. 8).

Conjugada aos postulados da Convenção, a hermenêutica da Teoria da Existência constitui um meio de resguardo da proteção jurídica às pessoas com deficiência, pois permite que seja arguido em juízo a lesão a bens jurídicos; pois é possível que seja demonstrado que a decisão não foi tomada de modo livre e espontâneo. Pontuam ainda as autoras, que em relação à pessoa com deficiência dotada de algum discernimento é sugerido que se module os regimes legais de nulidade e anulabilidade em decorrência da valoração dos efeitos do negócio jurídico, com a finalidade de promover uma avaliação funcional merecedor de tutela dos interesses dos vulneráveis envolvidos na relação (PEREIRA; MATOS, 2018).

3.2.2 Acessibilidade e desenho universal, sobretudo, na eliminação de barreiras

Conforme Dhanda (2008), um dos maiores entraves a ser superado por uma norma de direitos humanos está relacionado com o enigma da uniformidade e da diferença que persegue os grupos excluídos na busca pela inclusão na sociedade. A Convenção sobre os Direitos das Pessoas com Deficiência busca pactuar ambos, o mesmo e o diferente. Nesse sentido, é possível que as pessoas com deficiência tenham sua dignidade respeitada tendo um razoável ajustamento das suas diferenças com vistas à inclusão e participação plena (DHANDA, 2008).

Para fins de equacionar as diferenças e, com isso, realizar a inclusão e participação, a Convenção prevê expressamente o direito à acessibilidade. No entanto, não basta assegurá-la nestes termos, é imperioso que sejam elaborados, desenvolvidos e implementados mecanismos eficazes a promover a efetiva acessibilidade.

Para Romeu Sassaki (1997), a inclusão social constitui o processo de adaptação da sociedade para tornar-se apta a incluir as pessoas com deficiência de forma a contribuir para que estes assumam seus papéis sociais. Esse processo tem natureza bilateral por permitir que em unidade de desígnios as pessoas excluídas e a sociedade atuem com a finalidade de efetivar a igualdade de oportunidades e detectar soluções comuns.

Sendo assim, a inclusão das pessoas com deficiência decorre da compreensão da necessidade de modificação do meio social em que ela se encontra. Em que é imperioso que seja realizado o desenvolvimento de suas capacidades, por meio da educação, qualificação profissional, reabilitação, entre outros, como um processo de inclusão em igualdade de oportunidade com os sem deficiência. Ao passo que não seja de forma a caracterizar um pré-requisito para que ela possa ingressar o meio social (SASSAKI, 1997).

Diante desse paradigma pelo qual é necessário promover a inclusão e participação plena, foi incorporado à Convenção o conceito de *desenho universal*, que nos termos da Convenção constitui "a concepção de produtos, ambientes, programas e serviços a serem usados, na maior medida possível, por todas as pessoas, sem necessidade de adaptação ou projeto específico" (ONU, 2006).

Assegurar o direito à acessibilidade consiste em garantir às pessoas com deficiência o direito à locomoção, ou ainda, o direito de liberdade com vistas a proporcionar o exercício da cidadania e da participação social. Sendo assim, a LBI prevê expressamente que "a acessibilidade é direito que garante à pessoa com deficiência ou com mobilidade reduzida viver de forma independente e exercer seus direitos de cidadania e de participação social" (BRASIL, 2015).

A concepção do desenho universal visa promover a criação de ambiente e produtos inclusivos que não faça diferenciação entre usuários, busca-se com esse modelo a elaboração de bens a indefinição de características subjetivas do destinatário de maneira a não possuírem rotulação de bens destinados ao uso especial por pessoa com deficiência (SASSAKI, 1997).

Para assegurar a acessibilidade em ambientes públicos e privados com destinação pública, a LBI impõe o dever de uso dos meios tecnológicos que assegurem a "implantação de projetos que tratem do meio físico, de transporte, de informação e comunicação, inclusive de sistemas e tecnologias da informação e comunicação, e de outros serviços" (BRASIL, 2015), inclusive esses imperativos devem ser respeitados tanto no meio urbano como rural.

3.2.3 Autonomia e apoio em situações de dependência: mecanismos a partir da Convenção

Como já mencionado, uma das questões para a qual a Convenção dá uma significativa contribuição para alterar a ênfase dos direitos das pessoas com deficiências é a da autonomia com apoios (DHANDA, 2008). É possível perceber tais contribuições em dois conjuntos amplos de situações em muitos artigos da Convenção: o primeiro conjunto diz respeito à novidade do reconhecimento da capacidade civil das pessoas com deficiência, como tratado anteriormente e até mesmo nas exigências de políticas, programas e outras ações necessárias à materialização dessa novidade. Sobre esse ponto, é importante abordar, o que será tratado adiante, o instituto da decisão apoiada, prevista na Convenção e disciplinada no contexto brasileiro pela LBI em 2015.

Um segundo conjunto de novidades sobre a afirmação da Convenção sobre a autonomia com apoios às pessoas com deficiência diz respeito às prerrogativas ensejadas no art. 19 da Convenção para "apoio em domicílio ou em instituições residenciais ou a outros serviços comunitários de apoio, inclusive os serviços de atendentes pessoais" (ONU, 2006), a ser tratado no último ponto deste item.

O dogma da incapacidade das pessoas com deficiência encontra reforço em diversas legislações que, ao reconhecê-la, negam a elas capacidade legal. Assim, essa legislação promove a desqualificação que impede a tomada de decisões com autonomia em assuntos relativos ao casamento ou residência, bem como a administração dos próprios bens ou negócios (DHANDA, 2008), tendo sua privacidade invadida por meio de mecanismos jurídicos como a interdição pelo qual perdiam o direito de administrar seus interesses jurídicos e privados.

Diante dessa violação ao princípio da igualdade e da autonomia das pessoas com deficiência, desenvolveu-se o mecanismo da *tomada de decisão apoiada*. Segundo Joyceane Menezes (2015), esse mecanismo visa conferir apoio ao exercício da capacidade legal instituída pela LBI, constituindo um verdadeiro meio de proteção sem suprimir a vontade da pessoa, por meio do qual receberá apoio de terceiros no processo de tomada de decisão, especialmente em relação àquelas que culminar efeitos jurídicos para terceiros ou para a pessoa em si.

A tomada de decisão apoiada pode ser requerida, pelo apoiando, tanto para suporte em assuntos patrimoniais ou extrapatrimoniais, sendo que a necessidade da pessoa requerente é que determinará a extensão do apoio (ONU, 2006). Menezes (2015) explica que o apoio envolve esclarecer a pessoa sobre fatores relativos à decisão, inclusive o alcance dos efeitos, além disso pode envolver ainda a comunicação da decisão aos interlocutores.

A razão de ser desta ferramenta jurídica relaciona-se com a garantia da autonomia e independência daqueles que necessitam de suporte para o exercício de sua capacidade, sem intervir excessivamente na intimidade da pessoa. Dessa forma contribui para o fomento da autoconfiança e o desenvolvimento gradativo de habilidades e competências da pessoa apoiada (FIGUEIREDO, 2019).

Em linhas gerais, a forma como ocorre a pedido é por meio de um processo de jurisdição voluntária, pelo qual será instaurado por iniciativa do próprio interessado que indicará duas pessoas com quem mantenha vínculos de confiança, ficando essas incumbidas de fornecer "elementos e informações necessários para que possa exercer sua capacidade" (BRASIL, 2002, art. 1.783-A). O pedido deve conter um termo assinado pelo interessado e os apoiadores, estabelecendo os limites, o compromisso e o prazo de vigência do acordo.

Retratar o instituto da tomada de decisão apoiada implica abordar questões atinentes à dependência e intersubjetividade. Para melhor posicionar a dependência e o cuidado, é legítimo o reconhecimento do cuidado e dependência como medida de justiça e igualdade social, como fundamento para o implemento de políticas públicas que envolvam os deveres de cuidado interpessoal. A ideia contida no princípio da igualdade trata intrinsecamente do reconhecimento das diferenças, devendo existir mecanismos adequados a promover o tratamento desigual de forma desigual (SARLET, 2011), para promover o respeito à dignidade. Assim, o cuidado deve ser compreendido como ato de responsabilidade na medida em que é reconhecido o dever de suprir as necessidades de outros (GUIMARÃES, 2008).

Raquel Guimarães (2008) demonstra que o cuidado é tido, por vezes, como uma tarefa feminina a ser exercida no contexto doméstico e familiar. No entanto, para Joan C. Tronto (2007) o cuidado constitui um dever a ser exercido de modo indistinto com a finalidade de se construir uma sociedade democrática pautada na igualdade. Isso ocorre no sentido de que é necessário a desconstituição da naturalidade de que o cuidado é uma tarefa feminina de modo a se desenvolver e implementar políticas públicas envolvendo pessoas cuidadoras de deficientes (TRONTO, 2007).

4. CONVENÇÃO: UM NOVO PARADIGMA PARA AS POLÍTICAS SOCIAIS?

Para Thomas Kuhn, a quem se credita a formulação do conceito contemporâneo usado para *paradigma*, ciência é um tipo de atividade que consiste em resolver problemas como um quebra-cabeça, dentro de uma unidade metodológica própria com influências determinadas e autorreferenciadas (KHUN, 1985). Mesmo aberto à comunicação científica com suas regras características, um paradigma serve para delimitar a capacidade de alcance, enquadramento e explicação para problemas a serem resolvidos em determinado campo científico. Isto, é, estabelecendo um padrão de racionalidade aceito em uma comunidade científica, em um campo do saber, em práticas sociais, institucionais e jurídicas em dado período histórico por circunstâncias singulares.

Argumentou-se anteriormente que as políticas sociais no Brasil, no que tange às pessoas com deficiência em especial, podem ser organizadas ou descritas por duas fases paradigmáticas: a caritativo-burocrática e a dos direitos de cidadania. Embora permeada por simplificações, essa classificação é aqui utilizada como síntese crítico-reflexiva, a fim de possibilitar um quadro de análise ampliado sobre o papel do Estado, sociedade e indivíduos no atendimento de necessidades básicas garantidoras de dignidade e usufruto da cidadania.

Diante dos apontamentos anteriores, em que se abordou algumas das principais inovações da Convenção para o debate dos direitos humanos, resta questionar quais podem ser as influências da Convenção para o padrão de políticas sociais no Brasil. É possível falar em uma nova fase para as políticas sociais, portanto, com maior potencial para materialização dos direitos sociais? Se a vinculação das políticas sociais no interior dos princípios constitucionais de 1988 as filiaram aos direitos humanos, representando uma mudança significativa frente ao modelo anterior, é possível perceber, por outro lado, que avanços ainda carecem de se concretizar para a realidade das pessoas com deficiência. Principalmente, quando se analisa a influência de fatores econômicos, políticos e institucionais para implementação de tais ações.

É a partir dessas considerações que empreendimentos a respeito da avaliação do impacto da Convenção para as políticas sociais no Brasil devem ser levados adiante – este texto contribui com uma abordagem seminal para esse objetivo no debate brasileiro. A aproximação que as políticas sociais tiveram ao arcabouço dos direitos de cidadania no texto constitucional, com todas as consequências em leis orgânicas e políticas nacionais implementadas na sequência nos anos 1990 e 2000, nos impele a pensar na importância que tal aproximação tem para o universo das pessoas com deficiência.

Política social é aqui compreendida como uma ação de redistribuição de recursos, permeadas por contradições na sociedade capitalista, tendo como principal atribuição a concretização de direitos sociais para atender necessidades que, no sistema capitalista, constituem a força desencadeadora da conquista da cidadania e das mudanças sociais (PEREIRA, 2014). Essa afirmação é particularmente relevante quando retomamos os ensinamentos de Alfredo Bosi (1996), já citados. Ou seja, é recente no país uma base jurídica capaz de orientar ações públicas e estatais que materializam o acesso a bens econômicos, sociais e de status para promover os direitos humanos, tendo como objetivo favorecer uma participação plena dos sujeitos na sociedade.

Se é verdade que o padrão de proteção social inaugurado com a Constituição de 1988 altera-se consideravelmente (BOSCHETTI, 2006; VAITSMAN *et al*, 2009) – e o é principalmente pela sua vinculação aos direitos humanos –, as políticas sociais ampliadas a partir dos anos 2000, inclusive com impactos para nossos históricos índices de desigualdade social (NERI, 2009; VAITSMAN et. al, 2009), alcançaram de forma tímida as pessoas com deficiência. O arrojado compêndio de direitos explícitos no texto constitucional sobre deficiência e um conjunto de novas leis nos

1990 e 2000 voltadas para a população com deficiência convive ainda com situações de privação, riscos e vulnerabilidades experimentadas por essas pessoas (BECKER, 2019; COSTA et. al, 2016; NOGUEIRA et al, 2016; BACCOLINI et. al, 2017; VAITSMAN; LENAURA, 2017).

Antes de abordar aspectos de conteúdo da Convenção que podem influenciar as políticas sociais, vale destacar duas garantias nela dispostas que dizem respeito à forma ou à metodologia na elaboração e acompanhamento das ações dos Estados Parte. A primeira delas é a garantia de participação das pessoas com deficiência em todos os processos decisórios relacionados a seus direitos. No artigo 4° da Convenção se estabelece que, na elaboração e também implantação de legislações e políticas e em outros processos de tomada de decisão relativos às pessoas com deficiência, "os Estados Partes realizarão consultas estreitas e envolverão ativamente pessoas com deficiência, inclusive crianças com deficiência, por intermédio de suas organizações representativas" (BRASIL, 2009).

Reivindicação histórica dos movimentos políticos das pessoas com deficiência em todo o mundo, a referida garantia remete à necessidade de qualificar e tornar efetivas as ações ao envolver as pessoas com deficiência nos processos de elaboração de leis e políticas desde o início. A Constituição de 1988 já havia inaugurado no Brasil a participação da sociedade nos conselhos de políticas públicas, principalmente de Saúde, Educação, Seguridade Social, Direitos da Criança e do Adolescente (ROCHA, 2013). No bojo dessas influências, o próprio Conselho Nacional dos Direitos da Pessoa com Deficiência (Conade), com participação de conselheiros da sociedade e governo no acompanhamento dos direitos e políticas para esse público, foi criado em 1999 (BRASIL, 1999). A inovação da Convenção, portanto, talvez esteja em dois aspectos: participação nas propostas de leis e políticas desde o momento inicial e não apenas no monitoramento e avaliação delas. Mas também pelo status que adquire tal garantia pela Convenção como emenda constitucional.

Além disso, a Convenção estabelece dois dispositivos de monitoramento de sua implantação que parecem originais. No art. 34 faz-se menção ao Comitê que será constituído por membros dos Estado Parte que farão o monitoramento da implantação da Convenção em todos os países signatários, ao terem ratificado também seu Protocolo Facultativo. Por sua vez, no art. 33 será instituído, no Estado Parte, um ou mais de um mecanismo independente para promover, proteger e monitorar a Convenção. Tais exigências se mostram relevantes frente à estrutura já existente no país para controle social, como é o Conade, cuja composição de seus membros contam com representantes governamentais e da sociedade.

Essas duas garantias da Convenção para fazer valer sua implantação (uma de abrangência internacional e outra interna, ambas independentes e autônomas na relação com governos) podem fazer com que os avanços nela contidos se transformem em realidade para as pessoas com deficiência o mais cedo possível. Com efeito, não seria demais estender essa compreensão até mesmo para políticas sociais de modo geral, uma vez que os avanços para as pessoas com deficiência repercutem para outros públicos, como é o caso de ações de acessibilidade, desenho universal, direitos sociais e econômicos, participação política, igualdade e não discriminação, entre outras.

Uma lição aprendida com o esforço, político e institucional, da sociedade brasileira em materializar políticas sociais nas últimas três décadas é a de que, muito além da dependência forçada de determinantes econômicos e políticos, o alcance delas passa por uma capacidade de: 1. se basear em um arcabouço jurídico abrangente amparado nos direitos humanos e 2. contar em sua elaboração, acompanhamento e avaliação com a participação social e democrática dos sujeitos plurais a quem se destinam, em um esforço concentrado de todas as instituições democráticas envolvidas na implantação de tais ações (SANTOS, 2008). Tal lição, curiosamente pode ser depreendida na trajetória de implantação e fortalecimento do Benefício de Prestação Continuada (BPC) da assistência social para as pessoas com deficiência (SANTOS, 2008). Em alguma medida, lição que se repetiu nas políticas de saúde mental, programa saúde da família, iniciativas de combate à mortalidade infantil, educação inclusiva, política de segurança alimentar, programa de combate ao HIV-Aids, dentre outros, principalmente nos seus resultados entre final dos anos 1990 e 2016.

Com exceção da transferência de renda pelo BPC e dos avanços na educação inclusiva (MACENA *et al*, 2018), lições como as citadas acima praticamente foram inexistentes para outras temáticas da deficiência nas últimas décadas. E é diante desse cenário que a Convenção é ratificada no Brasil em 2009 como emenda constitucional. O que poderia representar mais um deslocamento, retardando ainda mais o processo de implantação de ações que alteram a realidade de pessoas com deficiência, como alegam Filho e Souza Júnior (2008), tem, no entanto, razões como valor instrumental para além das garantias jurídicas que poderiam ser vistas como avanços subjetivos distantes da realidade por essa população.

O reconhecimento: a) da capacidade civil e das exigências para implementá-las, b) das prerrogativas do desenho universal e de acessibilidade assentadas no arcabouço dos direitos humanos (PIMENTEL; PIMENTEL, 2018), principalmente na urgente eliminação de barreiras, bem como c) de que viver com deficiência pode exigir um conjunto de iniciativas para garantir cuidados pessoais até mesmo em domicílio para uma vida independente, seja por ações, programas e até assistentes pessoais, além d) do princípio da participação substantiva das pessoas com deficiência no processo decisório de políticas e legislações em temáticas correlatas apontam para um novo momento para políticas sociais sobre deficiência no Brasil.

A afirmação da autonomia dos sujeitos de direitos pela Convenção se dá não pelo reconhecimento do sujeito moral e político que deve ter garantida sua independência – como valores iluministas tanto contribuíram para tal ideia – mas, pelo papel do Estado democrático de direito em promover a igualdade de participação na sociedade pela promoção da autonomia com apoios (DHANDA, 2008), como argumentado anteriormente. Porque no fim, o que a experiência da deficiência nos ensina sobre a condição humana é que nossa sociabilidade está na interdependência nascida na liberdade e na igualdade usufruídas, desde que com apoios protegidos e incentivados por políticas sociais.

A necessidade que pessoas com deficiência têm de benefícios sociais ou uma urgência por eliminação de barreiras para acesso ao trabalho, por exemplo, não pode representar que essas pessoas não disponham de autonomia ou não tenham condições para construir uma trajetória de relações sociais, de vida e de afetos, cuja independência esteja no centro dessa sociabilidade. E o alcance desse objetivo precisa ser afirmado desde que se compreenda sua materialização por meio de apoios legais e institucionais às pessoas com deficiência, advindos de legislações e de políticas públicas.

Essa compreensão de autonomia com apoios e de assistência que não seja exatamente um contraponto ou uma ameaça às ideias de independência e de liberdade está no plano de fundo da Convenção de um modo substancialmente avançado se comparado às garantias constitucionais afirmadas em 1988. Foi significativa a afirmação dos direitos sociais e econômicos na nossa última Constituição, ancorados na ideia de dignidade humana, por um lado, e com as políticas de seguridade social, educação e acessibilidade, por exemplo, de outro, sendo orientadas por essa prerrogativa, além dos direitos humanos e do objetivo republicano de reduzir desigualdades. No entanto, nos anos subsequentes, os avanços não se transformaram em concretos no cotidiano das pessoas com deficiência também por ausência de indicativos de como materializar tais prerrogativas, principalmente com as pessoas com deficiência sendo sujeitos políticos ativos nesse processo. A Convenção e as garantias nela dispostas apontam de forma mais instrumental os caminhos para esta materialização.

Desde o conceito de *pessoa com deficiência* estabelecido na Convenção até a concepção de garantir, seja a capacidade civil, seja a acessibilidade ou outras ações que materializam a autonomia com apoios, a relação com as políticas sociais se mostra evidente como condição de possibilidade para materializar grande parte ou a quase totalidade dos cinquenta artigos do referido tratado internacional. A deficiência, sendo compreendida como situação relacional surgida do corpo com comprometimentos submetido a arranjos sociais pouco preparados para a diversidade, exige nesta abordagem políticas amplas para tratar as demandas dessa população. O direito de participar da sociedade em igualdade de condições com as demais pessoas, que aponta onde estão os fatores limitantes e as barreiras a serem eliminadas, está colocado na Convenção e, refletido na LBI com força instrumental, de um modo mais abrangente e explícito que o texto original da Constituição de 1988, mesmo ele sendo avançado no tratamento dos direitos para a deficiência. Como emenda constitucional, a Convenção pode influenciar decisivamente as políticas sociais para as pessoas com deficiência, sobretudo, em todos estes aspectos inovadores aqui elencados.

Enquanto as políticas sociais são compreendidas em seu potencial para materializar direitos de cidadania, e a Constituição havia assentado a proteção às pessoas com deficiência no arcabouço dos direitos humanos, a Convenção teve o papel de chamar a atenção de que só é possível garantir a dignidade das pessoas com deficiência, considerando o tratamento de suas demandas na perspectiva da justiça igualitária, quando se reconhece a autonomia com apoios como um valor central ao ordenamento democrático. Esta lição é carregada de sentidos não só para as pessoas com deficiência, mas para diversos públicos no país que, em razão de singularidades que particularizam suas vivências, têm sua dignidade comprometida em função de ações ou inações do Estado, que comprometem a garantia de direitos por uma equivocada defesa de independência dos sujeitos que, na verdade, replica desigualdades.

Ao adicionar a Convenção como mais um capítulo da Constituição Federal de 1988, os cinquenta artigos dispostos no tratado internacional têm a força para influenciar de forma decisiva o conteúdo das políticas sociais no país. Essa alegação não tem apenas a ver com o contingente de pessoas com deficiência no Brasil, que é significativo. Não diz respeito também apenas à experiência compartilhada da deficiência em atingir cada vez a quase totalidade da população, pela aproximação seja pelo envelhecimento populacional ou pela ocorrência de deficiência por fatos triviais à vida social, como comprometimentos surgidos em função de doenças e acidentes. O argumento tem a ver com a noção ampliada da responsabilidade do Estado brasileiro, trazida pela Convenção, em criar mecanismos para a garantia da dignidade humana, compreendendo a autonomia e independência como valores que precisam de assistência e apoios para se concretizarem, e eles se materializam pelas políticas sociais até para outros públicos se orientados pelo princípio da isonomia para tratamento igualitário às demais pessoas.

O paradigma para as políticas sociais com base na Convenção, portanto, estrutura-se, principalmente, mas não só, em: 1. na compreensão de que os princípios de universalidade e integralidade na atenção para promoção dos direitos humanos deixam de ser meros postulados teóricos, com implicação ocasional para a gestão e formulação de ações estatais, e passam a ser pré-condição para materializar preceitos constitucionais e 2. nos princípios – sobretudo, da autonomia com apoios, desenho universal e participação das pessoas com deficiência desde as fases iniciais na formulação de legislação e políticas direcionadas a elas – que podem alcançar, pelo assento constitucional, outros públicos que têm desigualdade de participação na sociedade, ao alegarem isonomia e tratamento não discriminatório por parte do Estado para estender tais compreensões também a suas demandas.

5. CONSIDERAÇÕES FINAIS

Antes da Convenção, a atenção aos direitos das pessoas com deficiência na perspectiva da integralidade e universalidade das políticas sociais era buscada, no máximo, pela alegação dos direitos humanos, muitas vezes resultante de reivindicações políticas por atendimento de demandas pontuais submetidas inclusive a controvérsias quanto à justiciabilidade em alguns casos. Agora, a universalidade das políticas sociais é uma decorrência explícita do ordenamento constitucional pela indivisibilidade, integralidade e universalidade dos direitos contidos na Convenção e dos instrumentos para materializá-los. Uma efetivação, por exemplo, de direitos econômicos e sociais às pessoas com deficiência só se dará pela garantia concomitante do direito à acessibilidade que, por sua vez, só será exercida se tiverem postulados apoios e assistência para fazer valer tanto a capacidade civil, quanto o exercício de direitos políticos. E essa é a força para conformar políticas públicas com tais objetivos. Estas lições para proteções básicas à dignidade humana das pessoas com deficiência são ricas de possibilidades para alcançar até outros públicos que têm direitos básicos violados no Brasil, sobretudo, pela inexistência ou insuficiência de políticas sociais.

6. REFERÊNCIAS

ANGELINO, César; PRIOLO, Marcos; SÁNCHEZ, Candelaría. *Discapacidad y exclusión*. La oculta presencia de la ideología de la normalidad. Políticas Educativas – PolEd, [S.l.], v. 1, n. 2, ene. 2011. ISSN 1982-3207. Disponível em: https://seer.ufrgs.br/Poled/article/view/18312. Fecha de acceso: 02 ago. 2020.

BARNES, Colin; BARTON, Len; OLIVER, Mike. *Disability studies today*. Cambridge: Polity Press, 2002.

BARTON, Len (Org.). *Discapacidad e sociedad*. Madrid: Ediciones Morata, 1998.

BECKER, Kalinca Léia. Deficiência, Emprego e Salário no Mercado de Trabalho Brasileiro. *Estud. Econ.* [online]. 2019, v. 49, n. 1.

BEHRING, Elaine; BOSCHETTI, Ivanete. *Política social*: fundamentos e história. São Paulo: Cortez, 2008.

BOCCOLINI, Patricia de Moraes Mello; DUARTE, Cristina Maria Rabelais; MARCELINO, Miguel Abud e BOCCOLINI, Cristiano Siqueira. Desigualdades sociais nas limitações causadas por doenças crônicas e deficiências no Brasil: Pesquisa Nacional de Saúde – 2013. *Ciênc. saúde coletiva* [online]. 2017, v. 22, n. 11.

BOSCHETTI, Ivanete. *Seguridade social e trabalho*: paradoxos na construção das políticas de previdência e assistência social no Brasil. Brasília: Letras Livres; Editora da UnB, 2006.

BOSI, Alfredo. *Dialética da colonização*. 4. ed. São Paulo: Cia. das Letras, 1996.

BRASIL. Decreto 3.298, de 20 de dezembro de 1999. Regulamenta a Lei no 7.853, de 24 de outubro de 1989, dispõe sobre a Política Nacional para a Integração da Pessoa Portadora de Deficiência, consolida as normas de proteção, e dá outras providências. *Planalto*. Disponível em: http://www.planalto.gov.br/ccivil_03/decreto/d3298.htm.

BRASIL. Decreto 6.949, de 25 de agosto de 2009. Promulga a Convenção Internacional sobre os Direitos das Pessoas com Deficiência e seu Protocolo Facultativo, assinados em Nova York, em 30 de março de 2007. *Diário Oficial da União* 2009; 26 ago.

BRASIL. Lei 10.406, de 10 de janeiro de 2002. Institui o Código Civil. *Planalto*. Disponível em: http://www.planalto.gov.br/ccivil_03/leis/2002/l10406compilada.htm. Acesso em: 25 jul. 2020.

BRASIL. Lei 13.146, de 6 de julho de 2015. Institui a Lei Brasileira de Inclusão das Pessoas com Deficiência (Estatuto da Pessoa com Deficiência). *Diário Oficial da União* 2015; 7 jul.

BUTLER, Judith. *Problemas de gênero*: feminismo e subversão da identidade. Rio de Janeiro: Civilização Brasileira, 2003.

CASTEL, Robert. *As metamorfoses da questão social*: uma crônica do salário. Tradução de Iraci Poleti. 5. ed. Petrópolis: Vozes, 1995.

COSTA, Jurandir Freire. *Ordem médica e norma familiar*. Rio de Janeiro: Graal, 1979.

COSTA, Nilson do Rosário; MARCELINO, Miguel Abud; DUARTE, Cristina Maria Rabelais e UHR, Deborah. Proteção social e pessoa com deficiência no Brasil. *Ciênc. saúde coletiva* [online]. 2016, v. 21, n. 10 [citado 2020-07-31], p. 3037-3047.

COURTINE, Jean-Jacques. O corpo anormal – história e antropologia culturais da deformidade. In: COURTINE, Jean-Jacques; CORBIN, Alain; VIGARELLO, Georges (Ed.). *A história do corpo*. São Paulo: Editora Vozes, 2006. v. 3, p. 253-340.

DHANDA, Amita. Construindo um novo léxico dos direitos humanos: Convenção sobre os Direitos das Pessoas com Deficiências. *Sur, Rev. int. direitos human.* [online]. 2008, v. 5, n. 8.

DINIZ, Debora. *O que é deficiência*. São Paulo: Editora Brasiliense, 2007.

DINIZ, Debora; BARBOSA, Lívia; SANTOS, Wederson. Deficiência, direitos humanos e justiça. *Sur, Rev. int. direitos human.* [online]. 2009, v. 6, n. 11 [cited 2020-08-02], p. 64-77.

DUARTE, Cristina Maria Rabelais; MARCELINO, Miguel Abud; BOCCOLINI, Cristiano Siqueira e BOCCOLINI, Patrícia de Moraes Mello. Proteção social e política pública para populações vulneráveis: uma avaliação do Benefício de Prestação Continuada da Assistência Social – BPC no Brasil. *Ciênc. saúde coletiva* [online]. v. 22, n. 11. 2017.

ESCRIVÃO FILHO, Antônio; SOUSA JÚNIOR, José Geraldo de. *Para um debate teórico-conceitual e político sobre os direitos humanos*. Belo Horizonte: Editora D'Plácido, 2016.

FERNANDES, Micaela Barros Barcelos. Normas de reconhecimento das pessoas com deficiência: reflexões à luz de Rawls e Honneth. *Quaestio Iuris*. v. 11, n. 03, p. 1840-1857. Rio de Janeiro, 2018.

FIGUEIRA, Emílio. *Caminhando em silêncio:* uma introdução à trajetória das pessoas com deficiência na história do Brasil. São Paulo: Giz Editorial, 2008.

FIGUEIREDO, Ana Cláudia Mendes de. A capacidade jurídica das pessoas com deficiência: um novo paradigma construído sob a égide dos direitos humanos. In: GUGEL, Maria Aparecida; SASSAKI, Romeu (Org.). *Diálogos aprofundados sobre os direitos das pessoas com deficiência*. Belo Horizonte: RTM, 2019.

FRANÇA; Tiago Henrique de Pinho Marques. *Deficiência e pobreza no Brasil*: a relevância do trabalho das pessoas com deficiência. Tese de Doutoramento em Sociologia. Universidade de Coimbra. Setembro de 2014. 336 f.

FRASER, Nancy; HONNETH, Alex. *Redistribution or recognition? A political-philosophical exchange*. New York; London: Verso, 2003. [Umverteilung oder Anerkennung? Eine politischphilosophische Kontroverse. Frankfurt; Main: Suhrkamp Verlag, 2003.

GONÇALVES, Cláudia Maria da Costa. *Assistência social às famílias nas Constituições brasileiras*. Curitiba: Juruá, 2009.

GUIMARÃES, Raquel. Deficiência e cuidado: por quê abordar gênero nessa relação? *Rev. SER Social*, Brasília, v. 10, n. 22, p. 213-238, jan./jun. 2008.

KITTAY, Eva. *Love's Labor*: Essays on Women, Equality and Dependency. New York: Routledge, 1998.

KUHN, Thomas. *A estrutura das revoluções científicas*. São Paulo: Perspectiva; 1985.

LOBO, Lilia Ferreira. *Os infames da história*: pobres, escravos e deficientes no Brasil. Rio de Janeiro: Lamparina, 2008.

MACENA, Janaina de Oliveira; JUSTINO, Laura Regina Paniagua and CAPELLINI, Vera Lúcia Messias Fialho. O Plano Nacional de Educação 2014-2024 e os desafios para a Educação Especial na perspectiva de uma Cultura Inclusiva. *Ensaio:* aval.pol.públ.Educ. [online], v. 26, n. 101. 2018.

MENEZES, Joyceane Bezerra de. O direito protetivo no Brasil após a convenção sobre a proteção da pessoa com deficiência: impactos do novo CPC e do estatuto da pessoa com deficiência. *Civilistica*.

com. Rio de Janeiro, a. 4, n. 1, jun./2015. Disponível em: http://civilistica.com/o direito protetivo no brasil/. Acesso em: 1º ago. 2020.

MONTAÑO, Carlos. *Terceiro setor e questão social*: crítica ao padrão emergente de intervenção social. São Paulo: Cortez, 2002.

MORRIS, Jeni. *Rethinking disability policy*. 2011. Disponível em: https://www.jrf.org.uk/sites/default/files/jrf/migrated/files/disability-policy-equality-summary.pdf. Acesso em: 02 ago. 2020.

NASCIMENTO, Justina Alzira Soares do. Pessoas com deficiência: reflexões sobre capacidade civil. *Revista Arquivo Jurídico*. [online]. ISSN 2317-918X, p. 86-96, jul./dez. 2012.

NERI, Marcelo C. Income policies, income distribution, and the distribution of opportunities. In: BRAINARD, Lael; MARTINEZ-DIAZ, Leonardo (Org.). *Brazil as an economic superpower?*: understanding Brazil's changing role in the global economy. Washington, DC: Brookings Institution Press, 2009. v. 1.

NOGUEIRA, Giovani Cavalheiro et al. Perfil das pessoas com deficiência física e Políticas Públicas: a distância entre intenções e gestos. *Ciênc. saúde coletiva* [online]. 2016, v. 21, n. 10 [cited 2020-08-02], p. 3131-3142.

NUSSBAUM, Martha. *Las fronteras de la justicia*. Madrid: Paidós, 2006.

NUSSBAUM, Martha. The capabilities of people with cognitive disabilities. *Metaphilosophy*. v. 40, n. 3/4, Special issue: Cognitive disability and its challenge to moral philosophy (July 2009), p. 331-351.

OLIVIER, Michel. *Understanding Disability*: From Theory to Practice. London: Macmillan, 1996.

ORGANIZAÇÃO DAS NAÇÕES UNIDAS [ONU]. *Convenção sobre os Direitos das Pessoas com Deficiência*. Doc. A/61/611, Nova Iorque, 13 dez. 2006.

PALACIOS, Agustina. *El modelo social de discapacidad: orígenes, caracterización y plasmación en la Convención Internacional sobre los Derechos de las Personas com Discapacidad*. Madrid: Cinca, 2008.

PALACIOS, Agustina; BARIFFI, Francisco. *La discapacidad como una cuestión de derechos humanos. Una aproximación a la Convención Internacional sobre los Derechos de las Personas con Discapacidad*. Madrid: Cinca, 2007.

PEREIRA, Jacqueline Lopes; MATOS, Ana Carla Harmatiuk. Avanços e retrocessos ao sentido de capacidade legal: panorama prospectivo sobre decisões existenciais de pessoas com deficiência. *Pensar*. v. 23, n. 3, p. 1-13, Fortaleza, jul./set. 2018.

PEREIRA, Lívia Barbosa. *Convenção sobre os direitos das pessoas com deficiência e justiça*: novos contornos das necessidades humanas para a proteção social dos países signatários. 2013. 170 f. Tese (Doutorado em Política Social) – Universidade de Brasília, Brasília, 2013.

PEREIRA, Potyara. A intersetorialidade das políticas sociais na perspectiva dialética. In: MONNERAT, Giselle; ALMEIDA, Ney Luiz Teixeira; SOUZA, Rosimary Gonçalves. *A intersetorialidade na agenda das políticas sociais*. Campinas: Papel Social, 2014.

PIMENTEL, Suzana; PIMENTEL, Mariana. Acessibilidade como direito fundamental: uma análise à luz das leis federais brasileiras. *Revista Brasileira do Curso de Direito*. v. 13, n. 1. p. 75-102. 2018.

RIOS, Roger Raupp; SANTOS, Wederson. Diversidade sexual, educação e sociedade: reflexões a partir do Programa Nacional do Livro Didático. *Revista Psicologia Política*, v. 8, p. 325-344, 2008.

ROCHA, Enid. *Projetos Políticos e Arranjos Participativos Nacionais no Período 2003-2010*: Os significados e os desdobramentos no CNS e no Conanda. Tese de doutorado apresentada ao Instituto de Filosofia e Ciências Humanas da Universidade Estadual de Campinas (Unicamp), 2013.

SAMPAIO, Carolina Vasques. *Implementação no brasil do artigo 12 da convenção sobre os direitos das pessoas com deficiência*: os impactos da constitucionalização do direito à plena capacidade jurídica. 2017. 126 f. Dissertação (Mestrado em Direito Constitucional) – Universidade de Fortaleza, Fortaleza – CE, 2017.

SANTOS, Wanderley Guilherme dos. *Cidadania e justiça*: a política social na ordem brasileira. Rio de Janeiro: Campos, 1979.

SANTOS, Wederson. *Deficiência e democracia*: a interpretação do Poder Judiciário sobre o Benefício de Prestação Continuada. Dissertação (Mestrado em Política Social) – Universidade de Brasília, Brasília, 2009.

SANTOS, Wederson. Pessoas com deficiência: nossa maior minoria. *Physis* [online]. 2008, v. 18, n. 3 [cited 2020-08-02], p. 501-519.

SARLET, Ingo Wolfgang. *Dignidade da pessoa humana e direitos fundamentais na Constituição Federal de 1988*. 9. ed. Porto Alegre: Livraria do Advogado Editora, 2011.

SASSAKI, Romeu Kazumi. *Inclusão: construindo uma sociedade para todos*. Rio de Janeiro: WVA, 1999.

SOUZA, Rafael Barreto. *Autonomia existencial da pessoa com deficiência nas decisões relativas ao próprio corpo: esterilização compulsória*. 2013. 161 f. Dissertação (Mestrado em Direito Constitucional) – Universidade de Fortaleza, Fortaleza – CE, 2013.

TRINDADE, Antônio Augusto Cançado. Dilemas e desafios da proteção internacional dos direitos humanos. In: SOUSA JÚNIOR, José Geraldo; SOUSA, Nair Heloisa Bicalho. Et. all (Org.) *Educando para os Direitos Humanos*: pautas pedagógicas para a cidadania na universidade. Porto Alegre: Editora Síntese, 2004.

TRONTO, Joan. Mulheres e cuidados: o que as feministas podem aprender sobre a moralidade a partir disso? In: JAGGAR, Alison; BORDO, Susan (Ed.). *Gênero, corpo, conhecimento*. Rio de Janeiro: Record, Rosa do Tempos, 1997.

VAITSMAN, Jeni; ANDRADE, Gabriela Rieveres Borges de; FARIAS, Luis Otávio. Proteção social no Brasil: o que mudou na assistência social após a Constituição de 1988. *Ciência e Saúde Coletiva*, v. 14, n. 3, p. 731-741, 2009.

VAITSMAN, Jeni; LOBATO, Lenaura de Vasconcelos Costa. Benefício de Prestação Continuada (BPC) para pessoas com deficiência: barreiras de acesso e lacunas intersetoriais. *Ciênc. saúde coletiva* [online]. v. 22, n. 11. 2017.

VIOLÊNCIA CONTRA A MULHER SURDA: SINAIS-TERMO CONTRIBUIÇÃO A ACESSIBILIDADE LINGUÍSTICA X DIREITOS HUMANOS

Stela Perné Santos

Mestre em Linguística pela Universidade de Brasília (UNB). Professora de Libras do Instituto Federal do Mato Grosso (IFMT) – Campus Pontes e Lacerda.
santosstelaperne@hotmail.com.

Telma Rosa de Andrade

Mestre em Linguística pela Universidade de Brasília (UNB). Atualmente está no curso de doutorado em Linguística pela Universidade de Brasília (UNB). É professora de Libras da Universidade Federal de São João Del Rei (UFSJ).
rosatelmalibra@gmai.com.

1. INTRODUÇÃO

O presente artigo tem por objetivo discutir acessibilidade linguística com via de efetivação "Direitos Humanos Surdos" e, paralelamente, discorrer acerca do uso dos sinais-termo mais recorrentes nas leis que versam sobre a violência contra a mulher, divulgar a Libras como um benefício linguístico da comunidade Surda discutindo a sua importância e da legislação existente, para a mulher Surda.

Parte-se do pressuposto de que os Direitos Humanos pode embasar e contribuir para um modelo de acessibilidade linguística que respeite os Direitos da pessoa Surda. O presente artigo busca discutir uma política pública de concretização de direitos, como também objetiva identificar algumas leis sobre os direitos das pessoas com deficiência, em especial, Surdas, usuárias de Libras. Busca, também, analisar, discutir e promover uma proposta que efetive a política linguística dos surdos nas diferentes instâncias sociais, tendo por base a perspectiva e vivência da pessoa Surda. A partir disso, implementar o que está previsto na convenção dos direitos humanos, regulamentada pelo Decreto 6.949/2009, assim como pela Lei 10.436/2002, pelo Decreto 5.626/2005 e pelo Plano Nacional de Educação, a Lei 13.005/2014. Além disso, pela Lei Brasileira de Inclusão 13.146/2015 (LBI) que prevê questões relacionadas com a Língua Brasileira de Sinais, o direito linguístico das pessoas Surdas nos espaços sociais.

2. VIOLÊNCIAS CONTRA A MULHER SURDA/DEFICIENTE

Nesta seção percorremos as leituras sobre a questão da violência, a partir da percepção de que a violência contra a mulher tem aumentado diariamente. Nesse rol, encontramos estatísticas de crimes de feminicídio em Waiselfisz (2015, p. 13), que afirma que

> entre 1980 e 2013, num ritmo crescente ao longo do tempo, tanto em número quanto em taxas, morreu um total de 106.093 mulheres, vítimas de feminicídio. Efetivamente, o número de vítimas passou de 1.353 mulheres em 1980, para 4.762 em 2013, um aumento de 252%.

Um outro ponto observado foi a quantidade de denúncias realizadas, através da Central de Atendimento à Mulher (ligue 180). Conforme observado, o número de denúncias é alarmante e, dessa forma, evidencia que a violência doméstica e familiar é uma realidade na vida das mulheres brasileiras. Conforme observa Waiselfisz (2015, p. 13):

> Em 2015, o Ligue 180 realizou 749.024 atendimentos – uma média de 62.418 por mês e 2.052 por dia, número 54,40% maior do que o registrado em 2014 (485.105). Do total de atendimentos em 2015, 41,09% corresponderam à prestação de informações; 9,56%, a encaminhamentos para serviços especializados de atendimento à mulher; 38,54%, a encaminhamentos para outros serviços de teleatendimento (190/Polícia Militar, 197/Polícia Civil, Disque 100/SDH).

A violência contra a mulher é também notícia presente nos telejornais e na mídia impressa brasileira com manchetes em jornais, em que é divulgada a violência contra a mulher em diferentes temáticas, especialmente como: feminicídio e violência física. O jornal "Brasília Capital do Crime", de 30 de julho de 2018, trouxe as seguintes manchetes: "aumenta o número de jovens assassinadas no DF"; "em três dias, homem agride ex-namorada, é preso, solto pela justiça e mata ex a facada"; "mulher é morta a facada após briga em bar" e, ainda, "Empresária é agredida pelo ex ao cobrar dívida na porta de mercado" (BRASÍLIA CAPITAL DO CRIME, n. 06, de 20 de julho de 2018).

Diante desse panorama de violência contra a mulher não Surda, iremos passar para as discussões sobre a violência contra a mulher Surda/deficiente, na sequência.

A(s) violência (as) contra a pessoa com deficiência é tema de estudo na atualidade. Apresentamos, para esta discussão, alguns trecho de relatórios que trazem dados dessa (s) violência (s). Os primeiros foram retirados da Washington, D.C – EUA – 2015[1] e trazem algumas estatísticas e características das violências sofridas pelas vítimas, em especial, meninas e mulheres.

---

1. Violência contra a mulher – Estratégia e Plano de ação para reforço do sistema de saúde para abordar a Violência contra a mulher – 67ª Sessão do Comitê Regional da OMS para as Américas. Washington, D.C., EUA 28 de setembro a 2 de outubro de 2015. Disponível em: https://docplayer.com.br/36688689-Violencia-contra-a-mulher.html. Acesso em: 11 fev. 2019.

> Estudos indicam que as mulheres com deficiência também têm um maior risco de violência que as outras mulheres. Por exemplo, uma revisão sistemática e meta-análise verificou que indivíduos portadores de deficiência têm uma probabilidade maior de sofrer violência física e sexual que seus pares que não são portadores de deficiência (WASHINGTON 2015, p. 5).

No que refere à meninas e mulheres surdas, a pesquisa de KVAM (2004, p. 6), que trata especificamente da violência sexual contra meninas Surdas, mostra a diferença percentual da violência sexual em relação às meninas que não são surdas. Menciona que se observa uma proporção 3 vezes maior em relação a meninas sem deficiência:

> Um levantamento nacional realizado na Noruega com adultos surdos verificou que meninas têm probabilidade duas vezes mais alta de sofrer abusos sexuais e meninos, três vezes mais alta – do que seus pares sem deficiência.

No relatório para o Fundo de População das Nações Unidas (UNFPA, 2016),

> até 68% das mulheres e até 30% dos homens com deficiência sofrem violência sexual antes dos 18 anos.[2]

Ainda, segundo o Fundo das Nações Unidas para a Infância (UNICEF, 2013)[3],

> crianças com deficiência têm de 3 a 4 vezes mais chance de sofrer algum tipo de violência que crianças sem deficiência (incluindo violência sexual) e mulheres com deficiência têm 10 vezes mais chances de sofrer abuso sexual que mulheres sem deficiência.

No Brasil, os números não são diferentes. Esse contexto também é descrito pela Federação Nacional de Educação e Integração de Surdos – FENEIS, no relatório sobre a situação de mulheres e meninas Surdas no Brasil. A instituição descreve as especificidades das violências mais comuns às mulheres Surdas e, nesse caminhar, Perlin (2016, p. 5) afirma que:

> a questão da violência contra a mulher Surda, aspecto que é citado como de maior incidência (entre as mulheres Surdas diante de sua fragilidade) como: rapto, incesto, assédio sexual, prostituição e violência doméstica; a questão de capacitar a mulher Surda a construir resistência aos abusos psíquicos e morais que abrem porta à progressiva instalação da violência doméstica ou no trabalho; as delegacias da mulher, com acesso em libras, mediante intérprete ou tecnologia específica que pode ser Whatsapp, Skype ou outros mais recentes; traduzir para a libras a lei Maria da Penha e outros documentos; a questão de esterilização não consentida, aborto não consentido e de implante coclear precisa ser discutida no caso de ser violação de direitos sobre o corpo da mulher Surda.

Ainda falando nas especificidades da violência contra a mulher Surda inclui-se a violência psicológica e, nesse contexto, é acentuada na forma de bullying na escola e na família, tais como: piadas, xingamentos, proibições por "falar errado", ou, ainda,

2. UNFPA Situação da população mundial 2016. Disponível em: http://unfpa.org.br/Arquivos/swop2016.pdf. Acesso em: 11 02. 2019.
3. Violência contra as crianças com deficiências. Disponível em: https://www.unicef.org/brazil/pt/PT_SOWC2013.pdf. Acesso em: 11 fev. 2019.

por usar ou não usar a língua de sinais. Nesse sentido, Santos (2008, p. 85) relata uma série de situações de violência (s), das quais destacam-se as seguintes:

> i) familiares acreditam que a criança Surda não fale por "safadeza" ou preguiça, ou, ainda, fazem uso de xingamentos, como 'burra', 'retardada', 'idiota', 'preguiçosa', dentre outros; ii) negligência às possibilidades de comunicação da pessoa, de acordo com sua preferência, privando-a de atendimentos necessários, seja de ordem educacional, saúde e social ou acesso à Libras; (iii) pessoas Surdas apanham de familiares, de colegas na escola e de policias, por não ouvirem e compreenderem determinada ordem, o que resulta em violência física, que pode ser seguida de agressão corporal e morte; (iv) apropriação indevida de benefícios ou mesadas de governos por familiares; (v) dependência econômica dos agressores; (vi) superproteção à mulher e às meninas Surdas, com pretextos de protegê-las e impedindo-as de fazer as próprias escolhas.

As singularidades específicas da(s) violência(s) contra as mulheres com surdez ocorre paralelamente aos outros sistemas de opressão socioculturais, sociais e de comunicação e, portanto, devem levar em conta um leque de experiências variadas, que são fundamentais para o acesso desse público à justiça. Segundo Santos (2008, p. 79):

> vi) violência doméstica e familiar, acrescida de algumas particularidades relacionadas à mulher Surda, na qual o agressor manipula ou não informa a mulher Surda quando pessoas tentam chamá-la, ou quando o ouvinte a exclui de conversas importantes, ou, ainda, quando crítica ou zomba do seu conhecimento em português escrito ou oral.

Sabe-se que essas leis são produzidas, escritas, publicadas e divulgadas em português brasileiro, língua oficial do Brasil, por meio do sistema de escrita alfabético. Mas, as pessoas Surdas, em geral, não conseguem ter acesso a essas informações, por vezes, vitais a sobrevivência, por não terem, ainda, o domínio da estrutura do português escrito. Para Maia (2006, p. 216), as pessoas Surdas podem apresentar dificuldades na comunicação, "o que pode complicar a sua interação social e sua assimilação de conceito, experiências tão importantes no ajustamento social acentuando suas diferenças e formas de percepção do mundo". Ao mesmo tempo que Lebedeff (2008, p. 218) comenta, ainda, que "nossa estrutura social não leva em conta as singularidades da surdez, ao dar–lhe condições e espaços de interlocução e de produção de conhecimentos para que possa se manifestar e se desenvolver".

Os argumentos acima expostos na Lei 10.436/2002 encontram, de certa forma, apoio na Língua Brasileira de Sinais – LIBRAS, sendo reconhecida, também, como língua oficial. Segundo essa lei em seu artigo primeiro:

> É reconhecida como meio legal de comunicação e expressão a Língua Brasileira de Sinais – Libras e outros recursos de expressão a ela associados. Parágrafo único. Entende-se como Língua Brasileira de Sinais – Libras a forma de comunicação e expressão, em que o sistema linguístico de natureza visual-motora, com estrutura gramatical própria, constituem um sistema linguístico de transmissão de ideias e fatos, oriundos de comunidades de pessoas Surdas do Brasil (BRASIL, 2002, p. 1).

Nesse sentido, faz-se imperativo que as pessoas Surdas tenham acesso às leis, como legítimos cidadãos brasileiros em sua língua materna, a LIBRAS, também. Assim sendo, ressalta-se que a pesquisa trata, em específico, das mulheres cuja primeira língua é a Língua Brasileira de Sinais, que se reconhece na Cultura Surda.[4]

Segundo Skliar (1998, p. 10), "a cultura Surda não é uma imagem velada de uma hipotética cultura ouvinte. Não é o seu revés. Não é uma cultura patológica". Os envolvidos na Cultura Surda são identificados com o termo Surdo, com "S" maiúsculo, significa, com isso, que a pessoa que se comunica em Língua de Sinais não é doente do ouvido. Contraria a ideia de deficiência doença, conforme iremos discorrer e entender, a seguir, recorrendo aos estudos da antropologia para melhor compreensão e embasamento da discussão sobre Surdez e deficiência auditiva. Para tanto, faz-se essencial uma correlação desses termos, no sentido de se entender os conceitos desta pesquisa, uma vez que essa se propõe a discutir o conceito de deficiência *versus* a diferença linguística da Surdez. Nesse sentido, deparamo-nos com o modelo médico e o modelo social de deficiência[5]. É valido acrescentar que são modelos clássicos e para tanto, optamos pelo modelo social de deficiência, pois acreditamos que tal concepção merece reflexão e maior discussão. Em linhas gerais, no modelo médico, o foco se concentra na deficiência da pessoa, objetivando-se a cura ou a medicalização do corpo deficiente.

O conceito de modelo de deficiência foi proposto pelo sociólogo Michael Oliver (1983) e descrito por Mello e Nuernberg (2013). De acordo com esses, há duas principais formas de opressão contra a mulher deficiente: "a primeira é a discriminação socioeconômica; e a segunda, a medicação da deficiência" (MELLO E NUERNBERG, 2013, p. 1-2). A esse respeito, a pesquisa de Mello (2014) acrescenta que a violência é duplamente marcada por duas razões, a saber: (1) por ser mulher e (2) por ser deficiente/Surda. Dessa forma, as barreiras na comunicação incrementam a vulnerabilidade das pessoas com Surdez, que, muitas vezes, não se comunicam pela língua oral nem por meio do português escrito, o que impede a denúncia e a descrição de detalhes do crime às autoridades competentes.

Um indicador de desigualdade social que tem capacidade de ação-reação reduzida e socialmente vulnerável é o da comunicação advindo da surdez. Considerando, em especial, a mulher Surda, por não ouvir e apresentar alterações perceptíveis na fala, ou mesmo por se comunicarem em Libras, percebemos que,

4. A existência da cultura Surda pressupõe, de forma especial, que a pessoa é integrada na educação em conjunto com os valores culturais da sociedade ouvinte, que vão formar sua sociedade. Para os surdos, ter uma cultura é viver em igualdade, é ter um estilo de vida diferente, em alguns aspectos. Quando se trata de refletir sobre o fato de que nessa comunidade (de surdos) surgem ou podem surgir processos culturais específicos, é comum a rejeição à ideia da "cultura Surda", trazendo como argumento a concepção da cultura universal, a cultura monolítica (SKLIAR, 1998, p. 28).
5. No modelo social, a deficiência é vista como o resultado da interação entre um corpo com impedimentos de natureza física, intelectual, mental ou sensorial e um ambiente incapaz de acolher as demandas arquitetônicas, informacionais, programáticas e atitudinais que garantiriam condições igualitárias de inserção e participação social às pessoas com deficiência (MELLO; NUERNBERG, 2012 p. 636).

caso não seja disponibilizado os serviços de intérpretes de Libras, legenda e/ou comunicação por escrito, ela pode apresentar dificuldades para procurar ajuda, ou nunca terá os meios necessários de comunicação para denunciar os abusos, maus tratos e violências sofridas às autoridades competentes. Nesse sentido, a Federação Nacional de Educação e Integração de Surdos (FENEIS), em relatório sobre a situação de mulheres e meninas Surdas no Brasil (2016) afirma que a questão da(s) violência(as) praticada(s) contra as mulheres Surdas é potencializada diante de sua "fragilidade", a surdez, destacando-se ações, tais como rapto, incesto, assédio sexual, prostituição e violência doméstica.

Escolhemos, para este texto, as três leis mais importantes para estudo de conceitos, formação de sinais-termo e validação de sinais já existentes e novos sinais-termo. Para isso, foi feito o levantamento dos sinais/léxicos da Libras que tratavam do conceito na proposta da violência. A proposta ainda valoriza a Libras como fator essencial e constituinte da identidade Surda, legalmente reconhecida pela Lei 10.436/2002, a qual dá ao surdo o direito de comunicar-se na primeira língua.

Esta proposta está amparada na necessidade social da pesquisa, uma vez que as mulheres Surdas sofrem violência, assim como as não Surdas. Assim sendo, às mulheres Surdas usuárias de Libras, até então, não dispunham de informação acessível. Propomos uma possível contribuição para acessibilidade linguística das mulheres Surdas, que é fornecer sinais terminológico em consonância com sua língua materna, a Libras. Para romper a barreira da comunicação e oferecer acesso à informação jurídica previstas nas leis, o Vocabulário Sistêmico descreve sinais-termo sobre as leis que versam sobre a violência contra a mulher.

A importância deste dos sinais-termos assenta-se na contribuição linguística entre os Surdos, em especial, as meninas e mulheres surdas, e estendem-se aos profissionais tradutores e intérpretes de libras da esfera jurídica, que atuam nas delegacias e juizados, no estreitamento da melhor comunicação, na divulgação dos sinais-termo desta pesquisa a Surdos e não Surdos, e, acima de tudo, na compreensão dos eventos e fatos relacionados ao tema da violência contra a mulher. Dentro desse contexto, procuramos identificar o acesso ao conhecimento dos direitos institucionais e legais pelas mulheres Surdas.

Para tanto, compusemos o *corpus* deste estudo por sinais-termo na Língua de Sinais Brasileira – Libras, presentes nas leis que versam sobre a violência contra a mulher, o qual apresentaremos no próximo item.

3. VOCABULÁRIO SISTÊMICO DOS SINAIS-TERMO

O Vocabulário *Sistêmico das leis que versam sobre a violência contra a mulher foi recolhido de alguns* termos das seguintes leis: i) Lei Maria da Penha, 11.340/06, que regula sobre o enfrentamento à violência doméstica e familiar contra a mulher; ii) Lei 6.144, de 07 de junho de 2018, no Distrito Federal – DF, que legisla acerca da

Violência Obstétrica, para implantar medidas de informação e proteção à gestante e parturiente contra a violência obstétrica; iii) Feminicídio[6], Lei 13.104, de 09 de março de 2015 que estabelece a inclusão do feminicídio no rol dos crimes hediondos, praticados contra mulheres.

Escolhe-se as três leis mais importantes para estudo de conceitos, formação de sinais-termo e validação de sinais já existentes e novos sinais-termo. Para isso, foi feito o levantamento dos sinais/ léxicos da Libras que tratavam do conceito na proposta da violência. A proposta ainda valoriza a Libras como fator essencial e constituinte da identidade Surda, legalmente reconhecida pela Lei 10.436/2002, a qual dá ao surdo o direito de comunicar-se na primeira língua.

Esta proposta está amparada na necessidade social da pesquisa, uma vez que as mulheres Surdas sofrem violência, assim como as não Surdas. Assim sendo, as mulheres Surdas, usuárias de Libras, até então, não dispunham de informação acessível. Discutimos uma possível solução para acessibilidade linguística das mulheres Surdas, que é fornecer um produto terminológico em consonância com sua língua materna, a Libras. Para romper a barreira da comunicação e oferecer acesso à informação jurídica prevista nas leis, propomos a sistematização do Vocabulário Sistêmico que descreve sinais-termo sobre as leis que versam sobre a violência contra a mulher.

A importância deste vocabulário assenta-se na contribuição linguística entre os Surdos, em especial, as meninas e mulheres Surdas e estendem-se aos profissionais Tradutores e Intérpretes de Libras da esfera jurídica, que atuam nas delegacias e juizados, no estreitamento da melhor comunicação, na divulgação dos sinais-termo desta pesquisa a Surdos e não Surdos e, acima de tudo, na compreensão dos eventos e fatos relacionados ao tema da violência contra a mulher.

A análise adotada neste estudo terá como base os pressupostos da Socioterminologia, segundo o postulado por Faulstich (1995). Nesse tipo de estudo, são seguidos cinco passos, a saber: (i) reconhecimento e identificação do público-alvo; (ii) delimitação das áreas pesquisadas; (iii) coleta e organização dos dados; (iv) organização do vocabulário sistêmico; e, por fim, (v) teste de validade. Esse passo a passo para a organização dos dados do vocabulário sistêmico já é adotado em alguns dos trabalhos da Terminologia, na área de Língua de Sinais, na UnB.

A pesquisa teve como núcleo um estudo Terminológico. E utilizamos a Terminologia, disciplina que estuda a forma e o conteúdo dos termos usados nas línguas especializadas, tendo por base o sistema conceitual. Nessa perspectiva, segundo Faulstich (2016), a Terminologia é um:

> Conjunto de palavras técnicas pertencentes a uma ciência, atividade profissional, pessoa ou grupo social. 2. Disciplina linguística dedicada ao estudo científico dos conceitos e dos termos usados

6. Termo de crime de ódio baseado no gênero, amplamente definido como o assassinato de mulheres. Contudo, as definições podem variar, dependendo do contexto cultural.

nas línguas especializadas. 3. Disciplina que estuda a forma e o conteúdo dos termos com base nos significados que adquirem no uso, em linguagem de especialidade, organizados sob a forma de sistema conceitual. 4. Disciplina de ordem sistêmica que prepara corpora especializados para a redação de técnica e para elaboração de dicionários eletrônicos de grande alcance (FAULSTICH, 2016, p. 22).

Por esse motivo, propomos um meio para acessibilidade linguística das mulheres Surdas por sinais-termo especializados, conferindo maior empoderamento às Surdas vítimas de violência, pois com informação acessível, reduz-se a extensão do sofrimento, tendo em vista que as vítimas saberão a quem recorrer e quais são seus direitos.

Os verbetes são sistêmicos. porque estão ligados por remissivas e organizados em ordem alfabética com a seguinte estrutura: número de ordem, entrada = definição + fonte da def. ± contexto ± fonte do contexto ± nota ± fonte da nota + remissiva e significa ver + adaptação. Os campos marcados com o sinal"+" são campos definidos, ou seja, são elementos básicos para compor um verbete e são de preenchimento obrigatório. Os campos acima marcados com os sinais "±" podem ter registro, ou não no verbete. A expressão abreviada Adapt. quer dizer que a informação foi adaptada da fonte indicada por letras do nome do autor. A seguir, um modelo do vocabulário:

> *agressor*. Pessoa que causa morte, lesão, sofrimento físico, sexual ou psicológico e dano moral ou patrimonial à vítima de violência. Adapt. LMP, 2006 p. 7. *[...] o juiz poderá aplicar, de imediato, ao agressor, em conjunto ou separadamente, as seguintes medidas protetivas [...]*. Adapt. LMP, 2006 p. 7.

Os campos que compõem o verbete, conforme Faulstich (2010, p. 180-183) são:

> 2. *entrada*: Unidade linguística que possui conteúdo semântico da expressão terminológica na linguagem de especialidade. 3. *definição*: A definição é um sistema de distinções recíprocas que servem para descrever conceitos pertinentes aos termos. 4. *fonte da definição*: Registro do nome do autor, da obra, data etc. de onde foi compilada a definição. Nesta pesquisa a fonte principal é as leis em estudo. 5. *contexto*: O contexto é um fragmento de texto no qual o tempo principal aparece registrado, transcrito com o fim de demonstrar como é usado na linguagem da especialidade. 6. *fonte do contexto*: Registro de onde foi extraída a frase contextual principal que melhor define o termo. 7. *nota*: Comentário prático, que serve como forma para complementar as informações da definição extraída das leis em estudo. 8. *fonte da nota*: Registro do autor, obra, data etc. de onde foi extraído o comentário prático, que serve para complementações da definição. 9. *remissivas*: Sistema de relação de complementaridade entre termos. Podem ser termos hiperônimos e outros em conexão.

A figura 1 representa os campos de um verbete canônico, conforme estudo da terminologia e lexicografia, no entanto utilizaremos em nossa pesquisa somente os campos de interesse para o público visado.

Figura 1 – Verbete canônico

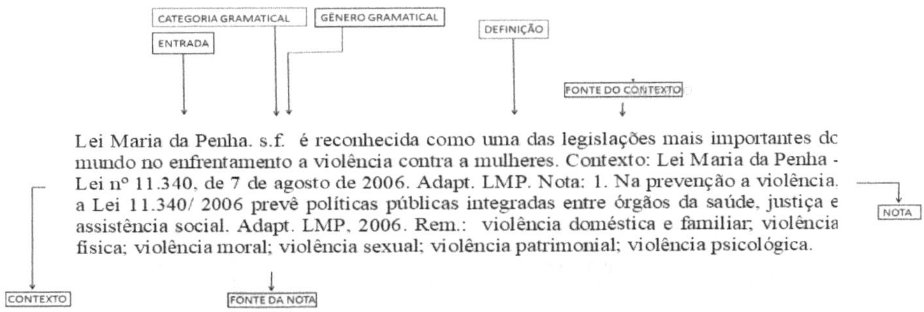

Fonte: Elaborada pela autora (2020)

4. VERBETES EM LÍNGUA DE SINAIS BRASILEIRA

A apresentação do vocabulário sistêmico de alguns termos das Leis que versam sobre a violência contra a mulher Surda apresenta um produto final de qualidade e uma ferramenta informativa para a mulher Surda em relação ao tema da violência. É preciso dizer que a quantidade está reduzida porque o tempo para escrever a dissertação e desenvolver todo o processo de seleção de corpus, a saber, selecionar os dados, em Língua Portuguesa, registrar em fichas, organizar o grupo de surdos colaboradores, discutir o conceito em duas línguas e chegar à melhor solução – ao sinal-termo preferido – exige bastante tempo por constituir uma sistemática complexa.

A organização do vocabulário em Libras terá adaptações na estrutura para contemplar a modalidade visual da língua, entretanto, preservará as normas terminológicas e o conteúdo jurídico das leis nos verbetes. A etapa de organização do vocabulário que contempla a Libras será descrita a seguir, e a macroestrutura será apresentada em Português e em Libras. Para ter acesso ao conteúdo em Libras, os vídeos que contemplam a língua de sinais estarão legendados em Português para atender às duas línguas envolvidas.

Nessa figura, a autora apresenta os campos destinados à Libras da seguinte forma: i) entrada para a língua de sinais – foto do sinal-termo; ii) campo variante – só é preenchido se houver outro sinal-termo que signifique o mesmo do sinal-termo principal; iii) categoria – destina-se às informações gramaticais de acordo com o uso no contexto; iv) campo do gênero – foi conservado, mas não é prioritário, pois na marcação quando se refere a objetos ou coisas inanimadas; v) campo definição e contexto – foram preenchidos com a configuração de mão – CM. Segue o modelo de Ficha Terminográfica de registro do sinal-termo da pesquisa dos sinais-termos da violência contra a mulher.

Modelo de Ficha Terminográfica de registro do sinal-termo

Termo

Agressor

Ilustração do Sinal-termo

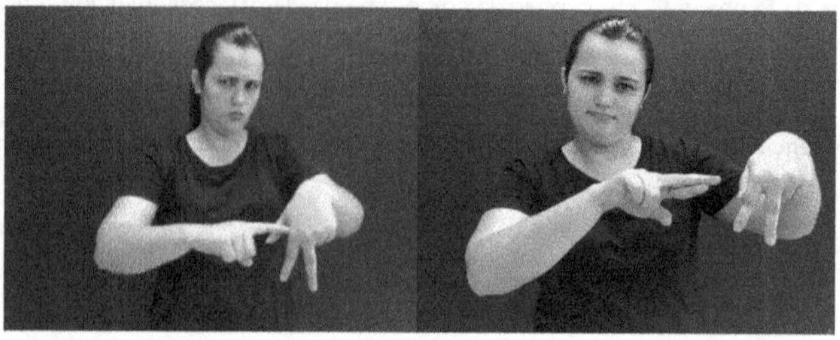

Definição em português

Pessoa que causa à vítima violência, morte, lesão, sofrimento físico, sexual ou psicológico, e dano moral ou patrimonial à vítima de violência doméstica e familiar.

Sinal-termo em Libras

Santos (2019)

Assim, com base nas reflexões anteriores elaboramos uma ficha terminográfica a partir de dois fundamentos segundo Tuxi (2017):

> i) a ficha terminológica, em língua de sinais, não é uma tradução do conteúdo que existe na ficha terminológica em língua portuguesa;
>
> ii) o conteúdo da ficha em língua de sinais parte de uma abstração conceitual para ressignificar o conteúdo em Línguas de Sinais Brasileira... é preciso notar que as linguagens científicas e técnicas exigem requisitos além da simples interpretação do conteúdo; exigem representação, isto é, um(o elaborador do glossário) precisa posicionar-se como se fosse o outro (o consultor do glossário).

Assim, quando elaboramos vocabulários e glossários, tendo como língua de partida o português e como língua de chegada a Libras – Língua Brasileira de Sinais, é preciso considerar que os sinais seguem parâmetros diferentes das línguas orais (FAULSTICH, 2013, p. 5).

5. POLÍTICAS PÚBLICAS PARA ACESSIBILIDADE LINGUÍSTICA DA MULHER SURDA: OS DIREITOS HUMANOS E ACESSIBILIDADE LINGUÍSTICOS DAS MULHERES SURDAS NO BRASIL

A Declaração Universal dos Direitos Humanos que se assiste a uma busca pela validação dos Diretos Humanos (DH), em 1948, e muitos outros documentos surgiram para enfatizar a importância da diferença, das minorias, e do respeito aos Direitos Humanos. Dentre os documentos, é possível destacarmos a Declaração de Salamanca[7], a qual chama a atenção para a inclusão social de todos e, a nível nacional, a Constituição Federal de 1988[8] que também enfatiza a questão dos direitos da pessoa com deficiência.

Conforme Benevides (2003),

> Direitos Humanos significa formar uma cultura de respeito à dignidade humana, promovendo a efetivação de valores, tais como: os de justiça, de igualdade, de tolerância, de paz e de cooperação. Com isso, favorece a formação de comportamentos e de pensamentos que respeitem as diferenças quais podem ser divididos em três dimensões: princípios éticos, princípios políticos e princípios educacionais.

Ambos merecem respaldo mediante a importância que possuem para a efetivação da DH. Os princípios éticos seguem a concepção da dignidade da pessoa humana, o que torna cada ser humano como um sujeito de direito independente de sua condição audiológica. Essa dignidade deve ser conferida a todo ser humano, independentemente de suas características, diferenças e desigualdades, sejam surdos ou ouvintes. Assim, é preciso que haja respeito à diversidade, tolerância às desigualdades e solidariedade ao diferente, ou seja ao outro.

Através desses pressupostos, os surdos deverão ser respeitados em suas diferenças, desigualdades e na sua diversidade cultural. Portanto, acessibilidade linguística em/para os Direitos Humanos de surdos é respeitar a disparidade humana em meio a uma sociedade na qual o preconceito/desinformação tem aumentado concomitante ao crescimento de tipos de diferenças.

> [...] os direitos fundamentais da pessoa humana, pelo progressivo reconhecimento pelas nações e instrumentos internacionais, da inerente dignidade de todo indivíduo, independentemente de raça, sexo, idade ou nacionalidade. Os Direitos Humanos podem ser apresentados sob dois aspectos: por um lado, constituem restrições ao poder do Estado, e por outro, condições mínimas para uma existência digna, asseguradas a todo indivíduo. São pessoas tidas como referência dentro das comunidades por terem um conhecimento linguístico-cultural destacado dos indivíduos e por desempenharem uma função social de destaque seja em decorrência de seu conhecimento linguístico-cultural e/ou em decorrência de sua atuação na valorização e promoção da língua (Guia do INDL, v. 1, p. 41).

---

7. DECLARAÇÃO DE SALAMANCA – Sobre Princípios, Políticas e Práticas na Área das Necessidades Educativas Especiais. Disponível em: http://portal.mec.gov.br/seesp/arquivos/pdf/salamanca.pdf. Acesso em: 22 jul. 2020.
8. Disponível em: http://www.planalto.gov.br/ccivil_03/constituicao/constituicao.htm. Acesso em: 22 jul. 2020.

Seguindo os princípios da Convenção dos Direitos Humanos da ONU, regulamentada no Brasil por meio do Decreto 6.949/2009 e a cidadania brasileira estabelecida pela Constituição Brasileira, os surdos devem ter garantido os seus direitos. O Decreto 5.626/2005 reconhece a pessoa como "aquela que, por ter perda auditiva, compreende e interage com o mundo por meio de experiências visuais, manifestando sua cultura principalmente pelo uso da Língua Brasileira de Sinais – Libras".

A Federação Mundial dos Surdos (World Federation for the Deaf – WFD) tem como sua principal prioridade, a garantia dos direitos humanos aos surdos em todo, considerando os seguintes aspectos:

(1) o respeito e aceitação da língua de sinais;

(2) a efetivação da educação bilíngue;

(3) o Direito Linguístico em Língua de Sinais à informação que circula socialmente;

(4) a interpretação de para língua de sinais. Portanto, os direitos humanos das pessoas Surdas perpassam as seguintes questões:

1) acesso comunicacional em Libras aos espaços públicos (por exemplo, hospitais órgãos governamentais, instituições educacionais) na Libras; 2) acesso à educação a partir da perspectiva Surda, social, cultural e linguístico, que requer o agrupamento de surdos para a constituição das interações inerentes ao ensino e a aprendizagem em um ambiente linguístico no qual a Libras o ensino e a aprendizagem em um ambiente linguístico no qual a Libras seja uma língua natural e compartilhada com seus pares; 3) acesso ao ensino da Língua Portuguesa como segunda língua para os surdos; 4) formação de professores surdos atuarem em diferentes áreas da educação; 5) formação de pedagogos bilíngues'; 6) formação de professores de Libras garantindo a prioridade aos surdos na formação e na atuação profissional nos diferentes espaços educacionais; 7) Formação de profissionais tradutores e intérpretes surdos.

Estas questões estão contempladas na Lei 10.436/2002 e o Decreto 5.626/2005 na Lei Brasileira de Inclusão 13.146/2015 (LBI), que foram constituídos a partir dos movimentos surdos.

No entanto, as formas de implementação das ações propostas precisam ser repensados. A lei de acessibilidade no Brasil prevê uma série de direitos aos surdos e Surdas. A maioria da população brasileira não faz ideia das barreiras que as mulheres e jovens Surdas enfrentam, todos os dias.

A Libras é uma língua nacional, oficializada pela Lei 10.436/02, reconhecida como a segunda língua oficial do país e a língua oficial dos surdos brasileiros. A luta dos surdos no Brasil por direitos possibilitou várias conquistas a serem somadas, no decorrer dos anos. A seguir, apresentamos a sistematização sobre os principais direitos linguísticos dos surdos, a partir do marco da Lei de Libras.

1. A Lei 10.436, de 24 de abril de 2002, reconhece legalmente a Língua Brasileira de Sinais – Libras – como meio de comunicação das comunidades Surdas do Brasil e dispõe acerca da difusão dessa língua nas instituições públicas, nas empresas concessionárias de serviços públicos e no sistema educacional;

2. O Decreto 5.296/2004 regulamenta as Leis 10.048/2000 e 10.098/2000, que dispõem sobre a acessibilidade das pessoas com deficiência. Esse decreto, especificamente em relação aos surdos, discorre acerca da necessidade dos serviços de interpretação da LSB, bem como versa sobre outras providências que garantem a acessibilidade dos surdos, como a disponibilidade de telefone adaptado, o incentivo ao uso de recursos tecnológicos como legendas, os recursos de "circuito de decodificação de legenda oculta", o recurso para Programa Secundário de Áudio (SAP), a janela com intérprete de Libras, a promoção de capacitação para profissionais em Libras, as tecnologias de informação e comunicação;

3. A Lei 13.146/2015 – Lei Brasileira de Inclusão da Pessoa com Deficiência – denominada Estatuto da Pessoa com Deficiência, Capítulo IV – Do Direito à Educação por sua vez, reafirma que os surdos têm direito à "oferta de educação bilíngue, em Libras como primeira língua e na modalidade escrita da Língua Portuguesa como segunda língua, em escolas e classes bilíngues e em escolas inclusivas" artigo 28 inciso 4º.

4. Decreto 9.656, de 27 de Dezembro de 2018, que altera o artigo 26 e 27 do Decreto 5.626, de 22 de dezembro de 2005. O destaque dessa alteração é os §§ 1º e 2º, do art. 26, descrito abaixo:

> Art. 26. O Poder Público, as empresas concessionárias de serviços públicos e os órgãos da administração pública federal, direta e indireta, deverão garantir às pessoas Surdas ou com deficiência auditiva o seu efetivo e amplo atendimento, por meio do uso e da difusão da Libras e da tradução e da interpretação de Libras – Língua Portuguesa. § 1º Para garantir a difusão da Libras, as instituições de que trata o caput deverão dispor de, no mínimo, cinco por cento de servidores, funcionários ou empregados com capacitação básica em Libras. § 2º Para garantir o efetivo e amplo atendimento das pessoas Surdas ou com deficiência auditiva, o Poder Público, as empresas concessionárias e permissionárias de serviços públicos e os órgãos da administração pública federal, direta e indireta, poderão utilizar intérpretes contratados especificamente para essa função ou central de intermediação de comunicação que garanta a oferta de atendimento presencial ou remoto, com intermediação por meio de recursos de videoconferência on-line e webchat, à pessoa Surda ou com deficiência auditiva.

A partir dessa lei, os serviços públicos essenciais, entre eles a justiça, devem oferecer os serviços de interpretação em Libras aos usuários dessa língua como língua materna, garantindo-lhes o efetivo exercício da cidadania

Dessa forma, de acordo com os parâmetros legais, as pessoas Surdas têm resguardados direitos de acessibilidade aos serviços públicos e à cidadania, contudo, na prática, não é assim que acontece. Infelizmente, a situação que as mulheres Surdas se deparam nas delegacias especializadas de atendimento à mulher, quando em face de agressão e desejosas de registrarem um boletim de ocorrência, não é nada animadora. Nesses casos, em geral, a mulher Surda não encontra atendimento na língua materna, a Libras, e não registra a ocorrência, logo sai do estabelecimento sem a salvaguarda da justiça.

Sem acesso às políticas públicas que combatam a violência, informações que as encorajem a denunciar o agressor, e, ainda, sem o conhecimento mínimo e aplicabilidade das Leis que a protegem, as mulheres Surdas continuam a sofrer, anos a fio, com as violências doméstica e familiar, violência obstétrica e feminicídio, sem condições de reação, em razão da falta de informação e acessibilidade.

Perlin (2011, p. 5) comenta que a falta de políticas públicas para as mulheres Surdas é um fato alarmante. A autora aponta, ainda, que algumas questões elementares sobre os direitos são completamente desconhecidas ou mal explicadas à população de Surdas, o que prejudica o acesso aos serviços públicos essenciais. Nesse sentido, são apontados dois principais entraves na divulgação, conhecimento e acesso das mulheres Surdas aos direitos mínimos de segurança.

O primeiro entrave diz respeito à capacitação dos servidores para receber as mulheres Surdas, seja na delegacia especializada, na defensoria pública, seja até no juizado de violência doméstica. A segunda questão abordada é o acesso das mulheres Surdas aos serviços policiais e judiciários.

> São poucos os que possuem funcionários capacitados para atendimento às pessoas Surdas... como a mulher Surda vai fazer para ser atendida numa delegacia? Como ela vai narrar sua história de violência? Com ela vai utilizar o disque-denúncia? Caso sua narrativa seja "ouvida" (PERLIN, 2011, p. 3).

As mulheres Surdas no Brasil desconhecem a Lei Maria da Penha e os direitos nela previstos. Segundo Perlin (2011, p. 4), "além disto, muitas mulheres e meninas Surdas nem sequer conhecem quais são os seus direitos, não sabem quando e onde deve procurar atendimento e auxílio, o que agrava a situação". Falta acessibilidade nas delegacias, e, ainda, impera a falta de informações dessas Leis.

> A FENEIS é uma entidade filantrópica, sem fins lucrativos com finalidade sociocultural, assistencial e educacional que tem por objetivo a defesa e a luta dos direitos da Comunidade Surda Brasileira. É filiada à Federação Mundial dos Surdos e suas atividades foram reconhecidas como de Utilidade Pública Federal, Estadual e Municipal. Desde de sua fundação, o seu maior propósito tem sido divulgar a Libras-Língua Brasileira de Sinais. Ao longo dos anos, a Federação esteve envolvida em várias atividades como: encontros, seminários, cursos e outros trabalhos que sempre visaram esclarecer para a sociedade em geral, a importância de respeitarem a forma de comunicação da Comunidade Surda, a sua cultura e porque não dizer a sua história de evolução, enquanto minoria linguística, que há séculos vem lutando pelo seu espaço e o reconhecimento de direitos que lhe são inerentes. (PERLIN, 2011, p. 5).

Confirmando os dados e reconhecendo a seriedade da violência que as mulheres com deficiência sofrem, em particular, no âmbito da cidade de Brasília/DF, o Coletivo de Mulheres com deficiência do Distrito Federal, que é um movimento social que busca o empoderamento das mulheres com deficiência para o Enfrentamento a todas as formas de violência contra a mulher e pela acessibilidade para exercer os direitos com a autonomia e dignidade[9], encontram-se algumas bandeiras de luta que reforçam a reivindicação por políticas públicas que garantam a acessibilidade:

> Acessibilidade é direito básico para as mulheres com deficiência exercerem seus direitos em igualdade de condições com os demais: Apesar dos direitos normativos conquistados nos últimos anos pelos movimentos sociais engajados na defesa dos direitos humanos, as especificidades das pessoas com deficiência ainda não são reconhecidas pela administração pública, impedindo o pleno exercício de direitos básicos, tais como o acesso à educação, o trabalho, à saúde e à justiça. (CMCDDF, 2016 p. 4).

Mesmo diante de inúmeros avanços, quem precisa de atendimento público encontra esses direitos sendo-lhes negados. Assim, as reivindicações permanecem em aberto, sem atendimento. Abaixo, segue pontos listados pelo Coletivo de Mulheres com Deficiência de Brasília (2016, p. 8):

> Campanha nacional contra a violência que inclua o debate sobre a violência contra mulheres e meninas com deficiência; Acesso pleno à informação, disponibilizada em formato acessíveis para todos os tipos de deficiência; com comunicação em Libras em todos os serviços de atendimento público; Acesso à cultura acessível: Janela de Libras, audiodescrição e legendas nos programas de TV e filmes nacionais; Centrais de Libras em todos os municípios, sempre havendo mulheres interpretes para acompanharem mulheres Surdas vítimas de violência; Presença de mulheres com deficiência em campanha publicitárias e educativas numa perspectiva afirmativa que contribua para romper preconceitos e combater a violência contra a mulher com deficiência.

Diante desse panorama de violência contra a mulher Surda/deficiente e a falta de acessibilidade linguística, e uma vez previsto em Leis a acessibilidade na primeira língua/LIBRAS, apresentamos no próximo subitem a experiência de Delegacia Especializada de São Paulo – Delegacia do Deficiente.

6. ACESSIBILIDADE NAS DELEGACIAS ESPECIALIZADAS E NO ATENDIMENTO JURÍDICO: MODELO DE SÃO PAULO – DELEGACIA DO DEFICIENTE

A delegacia do deficiente de São Paulo é a primeira do ramo a tratar, em especial, da Pessoa com Deficiência – 1ª Delegacia de Polícia da Pessoa com Deficiência (DPPD). A delegacia criada pelo Decreto Estadual 60.028/14, a 1ª Delegacia de Polícia da Pessoa com Deficiência (DPPD), é uma parceria entre a Secretaria dos Direitos da Pessoa com Deficiência e a Secretaria de Segurança Pública. Tem como objetivo prevenir e investigar crimes contra a pessoa com deficiência, além de receber, concentrar e difundir dados sobre violência contra este público, além de criar procedimentos de orientação para o atendimento de pessoas com deficiência em outras delegacias do estado.

9. Minuta do texto para debate: Coletivo de Mulheres com deficiência do Distrito Federal – Estação da cidadania – Estação do metrô 112 sul – Brasília/DF.

Além da equipe policial, a DPPD conta com os serviços de um Centro de Serviços de Apoio, com equipe multidisciplinar, composta por psicólogos, assistentes sociais, intérpretes de Libras, sociólogos e técnicos em tecnologia assistiva. A DPPD não é responsável por todos os atendimentos envolvendo pessoas com deficiência no estado de São Paulo, mas pode dar apoio a outras delegacias, visando garantir o pleno exercício dos direitos, por parte das pessoas com deficiência. As atribuições desse órgão são:[10]

- atendimento a vítimas com deficiência, por se tratar de um espaço acessível, com tecnologias assistivas e tradutor intérprete da Língua Brasileira de Sinais;
- orientação, apoio e capacitação de outras delegacias no atendimento a pessoas com deficiência;
- apuração de denúncias criminais e ocorrências de discriminação, cujas vítimas sejam pessoas com deficiência, na área da 1ª Seccional;
- atendimento psicossocial, acompanhamento familiar, encaminhamento para rede de proteção social pelo Centro de Apoio.

A delegacia atende à demanda das deficiências. Nesse contexto, surdos e deficiente auditivos procuram os serviços da delegacia, conforme descrito no relatório do mês de maio (1) de 2017[11]. Com base na análise do relatório percebemos que 66 pessoas com deficiência auditiva e/ou Surdas procuraram atendimento. Já no relatório seguinte expõe-se a demanda atendida na delegacia. A demanda de pedidos de informações aparece 15 pessoas com deficiência auditiva. A violência doméstica aparece nas denúncias, especificamente, a violência patrimonial, sexual/estupro de vulnerável.[12]

7. CONSIDERAÇÕES FINAIS

O acesso às informações jurídicas é uma barreira para as mulheres Surdas, vítimas de violência, por que elas não entendem a linguagem das Leis. Esta pesquisa pretende oferecer às Surdas o mínimo de informação, por isso criamos alguns sinais-termos correspondentes aos conceitos básicos. Assim, é fundamental que os profissionais da segurança pública estejam atentos às necessidades linguísticas das mulheres Surdas, procurando por meio de acessibilidade linguística, atender a L1/ Libras e o Português como L2.

Toda este artigo procurou contribuir para o diálogo e chamar atenção para a temática da violência contra a mulher Surda. Propomos diminuir as distâncias no

---

10. Disponível em: http://violenciaedeficiencia.sedpcd.sp.gov.br/paginas/adelegacia.html. Acesso em: 11 jan. 2019.
11. Disponível em: http://violenciaedeficiencia.sedpcd.sp.gov.br/pdf/relatorioDelegacia/mensal/RA_Maio2017.pdf. Acesso em: 11 jan. 2019.
12. Disponível em: http://violenciaedeficiencia.sedpcd.sp.gov.br/paginas/adelegacia.html. Acesso em: 11 jan. 2019.

acesso à informação jurídica e contribuir com os Tradutores e Intérpretes da área jurídica. Sabemos e comprovamos que a violência está presente na vida de toda mulher Surda ou não Surda.

O sinal-termo é uma entidade com características do termo da linguagem especializada da Língua de Sinais Brasileira. Denota conceitos e representações linguísticas tal qual o termo nas línguas orais, pois detém os aspectos e as estruturas de conteúdo específico, que dizem respeito às peculiaridades próprias de cada área especializada.

O público-alvo dessa pesquisa são as meninas, mulheres e outros que se interessem pelo assunto. Desenvolvemos um vocabulário mínimo, organizado em ordem alfabética e sistêmica que contém informações legal, gramatical e contextual. Apresentamos uma proposta de registro, bem como de organização de vocabulário nas duas línguas de modalidade diferentes, LIBRAS e Língua Portuguesa com vista a elaborar o vocabulário bilíngue que chame atenção para público em geral.

A metodologia utilizada realizou de mapeamento de um vocabulário bilíngue com termos e sinais-termos em destaque das três leis: “Lei Maria da Penha, Lei da Violência Obstétrica, Lei do Feminicídio”, com verbetes organizados em ordem alfabética para a consulta em Língua Portuguesa-LP.

O banco de dados será disponibilizado por ferramenta eletrônica e será alimentando com novos sinais-termo e reformulado constantemente. Estará acessível para aqueles que se interessam em aprender sobre a violência contra a mulher.

Diante do que foi estudado, esperamos que esta pesquisa venha contribuir para a área de Terminologia da Língua de Sinais Brasileira e acessibilidade linguística, e Direitos Humanos do Povo Surdo no que se refere à divulgação do tema. Desejamos que a proposta apresentada auxilie no desenvolvimento de novos projetos e pesquisas.

8. REFERÊNCIAS

BANDEIRA, Lourdes. *A última etapa do ciclo da violência contra a mulher.* Disponível em: http://www.compromissoeatitude.org.br/feminicidio-a-ultima-etapa-do-ciclo-da-violencia-contra-a-mulher--por-lourdes-bandeira/. Acesso em: 1º jan. 2019.

BASILIO, Margarida. *Formação e classes de palavras no português do Brasil.* 3. ed. São Paulo. Editora Contexto, 2011.

BENTO, Nanci Araújo. *Os Parâmetros Fonológicos: Configurações de Mãos, Ponto de Articulação e Movimento na Aquisição da Língua Brasileira de Sinais* – Um Estudo de Caso. Dissertação (Letras e Linguística), Universidade Federal da Bahia – UFBA, 2010.

BENEVIDES, Maria Victoria. Educação em direitos humanos: de que se trata? In: BARBOSA, Raquel Lazzari Leite (Org.). *Formação de educadores*: desafios e perspectivas. São Paulo: Editora UNESP, 2003.

BRASIL. Comitê Nacional de Educação em Direitos Humanos. Plano Nacional de Educação em Direitos Humanos. Brasília: Secretaria Especial dos Direitos Humanos, Ministério da Educação, Ministério da Justiça, UNESCO, 2007.

BRASIL. Lei Maria da Penha 11.340/2006. Coíbe a violência doméstica e familiar contra a mulher. Presidência da República. Brasília 2012. Disponível em: http://www.spm.gov.br/lei-maria-da-penha. Acesso em: 20 mar. 2015.

BRASIL. Lei da Violência Obstétrica 6.144 de 7 de junho 2018. Dispõe sobre a implantação de medidas de informação a mulheres grávidas e paridas sobre a política nacional de atenção obstétrica e neonatal, visando, principalmente, à proteção delas no cuidado da atenção obstétrica no Distrito Federal. Disponível em: http://www.saude.df.gov.br/wp-conteudo/uploads/2018/04/Lei-6.144-2018-Implant-de-medidas-de-informamulheres-grtrica-e-neonatal-no-cuidado-da-atentrica-no-DF.pdf. Acesso em: 22 dez. 2018.

BRASIL. Lei do Feminicídio 13.104 de 9 março de 2015. Altera o art. 121 do Decreto-Lei 2.848, de 7 de dezembro de 1940 – Código Penal, para prever o feminicídio como circunstância qualificadora do crime de homicídio, e o art. 1º da Lei 8.072, de 25 de julho de 1990, para incluir o feminicídio no rol dos crimes hediondos.

BRASIL. Lei 10.436 de 24, de abril de 2002. Dispõe sobre a Língua Brasileira de Sinais – Libras e dá outras providências. Presidência da República. Brasília, 2002. Disponível em: http://www.planalto.gov.br/ccivil_03/leis/2002/L10436.htm. Acesso em: 26 maio 2016.

BRASIL. A Lei 13.146/2015 – Lei Brasileira de Inclusão da Pessoa com Deficiência – denominada Estatuto da Pessoa com Deficiência, Capítulo IV – Do Direito à Educação por sua vez, reafirma que os surdos têm direito à "oferta de educação bilíngue, em Libras como primeira língua e na modalidade escrita.

BRASIL. Decreto 5.626 de 22 de dezembro de 2005. Regulamenta a Lei no 10.436, de 24 de abril de 2002, que dispõe sobre a Língua Brasileira de Sinais – Libras, e o art. 18 da Lei 10.098, de 19 de dezembro de 2000. Brasília, 22 de dezembro de 2005; 184º da Independência e 117º da República. http://www.planalto.gov.br/ccivil . Acesso em: 26 maio de 2016.

BRASIL. Decreto 5.296 de 2004 regulamenta as Leis 10.048/2000 e 10.098/2000, que dispõem sobre a acessibilidade das pessoas com deficiência.

BRASIL. Defensoria Pública de São Paulo – Cartilha 'Conversando sobre a violência obstétrica. Disponível em: https://www.defensoria.sp.def.br/dpesp.Pagina=1. Acesso em: 11 fev. 2019.

CABRÉ, Maria Teresa. *La Terminología: teoría, metodología, aplicaciones Barcelona*: Antártida/Empúries, 1993.

CASTRO, Nelson Pimenta de. *A tradução de fábulas seguindo aspectos imagéticos da linguagem cinematográfica e da língua de sinais*. Dissertação (Mestrado Estudos da Tradução), Universidade Federal de Santa Catarina, Santa Catarina, 2012.

CORREIA, L. M. *Alunos com necessidades educativas especiais nas classes regulares*. Porto: Porto Editora, 1997.

COSTA, M. R. *Proposta de modelo de Enciclopédia visual bilíngue juvenil: Enciclolibras o corpo humano*. Dissertação (Mestrado em Linguística). PPGL, Universidade de Brasília, Brasília, 2012.

CUNHA, C; CINTRA, L. F. L. *Nova gramática do português contemporânea*. 5. ed. Rio de Janeiro: Lexikon, 2008.

DESLAURIERS, J. P. (1991). *Recherche qualitative-Guide pratique*. Montreal: McGraw Hill.

FACION, José Raimundo; SILVA, Maria de Fátima M. Caldeira. Perspectivas da inclusão escolar e sua efetivação. In: FACION, José Raimundo (Org.). *Inclusão escolar e suas implicações*. 2. ed. Curitiba: Ibpex, 2008.

FAULSTICH, E. Metodologia para projeto terminográfico. *II Simpósio Latino Americano de Terminologia*. I Encontro Brasileiro de Terminologia Técnico- Científico. Anais. Centro Lexterm, UnB, 1990.

FAULSTICH, E. *Glossário de termo empregos nos estudos da terminologia da lexicografia e da lexicologia*. Inédito, Centro Lexterm, UnB, 2011.

FAULSTICH, E. *Base metodológica para pesquisa em socioterminologia: termo e variação*. Brasília: Editora UnB, 1995.

FAULSTICH, E. *Lexicologia*: a linguagem do noticiário policial. Brasília: Horizonte, 1980. v. 1.

FAULSTICH, E. A socioterminologia na comunicação científica e técnica. *Ciência e Cultura* (SBPC), v. 58. n. 2, p. 27-31, São Paulo, 2006.

FAULSTICH, E. Procedimentos básicos para glossários sistêmicos de léxico ao terminológico: uma proposta para pesquisadores da língua de sinais. In: ISQUERDO, A. N.; dal CORNO, G. O. M. (Org.). *As ciências do léxico*: Lexicologia, lexicografia e terminologia, 2016. v. III.

FAULSTICH, E. *Pelos caminhos da Dialetologia e da Sociolinguística*: entrelaçando saberes e vidas: Para gostar de ler um dicionário. São Luís: EDUFMA, 2005.

FELIPE, T. A. Os processos de formação de palavras na Libras. ETD – *Educação Temática Digital*. v. 7, n. 2, p. 200-217, Campinas, jun. 2006.

FIGUEIREDO SILVA, M. C.; SELL, F. F. S. *Algumas notas sobre os compostos em português brasileiro e em libras*. Acesso em: http://www.filologia.org.br/xviii_cnlf/cnlf/02/001.pdf.

GIL, A.C. *Métodos e técnicas de pesquisa social*. 4 ed. São Paulo: Atlas, 1994.

KRIEGER, Maria da Graça; FINATTO, Maria José Bocorny. *Introdução à Terminologia*: Teoria e prática. São Paulo: Editora Contexto, 2004.

KVAM, M. H. Abuso sexual de surdos crianças: uma análise retrospectiva do prevalência e características da infância abuso sexual entre adultos surdos na Noruega. *Abuso infantil e negligência*, v. 28, n. 3, p. 241-251, março de 2004.

KVAM, M. H. (2004). Sexual abuse of deaf children. A retrospective analysis of the prevalence and characteristics of childhood sexual abuse among deaf adults in Norway. *Child Abuse & Neglect*, *28*(3), 241–251. https://doi.org/10.1016/j.chiabu.2003.09.017. Acesso em: https://psycnet.apa.org/record/2004-13237-001

LANSDOWN, G. *Vulnerabilidade de crianças com deficiência*. 2015, p. 6.

LEBEDEFF, T. B. Babel ou surdez, sexualidade e diferença: a construção de sentidos na babel globalizada. In.: ASSUMPÇÃO JR., Francisco B.; ALMEIDA, Thiago (Org.). *Sexualidade, Cinema e Deficiência*. São Paulo: Livraria Média Paulista Editora, 2008.

MAIA, A C. B. Sexualidade e Deficiência Sensoriais: Visual e Auditiva. *Sexualidade e Deficiências*. São Paulo: Editora UNESP, 2006.

MELO, Anahi Guedes. *Especificidades da Violência contra pessoas com deficiência auditiva*. Disponível em: http://violenciaedeficiencia.sedpcd.sp.gov.br/pdf/textosApoio/Texto6.pdf. Acesso em: 11 jan. 2018.

MELO, Anahi Guedes NUERNBERG, Adriano Henrique. Corpo, Gênero e Sexualidade na experiência da deficiência: Algumas notas de campo. III *Seminário Internacional Enlaçando Sexualidades*. 15 a 17 de maio de 2013 Universidade do Estado da Bahia – Campus I – Salvador – Bahia.

MELO, Anahí Guedes. *Gênero, Deficiência, Cuidado e Capacitismo*: Uma análise antropológica sobre experiências, observações e narrativas sobre a violências contra mulheres com deficiência. (Dissertação de Mestrado em Antropologia Social) UFSC 2014.

MELO, Anahi Guedes; NUERNBERG, Adriano Henrique. Gênero e Deficiência: interseções e perspectivas. *Revista Estudos Feministas*, v. 20, n. 3, p. 635-655, 2012.

MINAYO, Maria Cecília de Souza (Org.). *Pesquisa Social*. Teoria, método e criatividade. 18 ed. Petrópolis: Vozes, 2001

NOVAK, *J.D.*; GOWIN, *D.B. Aprender a aprender.* Lisboa: Plátano, 1984. Disponível em: http://zircon.dcsa.fct.unl.pt/dspace/bitstream/123456789/558/2/Novak_1984_Aprender%20a%20aprender.pdf. Acesso em: 18 abr. 2009.

OLIVEIRA, Maxwell Ferreira de. *Metodologia científica*: um manual para a realização de pesquisas em Administração. Catalão: UFG, 2011.

PAVEL, Silvia e NOLET, Diane, *Manual de Terminologia* – Adaptação para língua portuguesa por Enilde Faulstich, 2002.

PERLIN, Gladis. *FENEIS, Relatório sobre a situação de mulheres e meninas Surdas no Brasil*. Dezembro de 2011. Disponível em http://www.feneis.org.br. Acesso em: 30 abr. 2016.

QUADRO, Ronice Muller e Karnopp, Lodenir Becker. Língua de Sinais Brasileira: *Estudos linguísticos*. Porto Alegre: Artmed, 2004.

QUADROS, Ronice Muller de; PIZZIO, Aline Lemos; REZENDE, Patrícia Luiza Ferreira. *Língua de Sinais Brasileira II*. Curso de Licenciatura em Letras/LIBRAS na Modalidade a Distância. Florianópolis: Universidade Federal de Santa Catarina, 2007.

SACKS, C. *Vendo Vozes*: Uma viagem ao mundo dos surdos. São Paulo: Companhia das Letras, 1998.

SANTOS, G. L. A. *A violência contra pessoas com deficiência no município de Maceió. Trabalho* de Conclusão de Curso em Direito. Universidade Federal de Alagoas, Maceió, 2008.

SILVEIRA, Rosa Maria Godoy; NADER, Alexandre Antonio Gilli & DIAS, Adelaide Alves. *Subsídios para a Elaboração das Diretrizes Gerais da Educação em Direitos Humanos* – versão preliminar. João Pessoa: Editora Universitária/UFPB, 2007.

SKLIAR, C. Os Estudos Surdos em Educação: problematizando a normalidade. In: SKLIAR, Carlos (Org.). *A surdez*: um olhar sobre as diferenças. Porto Alegre: Editora Mediação, 1998.

TAKAHIRA, A.G.R. Questões sobre compostos e morfologia das libras. *Estudos Linguísticos*, v. 1, n. 41, p. 262-276. São Paulo, jan./abr. 2012.

WAISELFISZ J.J. Mapa da violência 2012. Os novos padrões da violência homicida no Brasil. *Caderno complementar 1*: Homicídio de mulheres no Brasil. São Paulo. Instituto Sangari. 201.

ZACARIAS, André E. C; FERNANDES, Débora Fernanda C. Z. Alarcon; OLIVEIRA, Ettine A. Duarte Ferro; MORAES, Patrícia Rangel de. MARIA DA PENHA. Comentários à Lei 11.340/06. São Paulo: Ed. Leme,

Referências eletrônicas

BRASIL, Lei Maria da Penha: Disponível em: https://www.youtube.com/watch?v=MRW5JYlVuZY. Acesso em: 22 nov. 2016 as 16: 30 h.

BRASIL, SM. Secretaria das Mulheres do Mato Grosso do Sul. Lei Maria da Penha. Disponível em: https://www.youtube.com/watch?v=17u-Y5MyqO0. Acesso em 22 de novembro de 2016 as 16: 30 h.

BRASIL. Tribunal de Justiça de Santa Catarina. Perguntas e respostas. Disponível em: https://www.youtube.com/watch?v=17u-Y5MyqO0. Acesso em: 20 jan. 2018.

BRASÍLIA – DF. CMCDDF – Coletivo de mulheres com deficiência do Distrito Federal – Brasília. Enfrentamento a todas as formas de violência contra a mulher e pela acessibilidade para exercer os direitos com a autonomia e dignidade. Disponível em: . Acesso em: 11 fev. 2019.

Referências de Jornais e Recortes

BRASÍLIA – Capital do crime – *Um jornal que demonstra o descanso do governo contra a Segurança Pública*. Edição n. 06/2018 – 30 de julho de 2018.

A REDE DE CUIDADOS À PESSOA COM DEFICIÊNCIA

Thamires Gonçalves Pinto

Mestranda em Informação e Comunicação em Saúde (ICICT/FIOCRUZ), Especializada em Neuropsicologia e problemas de aprendizagem (UniBF), Bacharel em Terapia Ocupacional (IFRJ). Instituição: Fundação Oswaldo Cruz.

E-mail: thamirsgp@gmail.com

Luciana Castaneda Ribeiro

Bacharel em Fisioterapia. Especialista em Biomecânica. Mestre em Política e Economia da Saúde. Doutora em Epidemiologia. Docente e pesquisadora do Instituto Federal de Educação, Ciência e Tecnologia do Rio de Janeiro. Instituição: Instituto Federal de Educação, Ciência e Tecnologia do Rio de Janeiro.

E-mail: luciana.ribeiro@ifrj.edu.br

Indyara de Araujo Morais

Sanitarista de Graduação (2014) e Mestrado (2016) em Saúde Coletiva pela Universidade de Brasília. MBA em Economia e Avaliação de Tecnologias em Saúde (2017). Doutoranda em Saúde Coletiva na Universidade de Brasília, com estágio doutoral no Centro de Estudos sobre Deficiência na Universidade de Nova York. Pesquisadora em estudos sobre deficiência, reabilitação, saúde pública, rede de cuidados à pessoa com deficiência, gestão e planejamento em saúde. Instituição: Universidade de Brasília

E-mail: indydymorais@gmail.com

Gabrielle Magalhães da Silva

Graduanda em Bacharelado de Terapia Ocupacional pelo Instituto Federal de Educação, Ciência e Tecnologia do Rio de Janeiro. Foi bolsista de Iniciação Tecnológica e Industrial do projeto CERBRASIL. Instituição: Instituto Federal de Educação, Ciência e Tecnologia do Rio de Janeiro.

E-mail: Contato: gabriellemsilva96@gmail.com.

1. EVOLUÇÃO DA POLÍTICA DE REABILITAÇÃO NO BRASIL

A partir da metade século XX, o setor público de saúde enfrentou diversas mudanças no que se refere aos modelos de assistência e contribuição, fomentadas pela movimentação social das organizações civis e de grupos de profissionais da saúde até alcançarmos o cenário contemporâneo. Essas iniciativas em meio a crises políticas e econômicas geraram importantes mudanças de compreensão da responsabilização pela atenção e o cuidado em saúde ofertados à população, principalmente no que se refere a transposição do modelo de assistência Filantrópica, realizado pelas instituições religiosas até alcançarmos o modelo de Seguridade Social (PAIVA; TEIXEIRA, 2014). Por conseguintes destas mobilizações um dos maiores marcos que dispomos na história da saúde pública brasileira foi a Reforma Sanitária que após anos de avanços culminou no estabelecimento do Sistema Único de Saúde (SUS), em 1990.

No âmbito das atividades internacionais, a Organização das Nações Unidas (ONU) aprovou em Assembleia a Convenção Internacional sobre os Direitos das Pessoas com Deficiência e seu Protocolo Facultativo em 2007, a fim de firmar um tratado de responsabilização dos Estados frente às demandas sociais da população com deficiência. No Brasil, esse tratado de Direitos Humanos foi promulgado pelo Decreto Legislativo 6.949 de 2009, ganhando assim um status de Emenda Constitucional. Desse modo, o governo brasileiro comprometeu-se com a eliminação de barreiras à plena participação das pessoas com deficiência em igualdade de oportunidade com os demais cidadãos, com a idealização de garantir políticas públicas que promovam autonomia, independência, acessibilidade, inclusão social e o combate à discriminação (BRASIL, 2009; BRASIL, 2016).

Na Convenção Internacional e posteriormente na Lei Brasileira de Inclusão (Lei 13.146 de 2015), a reabilitação e habilitação da pessoa com deficiência fica garantida como um direito inerente a este sujeito devendo o Estado promover a "oferta de rede de serviços articulados, com atuação intersetorial, nos diferentes níveis de complexidade, para atender às necessidades específicas da pessoa com deficiência" (BRASIL, 2015). Contudo, anteriormente as legislações mais modernas, a necessidade de criação de uma rede de serviços em reabilitação traduzida em legislações é inicialmente colocada na Lei 7.853 de 1989, a qual previa a criação de uma rede de serviços especializados em reabilitação e habilitação, além de outras ações para garantir a integração social destes sujeitos.

Assim, o Estado deveria prover "um conjunto integrado de ações de iniciativa dos poderes públicos e da sociedade, destinados a assegurar os direitos relativos à saúde, à previdência e à assistência social" como disposto no conceito de seguridade social (MERCADANTE et., 2002). Entretanto, considerando a baixa capilaridade, estrutura e capacidade de prover os serviços adequados no que toca a atenção especializada em saúde ofertada e disponível para as pessoas com deficiência, observou-se a alta participação das entidades sem fins lucrativos, também denominadas filantrópicas, na oferta de serviços de reabilitação no Brasil.

Estas instituições filantrópicas embora historicamente comprometidas com a agenda da população com deficiência no Brasil, são equipamentos de Assistência Social e por consequência na construção da proteção social assumem o caráter de instituições de caridade (SPOSATI, 2018). O "status quo" de caridade para a política pública da Reabilitação pode ser um entrave para avanços na Inclusão como um direito das pessoas que vivem com deficiência no Brasil. A noção da reabilitação como caridade e não como direito, caminha para a pouca capilaridade necessária para a universalização do acesso a reabilitação e Tecnologia Assistiva. Historicamente, reforçam a baixa capacidade de gestão da atenção à saúde no componente especializado para as pessoas com deficiência. Dessa forma, a agenda da Reabilitação guarda uma enorme dívida histórica das prioridades observadas da administração pública direta.

As primeiras ações realizadas pelo SUS, iniciaram a partir do Programa de Atenção à Saúde da Pessoa com Deficiência, em 1991. Em seguida houve uma normativa que trata das normas de funcionamento dos serviços de saúde para pessoas com deficiência em 1992. Após 10 anos, foi publicada a Política Nacional de Saúde da Pessoa com Deficiência, em 2002 (BRASIL, 2009).

Concomitantemente a construção de uma política no SUS, houveram diversas tentativas de se instituir o processo de regionalização idealizado a partir da Norma Operacional da Assistência à Saúde-SUS (2002). No âmbito da reabilitação foi adotada a estratégia de habilitação de serviços em redes específicas: Rede de Assistência à Pessoa com Deficiência Física (2001); Rede de Atenção à Saúde Auditiva (2002); Assistência Ventilatória a doenças Neuromusculares (2008); Redes Estaduais de Atenção à Pessoa com Deficiência Visual (2008); Serviços de Atenção à Saúde das Pessoas Ostomizadas (2008).

Contudo, como as demais ações e serviços de saúde, houve a percepção gestores e usuários a desarticulação e fragmentação da resposta sanitária as necessidades da população. Deste modo, foi publicada a Portaria 4.279 de 2010, que provê diretrizes e fundamentos para estruturar a Rede de Atenção à Saúde (RAS) em todo o SUS (BRASIL, 2010), a fim de aperfeiçoar o funcionamento político institucional do SUS. Como parte da RAS encontram-se: Rede Cegonha, Rede de Urgência e Emergência (RUE), Rede de Atenção Psicossocial (RAPS), Rede de Atenção à Saúde das Pessoas com Doenças Crônicas e a RCPD (CONASS, 2015; TUON, 2017).

Em 2011, institui-se o Plano Nacional dos Direitos da Pessoa com Deficiência – Viver sem Limites, que tinha como eixos principais: acesso à educação, acesso à saúde, inclusão social e acessibilidade (BRASIL, 2011). Assim, a criação da RCPD não seria possível sem o investimento de R$ 1.496.647.714, na área da saúde deste grande Plano, tendo como percentual de 19,7% do total investido em todas as políticas envolvidas de 2011 a 2014 (BRASIL, 2017).

Destaca-se que é essencial para a inclusão das pessoas com deficiência, a orientação do cuidado ofertado de modo articulado e pactuado entre os pontos de atenção da RCPD que tem como finalidade: ampliar o acesso a saúde, qualificar o atendimento em saúde, promover a vinculação das pessoas com deficiência e suas famílias aos pontos de atenção à saúde, além de prever a oferta de cuidado em rede dentro do escopo do SUS (BRASIL, 2012).

Ao contar com uma proposta que extrapola a proposição de um conjunto de ações direcionadas a esse público alvo e a prática de reabilitação, a Rede traz consigo a desmarginalização que as políticas diretivas à deficiência tinham, se comparadas às demais políticas gerais do SUS. Por meio da ampliação da visibilidade que a questão da deficiência necessitava, e por conseguinte a expansão da oferta de serviços de reabilitação, mesmo que desproporcional entre as especificidades, nos quais passam a contar com amparo financeiro específico (ROCHA; KARMO; KIELMANN, 2014, p. 75).

A Rede de Cuidado à Pessoa com Deficiência (RCPD) foi instituída pela Portaria 793 de 2012 (inserida na Portaria de Consolidação 03/2017), com a revogação das portarias anteriores, referentes a Rede de Assistência à Pessoa com Deficiência Física (2001), a Rede de Atenção à Saúde Auditiva (2002), e as Redes Estaduais de Atenção à Pessoa com Deficiência Visual (2008). Contudo, a RCPD absorveu todos estes serviços com as regras pré-definidas, denominados Modalidades Únicas, deixando-as em um limbo normativo, mantendo apenas o financiamento sem qualquer monitoramento estabelecido.

Segundo a normativa a RPCD é composta pelos serviços de Atenção Básica, Atenção Especializada em Reabilitação Auditiva, Física, Intelectual, Visual, Ostomia e em Múltiplas Deficiências e Atenção Hospitalar e de Urgência e Emergência, que devem atuar de forma articulada a fim de garantir a integralidade do cuidado e o acesso regulado a cada ponto de atenção e/ou aos serviços de apoio (Brasil, 2012).

Destaca-se que o Plano Viver Sem Limites passou por auditoria do Tribunal de Contas da União (TCU) em que foi constatado que a construção dessa Rede nos territórios não ocorreu de forma articulada, no que tange a definição de metas, visto que a execução das ações é das gestões municipais e estaduais. Ainda, foi verificado a "ausência de monitoramento e avaliação das ações realizadas pelo programa e dispersão das verbas destinadas ao programa com outros programas governamentais" (Brasil, 2017).

Além disso, os auditores do TCU verificaram que a estrutura física dos CERs eram inadequadas e insuficientes para atendimento às demanda, sem profissionais qualificados para atender as pessoas com deficiência (Brasil, 2017).

Essas observações foram destacadas por Mota (2020), em que em sua pesquisa sobre os serviços de reabilitação da modalidade física, demonstrou-se que não há a articulação em rede, preconizada nas normativas, sem o estabelecimento de regulação de atendimentos, sobretudo nas instituições filantrópicas contratualizadas, com escassez de recursos humanos, ainda sem a qualificação técnica devida para o atendimento qualificado das pessoas com deficiência.

Entretanto, além premissa da abordagem da integralidade do cuidado que vemos não ser efetiva no cotidiano dos serviços, mudou-se a lógica de financiamento dos serviços de reabilitação. Nesses novos moldes, o Ministério da Saúde financia as atividades por meio de um custeio predefinido a partir da quantidade de modalidades de atenção (física, auditiva, intelectual e visual). Assim, o custeio mensal para: CER II – R$ 140.000,00 (cento e quarenta mil reais); CER III – R$ 200.000,00 (duzentos mil reais); CER IV – R$ 345.000,00 (trezentos e quarenta e cinco mil reais); Oficina Ortopédica Fixa – R$ 54.000,00 (cinquenta e quatro mil reais); Oficina Ortopédica Itinerante – R$ 18.000,00 (dezoito mil reais) (BRASIL, 2012).

Contudo, não há estudos atualmente que demonstrem o monitoramento da aplicação destes recursos, em que os gestores são responsáveis pela sua execução local. Ademais, não foi encontrado estudos técnicos que demonstrem que esses valores são suficientes para todas as atividades preconizadas nos CERs, considerando, ainda, as diferenças regionais e vazios assistenciais.

Outro ponto importante é que embora tenha mudado a forma de financiar os serviços de reabilitação, o financiamento específico para Órteses, Próteses e Meios Auxiliares de Locomoção (OPM), manteve a lógica da Tabela SUS. Nesse modelo de financiamento existem diversos itens obsoletos ou muito abaixo do preço de mercado, o que prejudica que as pessoas que necessitam dessas tecnologias possam atingir o máximo de funcionalidade em suas vidas.

2. ACESSO À TECNOLOGIA ASSISTIVA NO SUS

O Ministério da Saúde instituiu a Tabela de Procedimentos, Medicamentos, Órteses, Próteses e Materiais Especiais (OPM) do SUS, popularmente chamada de "Tabela SUS", por meio da Portaria 321 de 2007. Essa realizou a organização sistemática de todos os itens dispensados aos usuários, esclarecendo quais os procedimentos e tecnologias que estão disponíveis no SUS, público alvo, valor de referência e quantidade por usuário. A consulta desses procedimentos pode ser feita de forma online por meio do Sistema de Gerenciamento da Tabela de Procedimentos, Medicamentos e OPM do SUS (SIGTAP).

Destaca-se que os primeiros dispositivos para garantir a acessibilidade das pessoas com deficiência foram instituídos na Tabela SUS pela Portaria 116 de 1993. Desde essa primeira inclusão até 2013, foram incluídos ao todo 158 outros dispositivos, assim a Tabela SUS subsidia a compra, dispensação, e disponibilidade por meio da confecção de dispositivos assistivos pelo SUS, apoiados no princípio da integralidade do cuidado estabelecido pela Lei Orgânica 8080 de 1990.

A Tabela SUS vem sendo apresentada como parte dos motivos que geram déficits financeiros aos serviços, considerando a lógica de financiamento por produção, por exemplo, o atendimento fisioterapêutico nas alterações motoras (código 03.02.05.002-7) tem o valor de R$ 4,67, conforme disponível no SIGTAP. Esse valor deve custear o tempo do profissional, a estrutura física, os equipamentos utilizados e demais insumos necessários, além de limitar em alguns procedimentos a quantidade por pessoa, sem considerar o nível de funcionalidade dos usuários ou a construção do Plano Terapêutico Singular traçado pelo profissional.

Alguns produtos não tiveram seu valor atualizado desde a sua incorporação na Tabela SUS em 2008, à exemplo, tanto produtos pré-fabricados e que serão diretamente dispensados, ou somente adaptados, quanto dos materiais para a confecção por técnicos ortesistas e protesistas, nas Oficinas Ortopédicas. Essa situação gera aos gestores dos serviços barreiras que afetam diretamente no quantitativo de usuários atendidos. Resultando principalmente no aumento de processos de judicialização (VENTURA; SIMAS; PEPE; SCHRAMM, 2010; MESSEDER; OSORIO-DE-CASTRO; LUIZA, 2005) e das filas de espera tanto para os atendimentos quanto a dispensação de Tecnologia Assistiva.

Em contraponto, a Organização Mundial de Saúde (2017) estabelece a Lista de Produtos Assistivos Prioritários (LPA) que em sua definição "[...] São uma necessidade absoluta para manter ou melhorar a funcionalidade individual e precisam estar disponíveis a um custo que a comunidade ou o Estado possa pagar". A LPA conta com 50 equipamentos, e objetiva oferecer um modelo a partir do qual desenvolver uma lista nacional de produtos assistivos prioritários, de acordo com as necessidades nacionais e os recursos disponíveis, bem como se dispõe a orientar o desenvolvimento e a produção de produtos, a prestação de serviços, a formação de mercados e as políticas de aquisição e reembolso (WHO, 2017).

Ao analisar os produtos de Tecnologia Assistiva dispensados pelo SUS conforme a disponibilidade no SIGTAP e considerando a proposta dos 50 produtos da LPA, é possível verificar que o Brasil tem incorporado apenas 20 produtos em sua Tabela SUS. Entretanto considerando todos os produtos de OPM dispensados no período de 2012 a 2019, percebe-se que há um aumento gradativo dessas dispensações, conforme descrito no Quadro 1.

Quadro 1 – Procedimentos ambulatoriais aprovados relacionados à concessão de OPM auditiva, física, oftalmológica, em urologia e gastroenterologia, segundo Sistema de Informações Ambulatoriais do SUS (SIA/SUS) – Brasil, 2012 à 2019.

ANO	N. PROCEDIMENTOS	VALOR DOS PROCEDIMENTOS
2012	3.868.673	R$ 289.297.304,81
2013	4.101.392	R$ 319.443.249,39
2014	4.497.591	R$ 355.703.227,92
2015	4.753.718	R$ 345.505.432,13
2016	5.117.278	R$ 359.363.246,17
2017	5.569.057	R$ 363.168.113,15
2018	5.933.297	R$ 387.539.643,56
2019	6.294.176	R$ 413.255.679,48
Total	40.135.182	R$ 2.833.275.896,61

Fonte: SIA/SUS.

Passerino (2017) em sua investigação propõe um olhar para a Tecnologia Assistiva como mediadores em dois níveis: o primeiro no nível das relações do sujeito consigo, ao considerar os aspectos estruturais e de função; o segundo no nível das relações interpessoais, ao se valer dos aspectos culturais e sociais. Esta proposta romperia com a ideia de "somente um recurso" e o alinha como parte do sujeito e da forma que ele interage com o ambiente.

Tal proposição se aproxima do discurso e modelo biopsicossocial disposto pela Classificação Internacional de Funcionalidade, Incapacidade e Saúde (CIF) ao possibilitar uma análise multidimensional do indivíduo a partir dos eixos condição de saúde, estrutura e função do corpo, atividade, participação social, fatores ambientais e fatores sociais. O acesso a recursos assistivos, bem como as políticas públicas também são considerados nesta forma de avaliação como parte dos fatores ambientais que podem facilitar ou tolher o sujeito em seus demais componentes.

Nesta ótica a RCPD deve ser parte dos facilitadores que visam, dentro das possibilidades: a) atuar nos prejuízos ou alterações estruturais e de função do corpo ao dispor de diversas especialidades preconizando o cuidado integral; b) auxiliar ampliação das atividades e da participação social por meio do acolhimento, da inclusão e do fornecimento de recursos práticos; c) fortalecer as potencialidades encontradas nos fatores pessoais por meio das redes comunitárias e da articulação com os demais dispositivos da Saúde, Assistência Social, Educação e Trabalho.

3. BREVE PANORAMA SOBRE OS EQUIPAMENTOS ESPECIALIZADOS EM REABILITAÇÃO FÍSICA

Os serviços de Reabilitação da rede SUS são classificados pelo executivo federal em serviço: 1) Credenciado; 2) Modalidade Única; 3) Centro Especializado em Reabilitação (CER); 4) Oficina Ortopédica. A adesão dos serviços de modalidade única e dos demais serviços credenciados ao SUS dependem de uma agenda complexa de articulação das gestões municipais, estaduais em alinhamento com o Executivo Federal. Os serviços de Modalidade Única, habilitados nas Redes específicas anteriores a RCPD, oferecem uma modalidade de reabilitação e apesar de não serem classificados como CER, devem se orientar aos princípios e diretrizes da RCPD. Já os serviços credenciados são contratualizações entre os serviços com a gestão municipal ou estadual, conforme necessidade local da população.

Do ponto de vista macropolítico a atenção especializada de reabilitação deve ocorrer nos CER. Esse serviço é um ponto de atenção à saúde de média complexidade, responsável por realizar oferta de Reabilitação de forma articulada com os demais pontos de atenção à saúde, constituindo-se em referência no território e irão variar em suas habilitações (Auditiva, Física, Intelectual e Visual) segundo sua modalidade (II, III, IV) (BRASIL, 2012).

Outro equipamento essencial contido na RCPD são as Oficinas Ortopédicas, das quais tornam-se responsáveis por produzir, realizar manutenção e dispensar dispositivos assistivos classificados como OPM estabelecidos pela Tabela SUS. Os CERs com habilitação para reabilitação física poderão estar amparados por um Oficina Ortopédica Fixa (BRASIL, 2013).

Segundo análise de dados secundários cedidos pela Coordenação Geral de Saúde da Pessoa com Deficiência (CGSPD) do Ministério da Saúde, até maio de 2020, a capacidade instalada da reabilitação no Brasil era composta por 518 equipamentos de saúde especializados em reabilitação do SUS (apresentados no Gráfico 1), ativos no Cadastro Nacional de Estabelecimentos em Saúde (CNES), dentre esses: 241 Modalidade Única, 153 CER II, 53 CER III, 27 CER IV e 43 Oficinas Ortopédicas.

Gráfico 1: Distribuição percentual da capacidade instalada dos serviços de reabilitação no Brasil.

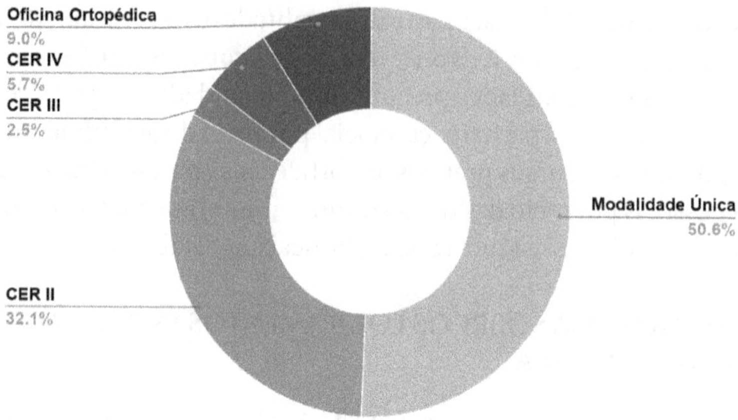

Fonte: Elaboração própria.

Um dado discrepante surge durante a análise dos dados secundários a partir da existência de 12 serviços de Modalidade Única que ofertam mais de uma modalidade de reabilitação. As combinações variam entre as modalidades Auditiva, Física e Visual, bem como os níveis de complexidade (média e alta) entre eles. Desta forma estes serviços passam a atuar como CER II e CER III, no entanto, com cadastros ativos de Modalidade Única.

Buscando compreender a distribuição da capacidade instalada (Tabela 1 e Gráfico 2), nota-se que a modalidade de reabilitação que concentra o maior percentual de dispositivos possui habilitação para reabilitação física.

Tabela 1: Distribuição de serviços da RCPD com habilitação em reabilitação física no Brasil, maio de 2020.

	f	fr%
Modalidade de reabilitação		
Modalidade Única		
Física	35	32
Física em nível Intermediário	74	68
CER II		
Física e intelectual	115	75
Física e visual	3	2
Física e auditiva	16	10.5
CER III		
Física, intelectual e auditiva	31	63
Física, visual e auditiva	8	16.3
Física, intelectual e visual	10	20.4
CER IV		
Física, intelectual, visual e auditiva	27	100
Oficinas Ortopédicas		
Fixa	36	83.7
Itinerante Terrestre	7	16.3
Itinerante Fluvial	0	0

Fonte: Elaboração própria.

Em uma segunda análise é possível observar os percentuais por modalidade de reabilitação que estão habilitados a realizar reabilitação física, e a representação gráfica em números absolutos está apresentada no Gráfico 2. Neste recorte, os CER IV surgem com 100% dos serviços habilitados, seguido dos CER III com 92,4%, CER II com 75,2% e da Modalidade Única com 45,2%. A contagem não se aplica as Oficinas Ortopédicas visto que a premissa destas é amparar os serviços de reabilitação física.

Gráfico 2: Comparativo entre o quantitativo total de cada modalidade de reabilitação e os habilitados em reabilitação física no Brasil, maio de 2020.

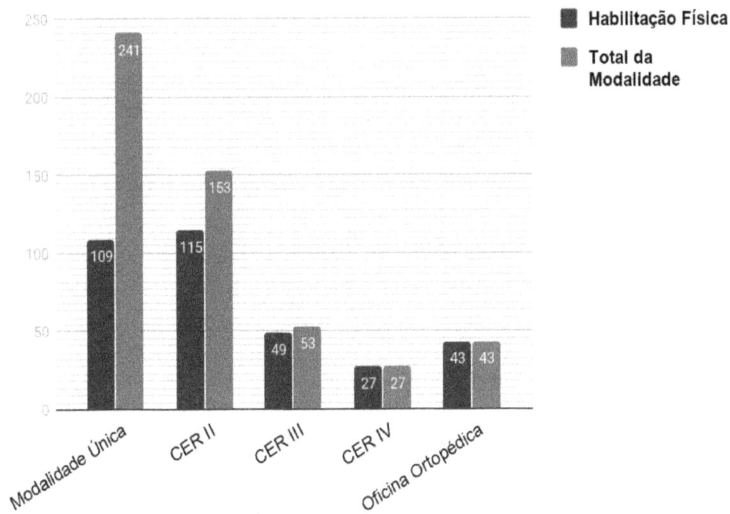

Fonte: Elaboração própria.

A partir disso é possível afirmar que a prioridade atual da política pública de saúde é de assistência à habilitação e reabilitação de indivíduos que apresentem deficiências físicas. Contudo, não há dados publicados sobre o número de pessoas com deficiência física que realmente estão sendo atendidas por estes serviços, para que possamos avaliar a efetividade da política pública implementada por meio desta Rede, visto que os sistemas de informação só dispõem de dados sobre os procedimentos realizados.

4. PROPOSIÇÃO DE UM PLANO DE AÇÃO EM REABILITAÇÃO

Em fevereiro de 2017, em resposta à necessidade urgente de fortalecer os sistemas de reabilitação, a OMS lançou a "*Agenda Reabilitação 2030*" e demandou uma chamada para a ação. Este convite aos países de baixa e média renda objetivou concentrar esforços governamentais em 10 áreas visando reduzir as necessidades não satisfeitas de reabilitação. As propostas visam estratégias para a formação e fortalecimento de recursos humanos com habilidade para a liderança em reabilitação, o planejamento e a integração dos dispositivos aos sistemas universais e a integração dos dados de reabilitação em sistemas de informação.

Para ajudar os países a fortalecer a reabilitação, a OMS desenvolveu o manual "*Reabilitação nos sistemas de saúde: guia de ação*" (WHO, 2019). Esse recurso pode orientar os governos para práticas de fortalecimento do sistema de saúde com foco na reabilitação. Facilitar a liderança e planejamento para reabilitação por meio de uma avaliação de situação e processo de planejamento estratégico, e fortalecer a administração pública pelo acesso à informação e responsabilização, no desenvolvimento de sistemas que apoiem a monitorização e avaliação, são os objetivos estabelecidos a partir de dez temas para o Plano de Ação e que se encontram explicitados no Quadro 2 abaixo:

Quadro 2: Objetivos do Plano de Ação para Reabilitação da Organização Mundial de Saúde (OMS), 2017.

1. Fomentar a formação de liderança e apoio político para a reabilitação em instituições subnacionais, nacionais e níveis globais.

2. Fortalecimento do planejamento e implementação da reabilitação nos níveis nacional e subnacional, incluindo na preparação e resposta a emergências.

3. Melhorar a integração da reabilitação no setor da saúde e fortalecer os vínculos intersetoriais para atender com eficácia e eficiência as necessidades da população.

4. Incorporar a reabilitação na cobertura universal de saúde.

5. Construir modelos abrangentes de prestação de serviços de reabilitação para alcançar progressivamente acesso a serviços de qualidade, incluindo produtos de assistência, para toda a população, incluindo as áreas remotas.

6. Desenvolver uma força de trabalho de reabilitação forte e multidisciplinar que seja adequada ao contexto de cada país e assegurar que a reabilitação, como um tópico, seja incluída em todos os esforços de educação da força de trabalho em saúde.

7. Expandir o financiamento para a reabilitação através de mecanismos apropriados.

8. Recolher informação relevante para a reabilitação para melhorar os sistemas de informação sanitária, incluindo dados de reabilitação em nível de sistema e informações sobre a funcionalidade usando a Classificação Internacional de Funcionalidade, Incapacidade e Saúde (CIF).

9. Construção de capacidade de pesquisa e ampliação da disponibilidade de evidências de qualidade para reabilitação.

10. Estabelecimento e fortalecimento de redes e parcerias em reabilitação, particularmente entre redes de baixa renda com países de alta renda.

Fonte: Elaboração própria adaptado de WHO (2019).

O guia prático é organizado em quatro fases principais: 1) avaliar a situação; 2) desenvolver um plano estratégico de reabilitação; 3) estabelecer processo de monitoramento, avaliação e revisão; 4) implementar o plano estratégico.

O público-alvo do guia são governos de países de baixa e média renda e as agências com as quais eles são parceiros. É projetado para uso em nível nacional, mas também pode ser usado em nível subnacional. Embora seja recomendado que as quatro fases sejam realizadas na sequência proposta, o guia deve ser usado de forma flexível e adaptado à situação do país. O sucesso no fortalecimento da reabilitação com a ajuda do processo de quatro fases requer que o governo seja agente de liderança, tenha prontidão e comprometimento no processo. A conclusão das quatro fases leva aproximadamente 12 meses, com a fase quatro – a implementação do plano estratégico – sendo um processo contínuo.

Destaca-se que até o presente momento não houve qualquer ação publicada pelo Governo Federal sobre a utilização deste Plano de Ação da OMS para aplicação no Brasil, o que poderia aprimorar o acesso a este tipo de serviço.

5. CONSIDERAÇÕES FINAIS

Ao considerar o marco da Convenção Internacional sobre os Direitos das Pessoas com Deficiência em 2007 o Brasil percorreu treze anos de mudança e uma importante evolução no que se refere às políticas públicas focais, consonante, as evoluções nas políticas que amparam a população com deficiência.

A criação da Tabela SUS, assim como a organização da RCPD, são fundamentais para promover a universalização do acesso aos dispositivos de Tecnologia Assistiva. Contudo para dar continuidade e aprimorar os avanços conquistados, é imprescindível a realização de atualizações de valores dos procedimentos de OPM e inclusão de novos produtos, considerando a ausência de 30 dos 50 produtos imprescindíveis previstos na LPA da OMS. Destaca-se que no Brasil, nos últimos sete anos somente uma OPM passou por reavaliação, o Sistema de Frequência Modular (Sistema FM) para pessoas com deficiência auditiva, com alteração da faixa etária para a dispensação (Brasil, 2020).

A partir da análise realizada é possível verificar que, normativamente, o Brasil está realizando diversas ações para que as pessoas com deficiência física tenham acesso a reabilitação e a Tecnologia Assistiva, contudo há carência de dados sobre a efetividade destas ações.

Durante a confecção deste escrito buscou-se levantar estudos que apontassem sobre a satisfação dos usuários que acessam os serviços de reabilitação no SUS, no entanto, a escassa literatura sobre o tema apresentou somente investigações sobre satisfação com os recursos assistivos, não evidenciando informação sobre a atenção e cuidados prestados. Com isso sugere-se a realização de estudos que possam mensurar estes qualificadores.

Além disso, como destacado pelo TCU (2017), há carências de monitoramento das ações e investimento de recursos, para verificar a efetividade das ações para a diminuição de barreiras de acesso às pessoas com deficiência, com potencial aumento de funcionalidade e qualidade de vida.

Entretanto, para além do monitoramento da gestão federal, cabe aos gestores e gerentes de serviços pensar em como alcançar a integralidade do cuidado e articulação em diversos pontos de atenção, aplicando os recursos financeiros de forma direta e consciente.

Por fim, a RCPD tem o potencial para ampliar o acesso e garantir que as pessoas com deficiência tenham o seu direito à reabilitação, previsto na LBI, devendo esse serviço ser prestado com qualidade, em instituições bem equipadas, profissionais de saúde qualificados e que sejam reconhecidos não de forma caritativa, mas como sujeitos de direito em igualdade exercendo a sua cidadania.

6. REFERÊNCIAS

BRASIL. Conselho Nacional de Secretários de Saúde. A atenção primária e as redes de atenção à saúde. Brasília: Conass, 2015.

BRASIL. Lei 7.853, de 24 de outubro de 1989. Dispõe sobre o apoio às pessoas portadoras de deficiência, sua integração social, sobre a Coordenadoria Nacional para Integração da Pessoa Portadora de Deficiência - Corde, institui a tutela jurisdicional de interesses coletivos ou difusos dessas pessoas, disciplina a atuação do Ministério Público, define crimes, e dá outras providências.

BRASIL. Decreto 6.949, de 25 de agosto de 2009. Promulga a Convenção Internacional sobre os Direitos das Pessoas com Deficiência e seu Protocolo Facultativo, assinados em Nova York, em 30 de março de 2007. Brasília, 2009.

BRASIL. Lei 13.146, de 6 de julho de 2015. Institui a Lei Brasileira de Inclusão da Pessoa com Deficiência (Estatuto da Pessoa com Deficiência). Brasília. 2015.

BRASIL. Decreto 7.612, de 17 de novembro de 2011. Institui o Plano Nacional dos Direitos da Pessoa com Deficiência - Plano Viver sem Limite. Brasília, 2011.

BRASIL. Ministério da Justiça e Cidadania. Convenção sobre os direitos das pessoas com deficiência: lei brasileira de inclusão da pessoa com deficiência (estatuto da pessoa com deficiência). Secretaria Especial dos Direitos da Pessoa com Deficiência. Brasília, 2016.

BRASIL. Ministério da Saúde. Secretaria de Atenção à Saúde. Política Nacional de Saúde da Pessoa Portadora de Deficiência / Ministério da Saúde, Secretaria de Atenção à Saúde – Brasília: Editora do Ministério da Saúde, 2009. 72 p. – (Série E. Legislação de Saúde).

BRASIL. Portaria 793, de 24 de abril de 2012. Institui a Rede de Cuidados à Pessoa com Deficiência no âmbito do Sistema Único de Saúde. Brasília, 2012.

BRASIL. Portaria 835, de 25 de abril de 2012. Institui incentivos financeiros de investimento e de custeio para o Componente Atenção Especializada da Rede de Cuidados à Pessoa com Deficiência no âmbito do Sistema Único de Saúde.

BRASIL. Portaria 4.279, de 30 de dezembro de 2010. Estabelece diretrizes para a organização da Rede de Atenção à Saúde no âmbito do Sistema Único de Saúde (SUS). Brasília, 2010.

BRASIL. Saúde. Instrutivos de Reabilitação Auditiva, Física, Intelectual e Visual (CER e serviços habilitados em uma única modalidade). Brasília: Ministério da Saúde; 2013.

BRASIL. Tribunal de Contas da União. Acórdão 2140/2017. Plenário. Relator: Walton Alencar Rodrigues. Sessão de 27.09.2017.

BRASIL. Ministério da Saúde (MS). Relatório Conitec 506: Ampliação de uso do Sistema de Frequência Modulada Pessoal para indivíduos com deficiência auditiva de qualquer idade matriculados em qualquer nível acadêmico. 2020. Acesso em: 21 jul. 2020. Disponível em: http://conitec.gov.br/images/Relatorios/2020/Relatorio_SistemaFM_Estudantes_506_2020.pdf.

MERCADANTE, Otávio Azevedo (Coord.) et al. Evolução das políticas e do sistema de saúde no Brasil. *Caminhos da saúde pública no Brasil*. Rio de Janeiro: Editora Fiocruz, 2002.

MESSEDER, A.M.; OSORIO-DE-CASTRO C.G.S.; LUIZA, V.L. Mandados judiciais como ferramenta para garantia do acesso a medicamentos no setor público: a experiência do Estado do Rio de Janeiro, Brasil. *Cadernos de Saúde Pública*. v. 21, n. 2. p. 525-534. 2005.

MOTA, P.H.S. *Implementação da Rede de Cuidados à Pessoa com Deficiência*: contexto, valores e níveis de cuidado. Tese (doutorado). Orientadora: Aylene Bousquat. Faculdade de Saúde Pública. Universidade de São Paulo. 2020.

PAIVA, C.H.A.; TEIXEIRA, L.A. Reforma sanitária e a criação do Sistema Único de Saúde: notas sobre contextos e autores. História, *Ciências, Saúde – Manguinhos*, v. 21, n. 1, p. 15-35. Rio de Janeiro, jan./mar. 2014.

PASSERINO, L.M. Reflexões sobre Tecnologia e Deficiência: por um entrelaçamento numa perspectiva sócio-histórica. In: Tuon, L.; Ceretta, L. *Rede de Cuidados à Pessoa com Deficiência*. Santa Catarina: Universidade do Extremo Sul Catarinense; 2017.

ROCHA, D.C; CARMO, D; KIELMANN, S. A Rede de Cuidados à Saúde da Pessoa com Deficiência e a desfragmentação da atenção à saúde. Brasil. Ministério da Saúde. *Diálogo (bio)político*: sobre alguns desafios da construção da Rede de Cuidados à Saúde da Pessoa com Deficiência. Brasília, DF: Ministério da Saúde; 2014. p. 69-85.

SPOSATI, A. Descaminhos da seguridade social e desproteção social no Brasil. *Ciênc. saúde coletiva*, v. 23, n. 7, p. 2315-2325, Rio de Janeiro, July 2018.

TOMAZ, R.V.V. et al. Políticas públicas de saúde para deficientes intelectuais no Brasil: uma revisão integrativa. *Ciência & Saúde Coletiva*. v. 21, n. 1, p. 155-172. 2016.

TUON, L.; REIS, L.; CERETTA, L. Rede de Cuidados à Pessoa com Deficiência. In: TUON, L.; CERETTA, L. *Rede de Cuidados à Pessoa com Deficiência*. Santa Catarina: Universidade do Extremo Sul Catarinense; 2017. p. 22-34.

VENTURA, M.; SIMAS, L.; PEPE, V.L.E.; SCHRAMM, F.R. Judicialização da saúde, acesso à justiça e a efetividade do direito à saúde. *Physis*. v. 20, n. 1. p. 77-100. 2010.

WHO. Lista de Produtos Assistivos Prioritários. Geneva: 2017.

WHO. Rehabilitation in health systems: guide for action. Geneva: World Health Organization; 2019. Licence: CC BY-NC-SA 3.0 IGO.

PARTE III

POLÍTICAS NACIONAIS E INTERNACIONAIS E A IMPORTÂNCIA DOS CONCEITOS

A POLÍTICA NACIONAL DO CUIDADO E O DIREITO DE ESCOLHA DAS PESSOAS COM DEFICIÊNCIA

Thais Becker Henriques Silveira

Mestranda em Direito pela Universidade de São Paulo (USP) e Graduada em Direito pela Universidade Federal de Santa Catarina (UFSC). Integrante do Coletivo Feminista Helen Keller, do Grupo de Estudos e Pesquisas das Políticas Públicas para Inclusão Social (GEPPIS/USP), do Núcleo de Estudos sobre Deficiência (NED/UFSC) e da Comissão de Direito das Pessoas com Deficiência da OAB/SC. Mulher com deficiência física, feminista e ativista dos direitos das pessoas com deficiência. Advogada.
E-mail: thaisbeckersilveira@gmail.com.

(Coletivo Feminista Helen Keller)

Somos um coletivo de mulheres feministas com deficiência e objetivamos aprofundar o entendimento da intersecção entre gênero e deficiência e relacioná-la com os demais movimentos feministas e de mulheres, pois compreendemos que a estrutura capacitista que dificulta ou impede nosso acesso à cidadania, também é atravessada pela desigualdade de classe, misoginia, sexismo, racismo e LGBTfobia. E-mail: coletivofeministahelenkeller@gmail.com.

Apesar de pouco comum em redações de trabalhos acadêmicos, início este artigo me apresentando e justifico o motivo. Escrever sobre algo – nesse caso, sobre a política de cuidado implementada pelo Governo brasileiro – não é uma tarefa simples e tampouco poderia ser imparcial. Isso porque escrevo enquanto mulher com deficiência que necessita de terceiros para realizar atividades de vida diária, ou seja, escrevo como alguém que é destinatária direta dessa política.

Assim, escrever sobre cuidados me exige um momento de reflexão, de questionar, não só a realidade que está a minha volta, mas, mais profundamente, a forma como me relaciono com ela e as inquietudes que esse encontro desencadeia. Um objeto sempre é analisado a partir de algum lugar, ou, de modo mais específico, de uma observadora, que carrega em si os resultados de uma vida sentida, as dores e alegrias de ser e estar no mundo da forma que se está, da forma que eu estou.

Além disso, o convite para escrever este artigo me é feito na qualidade de integrante do Coletivo Feminista Helen Keller, um coletivo de mulheres com deficiência que pauta a intersecção entre gênero e deficiência na construção de uma agenda política. Enquanto coletivo sabemos que, ainda que seja necessário e urgente desvincularmos a responsabilidade do cuidado como uma atribuição exclusiva das mulheres, hoje essa é uma realidade e, também por isso, pensar o cuidado dentro de uma narrativa ética e de promoção de justiça social, obriga-nos a fazê-lo a partir de uma perspectiva de gênero, enquanto mulheres com deficiência e tudo aquilo que essa experiência nos proporciona.

Nesse contexto, tendo como referência o lema da Convenção da ONU sobre os direitos das pessoas com deficiência "nada sobre nós, sem nós" e entendendo que a experiência da deficiência, assim como do gênero, atravessam-me e estruturam minha subjetivação e tudo aquilo que produzo, escrevo esse texto, de modo proposital, em primeira pessoa. Nestes termos, proponho-me a refletir, a partir do viés jurídico, sobre a política brasileira do cuidado e a residência inclusiva, atualmente o principal equipamento da referida política.

A Lei Brasileira de Inclusão (LBI), Lei Federal 13.146/2015, define, nos incisos XII e XIV do seu art. 3°, respectivamente, a figura do acompanhante e do atendente pessoal, sendo o primeiro, de maneira mais geral, "aquele que acompanha a pessoa com deficiência, podendo ou não desempenhar as funções de atendente pessoal" e este último aquele que, com ou sem vínculo de parentesco, assiste ou presta, mediante remuneração ou de forma gratuita, cuidados básicos e essenciais à pessoa com deficiência no exercício de suas atividades diárias.

Podemos, assim, a partir dessa definição, compreender que nem sempre a pessoa com deficiência estará acompanhada e, quando estiver, o acompanhante não necessariamente será um atendente pessoal. Isso porque esse último, para assim ser chamado, deve obrigatoriamente desenvolver atividades de cuidado e não são todas as pessoas com deficiência que dependem de terceiros para realizar suas atividades de vida diária. Mas o que isso realmente quer dizer? Que nem todas as pessoas com deficiência serão destinatárias da política de cuidado e que esta última não se restringe apenas às pessoas com deficiência – embora neste artigo o foco seja essa população.

Quanto ao cuidado, é importante destacar que o aprofundamento da discussão sobre as relações de interdependência e de que forma elas impactam de maneiras diferentes nossas vidas foi o grande marco da segunda geração do modelo social da deficiência. O modelo social da deficiência, em oposição ao modelo médico, compreende a deficiência a partir da interação de duas condições: as lesões presentes no corpo e as barreiras físicas, comunicacionais, econômicas, atitudinais e sociais impostas pela sociedade em que a pessoa está inserida (NUERNBERG; MELLO, 2012, p. 2-4).

Nesse contexto, a deficiência passa a ser compreendida como uma criação coletiva entre os indivíduos e a sociedade. De modo que, se para a perspectiva médica a experiência da deficiência é resultado decorrente única e exclusivamente da "lesão", para o modelo social, ela decorre dos arranjos sociais opressivos em relação às pessoas com deficiência (DINIZ, 2007, p. 20-23).

Todavia, ainda sobre o modelo social da deficiência, é importante distinguir as especificidades da primeira e segunda geração, especialmente quando a discussão envolve relações de cuidado, como é o caso deste artigo. A primeira geração, movimento liderado por homens com lesão medular, vindos do período pós-guerra e inseridos no cenário da revolução industrial, pretendia deslocar a "impossibilidade produtiva" de uma condição das pessoas com deficiência, entendendo que esta, em verdade, era responsabilidade dos meios de produção que não eram acessíveis, por não permitirem, devido à existência de barreiras arquitetônicas, que as pessoas com deficiência chegassem até as indústrias e trabalhassem (DINIZ, 2007, p. 58-70).

Nesse contexto, o principal objetivo da primeira geração do modelo social foi a busca pelo direito de acesso aos meios de produção, o que, para eles, seria possível a partir da garantia de condições de acessibilidade espacial nos referidos espaços. No entanto, deixou-se de lado outras questões igualmente importantes para garantia de direitos às pessoas com deficiência, ao pressupor, por exemplo, que sem as barreiras físicas todas as pessoas com deficiência iriam automaticamente ter uma vida normatizada, conforme os esquemas de produção econômica e política (DINIZ, 2007, p. 58-70).

A segunda geração do modelo social da deficiência, que teve como protagonistas as mulheres com deficiência, mães e cuidadoras de pessoas com deficiência, por sua vez, aprofundou a discussão e visibilizou a realidade de muitas pessoas com deficiência que, mesmo que hajam as desejadas alterações arquitetônicas, continuarão sem alcançar os padrões produtivos do capitalismo, o que, todavia, não lhes retira o direito à uma vida digna (CONSTANTINO; LUIZ; COSTA; SILVEIRA; BERNARDES, 2020, p. 38-39), sendo dever do Estado prover condições para o exercício de seus direitos fundamentais, que relacionam-se ao direito ao trabalho, mas a ele não se restringem.

A partir dessa perspectiva, que passo a analisar a política do cuidado brasileira, a qual estrutura-se, atualmente, em torno das residências inclusivas[1]. Essas, segundo o art. 3°, X, da Lei Brasileira de Inclusão, referem-se às unidades de oferta do Serviço de Acolhimento do Sistema Único de Assistência Social (SUAS), que devem estar localizadas em área residencial da comunidade e ter estruturas adequadas, que possam contar com apoio psicossocial.

O público da residência é a "pessoa com deficiência em situação de dependência que não disponha de condições de autossustentabilidade, com vínculos familiares fragilizados ou rompidos" (art. 31, § 2° e art. 3°, X, ambos da LBI), o que significa dizer que, em termos legais, poderá ser acolhida em residência inclusiva a pessoa com deficiência que necessita de cuidados para realizar suas atividades de vida diárias, que não tem condições de se manter sozinha e que também não possa sua família fazê-lo.

Importante destacar que, apesar de estar definida na Lei Brasileira de Inclusão, as residências inclusivas integram o rol das ofertas afiançadas pelo SUAS desde novembro de 2009, quando da Tipificação Nacional dos Serviços Socioassistenciais, aprovada pelo Conselho Nacional de Assistência Social – CNAS, por meio da Reso-

1. A LBI também define, em seu art. 3°, X, o conceito moradia para a vida independente da pessoa com deficiência, que – diferente da Residência Inclusiva – consiste numa "moradia com estruturas adequadas capazes de proporcionar serviços de apoio coletivos e individualizados que respeitem e ampliem o grau de autonomia de jovens e adultos com deficiência".

lução 109/2009. A residência inclusiva compõe as ofertas de serviços de Proteção Social Especial de Alta Complexidade.

Quanto às disposições normativas que regulamentam a prestação desse serviço, as obrigações que devem ser assumidas pela instituição se encontram arroladas, além da Resolução do CNAS supracitada, na Norma Operacional Básica de Recursos Humanos (NOB-RH), na cartilha "Orientações sobre o acolhimento de jovens e adultos com deficiência em residência inclusiva: perguntas e respostas", elaborada em 2014 pelo Ministério do Desenvolvimento Social, e na resolução 17/2011 do CNAS. São várias as obrigações elencadas nos referidos documentos.

O público da residência, como já apontado no próprio conceito normativo do equipamento, são as pessoas com deficiência que não dispõem de condições de autossustentabilidade e que estão com os vínculos familiares rompidos ou fragilizados, devendo os residentes terem mais de 18 anos. Em razão de ser um serviço socioassistencial, serão acolhidas prioritariamente as pessoas com deficiência beneficiárias do Benefício de Prestação Continuada. Na residência devem ser respeitados os atravessamentos de outros marcadores sociais, como gênero, idade, religião, raça, etnia e orientação sexual.

Quanto à infraestrutura da residência, o espaço deve garantir condições de segurança, conforto e bem-estar. Organizar o espaço físico implica, em primeiro lugar, pensar na região em que está implantada e na comunidade em que se insere. Assim, o equipamento precisa ser instalado em áreas residenciais, sem se distanciar excessivamente do padrão das casas vizinhas, e, tampouco, da realidade geográfica e sociocultural dos seus residentes.

Os ambientes devem ser aconchegantes e agradáveis, com iluminação e ventilação adequadas. Deve-se primar por uma infraestrutura que garanta espaços e rotas acessíveis levando-se em conta as especificidades e características pessoais de cada residente de forma a não obstruir sua mobilidade na residência e no entorno desta.

A Residência Inclusiva também deve conter obrigatoriamente alguns espaços, quais sejam: quarto, sala de estar, ambientes para refeição e estudo, banheiro, cozinha, área de serviço e externa, salas para a equipe técnica, de coordenação e de reunião. Todos os espaços devem ser acessíveis e alguns possuem especificidades determinadas nas normas, dentre os quais:

- O quarto deverá ter dimensão suficiente para acomodar as camas dos usuários (adaptadas, se necessário) e armários para a guarda dos pertences pessoais de forma individualizada. Não é recomendável a utilização de beliches. Um quarto deverá acomodar até três residentes e caso o ambiente de estudos seja organizado no próprio quarto, a dimensão dos mesmos deverá ser aumentada.
- A sala de estar deve ter espaço suficiente para acomodar o número de usuários e cuidadores, sofás com número de assentos igual ao número de leitos, estante/

armário, TV e deve contar com área de circulação livre para pessoas em cadeira de rodas.

- Quanto aos banheiros, deve haver um para até, no máximo, quatro residentes. O banheiro deve ter as adaptações necessárias considerando as necessidades de cada pessoa em particular que o utiliza.

- A cozinha deverá ser planejada de modo que os residentes possam realizar atividades de preparo dos alimentos, incluindo as ajudas técnicas necessárias, de preferência personalizadas para cada indivíduo.

Além desses ambientes, a Lei Orgânica da Assistência Social define que as equipes de referência deverão considerar o número de indivíduos atendidos, os tipos e modalidades de atendimento e as aquisições que devem ser garantidas aos residentes. De acordo com as orientações, deve haver uma equipe técnica formada por cuidadores e auxiliar de cuidadores, além de trabalhadores do SUAS de nível superior, os quais poderão atender as especificidades dos serviços socioassistenciais, assim como da residência inclusiva. Conforme a NOB/RH, deverá haver, pelo menos, um coordenador, um psicólogo, um assistente social, um terapeuta ocupacional e um trabalhador doméstico para cada residência, um motorista para cada três residências inclusivas e, ao menos, um cuidador e um auxiliar de cuidador por turno para cada seis residentes.

Além do mais, a fim de garantir que o acolhimento assegure aos residentes segurança e estabilidade na prestação dos cuidados, criação de vínculos com o cuidador de referência e previsibilidade da organização da rotina diária, os cuidadores deverão trabalhar, preferencialmente, em turnos fixos diários, de modo que o mesmo cuidador desenvolva sempre determinadas tarefas da rotina diária, sendo desaconselhável a adoção de esquemas de plantão, caracterizados pela grande alternância na prestação de tais cuidados. Sugere-se que, nos períodos nos quais se concentram as atividades de rotina, tais como o período da manhã, refeições, banhos e início da noite, os auxiliares de cuidador possam apoiar e dividir as tarefas com o cuidador de referência.

No tocante aos recursos materiais e equipamentos de tecnologias assistivas, faz-se necessária uma avaliação e definição prévia das necessidades de cada residente, inclusive quanto aos equipamentos de saúde que porventura tenham necessidade de estarem disponíveis na residência, sempre objetivando promover a funcionalidade, relacionada à atividade e participação das pessoas com deficiência, visando sua autonomia, qualidade de vida e inclusão social.

Por fim, cabe aos profissionais da instituição, de maneira participativa e em conjunto com os residentes, elaborarem o Plano Individual de Atendimento e o Projeto Político Pedagógico. O primeiro é um instrumento técnico norteador da relação entre os residentes e os profissionais, o qual deve conter a história de vida de cada morador e a situação e dinâmica de sua família, quando for o caso. O projeto político pedagógico, por sua vez, é um documento que visa o planejamento das rotinas da instituição, com foco nos cuidados relacionados aos moradores e a orientar a postura dos profissionais, no sentido de adotar atitudes adequadas que se distanciem da superproteção e da subestimação das habilidades dos residentes.

Como visto, são vários os aspectos abordados nos documentos citados, os quais perpassam pela definição da capacidade de atendimento da instituição, sua infraestrutura, equipes de referência, recursos materiais e critérios para definição dos Planos Individuais de Atendimento. No entanto, apesar desse equipamento socioassistencial ter como finalidade prevista em Lei a construção progressiva do protagonismo no desenvolvimento das atividades de vida diária da pessoa com deficiência, sua participação social e comunitária, seu viés ainda está sedimentado no modelo médico da deficiência, em especial, por ser uma medida de institucionalização das pessoas com deficiência.

A centralização de toda a política do cuidado no equipamento da residência inclusiva, uma instituição de acolhimento de pessoas com deficiência, por melhor estruturado que seja o referido equipamento, reproduz e perpetua uma política assistencialista caritativa, que coloca à margem, do lado de fora, aquelas pessoas que precisam durante toda a sua vida de cuidados, mas que não podem, por esse motivo, serem cerceadas de decidir aonde e com quem irão morar, dentre outros aspectos de suas vidas, inclusive, os que, em princípio, poderiam parecer como os mais simples, à exemplo de qual roupa vestir, qual sapato colocar, entre tantos outros.

Sobre esse ponto, a Convenção da ONU sobre os Direitos das Pessoas com Deficiência em seu art. 19, ao escrever sobre o direito à vida independente e à inclusão na comunidade, determina que:

> Art. 19 Os Estados-Partes desta Convenção reconhecem o *igual direito de todas as pessoas com deficiência de viver na comunidade, com a mesma liberdade de escolha que as demais pessoas,* e tomarão medidas efetivas e apropriadas para facilitar às pessoas com deficiência o pleno gozo desse direito e sua plena inclusão e participação na comunidade, inclusive assegurando que:
>
> a) *As pessoas com deficiência possam escolher seu local de residência e onde e com quem morar,* em igualdade de oportunidades com as demais pessoas, e que *não sejam obrigadas a viver em determinado tipo de moradia;*
>
> b) As pessoas com deficiência tenham *acesso a uma variedade de serviços de apoio em domicílio ou em instituições residenciais ou a outros serviços comunitários de apoio,* inclusive os serviços de atendentes pessoais que forem necessários como apoio para que as pessoas com deficiência vivam e sejam incluídas na comunidade e para *evitar que fiquem isoladas ou segregadas da comunidade;* (grifou-se)

Observa-se, assim, que o Brasil ao não prever, para além do acolhimento institucional, outros instrumentos que subsidiem as pessoas com deficiência que dependem do cuidado de terceiros a tomarem suas próprias escolhas, viola a referida Convenção e, por consequência, a Constituição Federal, na medida em que a Convenção foi incorporada ao ordenamento jurídico nacional com status de emenda constitucional, nos termos do § 3º do art. 5º da Constituição.

Além do mais, a atual política também não dá conta de ressignificar a responsabilidade pelo cuidado, que continua sendo vista como atribuição da família (esfera privada), em especial das mulheres, mães, irmãs, avós, e não do Estado (esfera púbica) de garantir para todos condições de vida digna. Ademais, as políticas públicas quando implementadas ainda o são num contexto de piedade e benevolência e não de justiça social, como de fato deveria ser (GESSER, 2019). E aqui cabe a ressalva de que a crítica não se faz propriamente à existência das residências inclusivas, mas sim a esse ser o único equipamento da política, restringindo as opções de escolha daqueles que dependem desse serviço.

Podemos concluir, dessa forma, que, na prática, como já apontavam as teóricas feministas da segunda geração do modelo social, a experiência da deficiência se intersecciona com outros marcadores sociais da diferença, de tal modo que, devido a uma ausência de política pública do cuidado eficaz, apenas uma pequena parte da população com deficiência, em geral branca e com recursos financeiros, consegue custear as despesas inerentes as funções do cuidado e, assim, exercer seu direito de escolha à moradia, ao passo que aqueles que não conseguem se subsidiar se veem obrigados ao acolhimento nas residências inclusivas.

REFERÊNCIAS

BRASIL. Constituição (2015). Lei 13.146, de 06 de julho de 2015. Institui a Lei Brasileira de Inclusão da Pessoa com Deficiência (Estatuto da Pessoa com Deficiência). Lei Brasileira de Inclusão. Brasília, Disponível em: http://www.planalto.gov.br/ccivil_03/_ato2015-2018/2015/lei/l13146. Acesso em: 26 jul. 2020.

BRASIL. Decreto 6949, de 25 de agosto de 2009. Promulga a Convenção Internacional sobre os Direitos das Pessoas com Deficiência e seu Protocolo Facultativo, assinados em Nova York, em 30 de março de 2007. Convenção Internacional Sobre Os Direitos das Pessoas Com Deficiência. Brasília, Disponível em: http://www.planalto.gov.br/ccivil_03/_ato2007-2010/2009/decreto/d6949. Acesso em: 05 ago. 2020.

BRASIL. Mariana Machado Neris. Coordenadoria de Serviços de Acolhimento do Ministério do Desenvolvimento Social (Org.). Orientações sobre o acolhimento de jovens e adultos com deficiência em residência inclusiva: perguntas e respostas. 2016. Disponível em: http://www.mds.gov.br/webarquivos/publicacao/assistencia_social/Cadernos/caderno_residencias_inclusivas_perguntas_respostas_maio2016.pdf. Acesso em: 1º ago. 2020.

BRASIL. Resolução do Conselho Nacional de Assistência Social 109, de 11 de novembro de 2009. Tipificação Nacional dos Serviços Socioassistenciais. Brasília. Disponível em: https://www.mds.gov.br/webarquivos/public/resolucao_CNAS_N109_%202009.pdf. Acesso em: 15 ago. 2020.

BRASIL. Resolução do Conselho Nacional de Assistência Social 269, de 26 de dezembro de 2006. Norma Operacional Básica de Recursos Humanos. Brasília. Disponível em: http://www.assistenciasocial.al.gov.br/sala-de-imprensa/arquivos/NOB-RH.pdf. Acesso em: 15 ago. 2020.

BRASIL. Resolução do Conselho Nacional de Assistência Social 17, de 20 de junho de 2011. Ratifica a equipe de referência definida pela NOB-RH/SUAS e reconhece as categorias profissionais de nível superior para atender as especificidades dos serviços socioassistenciais e das funções essenciais de gestão do SUAS. Brasília. Disponível em: http://www.assistenciasocial.al.gov.br/gestao-do-trabalho/RESOLUCaO%20CNAS%20No%2017%2020%20de%20junho%202011%20Nivel%20Superior%20do%20Suas.doc/view. Acesso em: 15 ago. 2020.

CONSTANTINO, C.; LUIZ, K. G.; COSTA, L. M. L.; SILVEIRA, T. B. H.; BERNARDES, V. (Org.). *Mulheres com Deficiência: Garantia de Direitos para Exercício da Cidadania*. Coletivo Feminista Helen Keller, 2020. Disponível em: https://bit.ly/36pLJEs. Acesso em: 30 maio de 2020.

DINIZ, Debora. *O que é deficiência?* São Paulo: Brasiliense, 2007.

FIETZ, Helena Moura; MELLO, Anahi Guedes de. A Multiplicidade do Cuidado na Experiência da Deficiência. *Anthropológicas*, Recife, 29 (2), p. 114-141, dez. 2018.

GESSER, M. Gênero, Deficiência e a Produção de Vulnerabilidade In: A. M. Veiga, C. R. Nichnig, C. S. Wolff; J. Zandoná (Org.). *Mundos de mulheres no Brasil*, Curitiba: CRV. 2019.

NUERNBERG, Adriano Henrique; MELLO, Anahi Guedes de. Gênero e deficiência: interseções e perspectivas. *Estudos Feministas*, v. 3, n. 20. Florianópolis, set. 2012, p. 635-655. Disponível em: https://periodicos.ufsc.br/index.php/ref/article/view/S0104-026X2012000300003. Acesso em: 10 jul. 2020.

SILVEIRA, Thais Becker Henriques. *Uma análise da eficácia das alterações promovidas pela Lei Brasileira de Inclusão no regime da capacidade civil*. 2017. 80 f. TCC (Graduação) – Curso de Direito, Universidade Federal de Santa Catarina, Florianópolis, 2017. Disponível em: https://repositorio.ufsc.br/handle/123456789/182168. Acesso em: 10 jul. 2020.

O PROTAGONISMO DA PESSOA COM DEFICIÊNCIA EM PROL DE UMA EDUCAÇÃO INCLUSIVA

Felipe Vieira Monteiro

Formado em Tecnologia em processamento de dados pela UBM (Universidade de Barra Mansa-RJ), bacharelado em Piano pelo CBM (Conservatório Brasileiro de Música-RJ), licenciatura em Educação artística com habilitação em música pelo CBM (Conservatório Brasileiro de Música-RJ) e Pedagogia pela UCB (Universidade Castelo Branco em Curitiba-PR). Especialista em Tradução audiovisual acessível: audiodescrição pela UECE (Universidade Estadual do Ceará-CE), especialista em Acessibilidade cultural pela UFRJ (Universidade Federal do Rio de Janeiro-RJ), aperfeiçoamento em Audiodescrição na escola pela UFJF (Universidade Federal de Juiz de Fora –MG) e mestrando em Educação, cultura e comunicação em periferias urbanas pela FEBF (Faculdade de Educação da Baixada Fluminense)/UERJ (Universidade Estadual do Rio de Janeiro). Professor de piano, teclado, flauta doce, teoria musical, musicalização infantil e harmonia funcional há mais de 28 anos. Autor do livro Guia para a consultoria musical na elaboração de roteiros de audiodescrição para concertos de música instrumental erudita.

Lattes: http://lattes.cnpq.br/9786358398823760.

ORCID: https://orcid.org/0000-0001-8814-9245.

1. INTRODUÇÃO

Atualmente estamos vivendo um momento em que o sistema educacional trabalha na perspectiva da educação inclusiva, na qual todos têm os mesmos direitos e o acesso de forma igualitária. Entretanto, o contexto nem sempre foi esse. Ao percorrermos a trajetória de lutas das pessoas com deficiência, perceberemos que eram marginalizadas simplesmente pelo fato de terem uma deficiência e não se encaixarem no "padrão" de corpos estipulado pela sociedade. Como esse pensamento inclusivo chega com séculos de atraso, o acesso aos bancos escolares também. Como consequência desta morosidade, muitos tabus e preconceitos ainda se encontram arraigados no pensamento de muitos, impossibilitando esse acesso de maneira fluída e digna.

A partir desta dura realidade, este artigo pretende, inicialmente, traçar de forma breve um panorama histórico das pessoas com deficiência. Objetiva-se também apresentar de que forma elas começaram a ser lembradas, como conseguiram estar dentro de instituições especializadas para este público e puderam exercer o direito de terem acesso à educação.

Também será apresentada uma linha do tempo em que são demonstrados os principais documentos, nacionais e internacionais, tais como convenções, declarações, leis, decretos, portarias, entre outros, que contribuíram e contribuem, até os dias atuais, para o ingresso e a permanência de pessoas no contexto educacional.

Contudo, apesar de tais documentos serem fundamentais para esse processo de escolarização, na prática os itens, como as tecnologias assistivas embarcadas nos recursos didáticos acessíveis, são primordiais para a dignidade, conforto, autonomia e independência dos estudantes usuários. Citaremos os principais recursos, dos mais antigos até os mais recentes, apresentando sua estrutura, aplicabilidade, público usuário e em quais situações podem estar inseridos no contexto educacional.

Como as pessoas com deficiência são as maiores beneficiadas pelos recursos didáticos acessíveis, dentro da sala de aula, é fato o protagonismo nas etapas de desenvolvimento e evolução deste processo de construção. Desta forma, serão apresentadas as possibilidades de interação entre professor e educando nas fases de análise, desenvolvimento e construção de projetos que podem beneficiar não somente a pessoa com deficiência, mas todos os envolvidos de forma colaborativa.

2. A EDUCAÇÃO NA PERSPECTIVA DA INCLUSÃO

Ao traçarmos um panorama histórico, perceberemos que as pessoas com deficiência vêm sofrendo um processo de exclusão, isto é, marginalização dentro da sociedade. Fato que contribui para o capacitismo. Trata-se da reunião de várias atitudes preconceituosas que hierarquizam os indivíduos em função da adequação de seus corpos a um padrão de perfeição, capacidade funcional e beleza, segundo Mello (2016).

Esse olhar excludente e segregador permeia a estrutura da sociedade. Tem-se como exemplo povos colombianos nômades que, no instinto da sobrevivência, em suas mudanças, levavam somente o primordial. Assim, as pessoas com deficiência eram abandonadas igualmente como acontecia com os idosos e enfermos.

Tal realidade começa a se transformar a partir da Revolução Industrial, em que as pessoas com deficiência passam a ser vistas como produtoras em potencial. Por causa disso, iniciaram-se demandas; e as organizações e instituições especializadas para atender essa comunidade tiveram que ser criadas.

Com o surgimento destes espaços educacionais especializados, as pessoas com deficiência enfrentaram diversas fases do sistema educacional. A começar pelas classes especiais que, *a priori*, não tinham o viés humanitário, foram criadas para que os professores não demandassem a maior parte do seu tempo com atendimentos individuais. Essas classes especiais estavam inseridas na realidade de que tais espaços não eram acessíveis para atender às especificidades deste público, de modo a promover a autonomia e independência, segundo Sassaki (1997 apud PACHECO; ALVES, 2007).

Na contramão deste pensamento, Paulo Freire (2002) alerta para o fato de que a prática preconceituosa de raça, gênero ou classe ofende a substantividade do ser humano, negando de forma radical a democracia. Lembra também que ensinar não é transferir conhecimento, conteúdo, muito menos formar, pois, segundo o autor (2002), são características de um sujeito indeciso e acomodado. Ressalta que não há docência sem discência, apesar das diferenças que os conotam, não há o reducionismo a objeto um do outro. No momento em que o docente está ensinando, está aprendendo e o mesmo no sentido oposto, quem aprende ensina ao aprender. Conclui que quem ensina, ensina algo a alguém.

Atualmente a escola propõe uma educação na perspectiva da inclusão, fato este que chega com séculos de atraso. Entretanto, no que se refere à evolução, as legislações que garantem os direitos das pessoas com deficiência também foram surgindo e se solidificando dentro da sociedade por meio de leis, decretos, portarias, declarações e convenções. Os documentos mais representativos surgiram a partir da década de 1990. Assim, apontaremos o que de mais relevante ocorreu a partir deste período.

No panorama internacional, podemos citar a Declaração de Salamanca de 1994 que aborda os princípios, as políticas e as práticas na área das necessidades educativas especiais. Em 1998, temos a Convenção de Guatemala que prevê a eliminação de todas as formas de discriminação contra as pessoas com deficiência.

Seguindo, em 2001, temos a Declaração Internacional de Montreal que fomenta a inclusão. Por fim, encerrando o ciclo internacional, aconteceu a Convenção Internacional dos Direitos das Pessoas com Deficiência, que ocorreu em 30 de março de 2007, na cidade de Nova Iorque, e tornou-se um divisor de águas pelo entendimento de que a deficiência não está na pessoa e, sim, no ambiente que não dispõe de condições para que todos tenham autonomia e independência, a exemplo dos espaços escolares.

Fazendo um recorte para o âmbito nacional, iniciamos com o Decreto n. 3.298, de 20 de dezembro de 1999, que regulamenta a Lei n. 7.853, de 24 de outubro de 1989, que dispõe sobre a política nacional para a integração da pessoa portadora de deficiência e consolida as normas de proteção. Em 08 de novembro de 2000, a Lei n. 10.048 prioriza o atendimento das pessoas que são especificadas, incluindo as com deficiência. Ainda no ano de 2000, a Lei n. 10.098, de 19 de dezembro, estabelece normas gerais e critérios básicos para a promoção da acessibilidade das pessoas portadoras de deficiência ou com mobilidade reduzida.

Em 2002, no dia 24 de abril, a Lei 10.436 dispõe sobre a Língua Brasileira de Sinais (LIBRAS), reconhecendo-a como meio legal de comunicação e expressão, isto é, torna-se a segunda língua oficial do país. Passados mais dois anos, em 2004, o Decreto 5.296, de 02 de dezembro, estabelece normas gerais e critérios básicos para a promoção da acessibilidade das pessoas portadoras de deficiência ou com mobilidade reduzida.

No ano seguinte, o Decreto 5.626, de 22 de dezembro de 2005, regulamenta a Lei 10.436, de 24 de abril de 2002, que dispõe sobre a LIBRAS, uma conquista fundamental para o contexto educacional. A partir desta vitória, o público prioritário de pessoas surdas e com deficiência auditiva passou a ter respaldo dentro do sistema educacional.

No ano de 2009, o Decreto 6.949, de 25 de agosto, promulga a Convenção Internacional sobre os Direitos das Pessoas com Deficiência e seu protocolo facultativo. Com grande relevância para o contexto educacional, também no ano de 2009, a Resolução 04, de 02 de outubro, institui Diretrizes Operacionais para o Atendimento Educacional Especializado na Educação Básica, modalidade Educação Especial. No próximo ano, no dia 01 de setembro de 2010, a Lei 12.319, regulamenta a profissão de Tradutor e Intérprete da Língua Brasileira de Sinais – LIBRAS, sendo um grande avanço para a difusão do recurso.

Ainda sobre a área da educação, o Decreto 7.611, de 17 de novembro de 2011, dispõe sobre a Educação Especial, o Atendimento Educacional Especializado. Na mesma data, o Decreto 7.612 institui o Plano Nacional dos Direitos da Pessoa com Deficiência – Plano Viver sem Limites.

Fazendo um recorte dentro do escopo das deficiências, no contexto das pessoas com transtornos do espectro autista, em 27 de dezembro de 2012, a Lei 12.764 institui a Política Nacional de Proteção dos Direitos da Pessoa com Transtorno do Espectro Autista e altera o parágrafo 3º do art. 98 da Lei 8.112, de 11 de dezembro de 1990.

Depois de três anos, no dia 06 de julho de 2015, a Lei n. 13.146, Lei Brasileira de Inclusão da pessoa com deficiência (LBI)/Estatuto da pessoa com deficiência, é aprovada. Esta lei tem sido a grande difusora, entre outros, dos recursos de acessibilidade comunicacional, itens de extrema relevância dentro do contexto educacional; além da citação de diversos pilares, tais como transporte, saúde e educação.

Por fim, a Lei n. 13.977, de 08 de janeiro de 2020, altera a Lei 12.764, de 27 de dezembro de 2012 (Lei Berenice Piana), e a Lei 9.265, de 12 de fevereiro de 1996, para instituir a Carteira de Identificação da Pessoa com Transtorno do Espectro Autista (Ciptea).

Como pudemos constatar, vários são os documentos que oferecem um aporte para a seguridade dos direitos das pessoas com deficiência que, certamente, afetam o sistema educacional. Todavia, existe uma dissonância entre o que é apontado nos documentos oficiais e a realidade diária da pessoa com deficiência, seja ela momentânea ou permanente.

Portanto, Dias e Fernandes (2020) afirmam que é preciso repensar os espaços escolares para facilitar os processos de transformações com o objetivo de promover a inclusão. As autoras (2020) reforçam que para a construção de uma escola inclusiva é necessário mudança na gestão e nas práticas dentro da sala de aula. Complementam afirmando que é indispensável uma política inclusiva institucional que apresente propostas de intervenção no sentido de legitimar uma instituição inclusiva de fato. Para concluir, apontam que é necessária uma transformação em toda a instituição escolar, com um processo de reflexão contínuo de práticas positivas e atitudes do mesmo teor em todas as ações do ambiente escolar. Desta maneira, todos os alunos terão a possibilidade de ter contato com respeito, interesse e apoio mútuo.

Fator de grande relevância para o processo de inclusão é o recurso didático, que deve ser utilizado de maneira eficaz de forma a atingir os objetivos traçados no planejamento. Corroborando com este pensamento, Nicola e Paniz (2016) ressaltam que, quando o recurso apresenta resultados positivos, o estudante adquire mais confiança, interesse e torna-se disponível para novas situações de aprendizagem e, naturalmente, para a construção de conhecimentos mais complexos.

Neste sentido da utilização do recurso didático na promoção da inclusão, é que a tecnologia assistiva está inserida para promover o acesso aos materiais didáticos que são disponibilizados no contexto educacional.

3. RECURSOS DE ACESSIBILIDADE NO CONTEXTO EDUCACIONAL

O contexto escolar é composto por diversos aspectos, tais como arquitetônico, metodológico, programático, comunicacional, entre outros. Nesta concepção, as tecnologias assistivas estão inseridas. Apresentam-se como potencializadoras e mediadoras da interação entre a pessoa com deficiência e o mundo, segundo Galvão Filho (2009).

O autor (2009) aponta as tecnologias assistivas como um privilegiado instrumento estimulador e catalisador, no que concerne à construção de novos caminhos e possibilidades de desenvolvimento e aprendizagem dos indivíduos que apresentam algum tipo de deficiência. Galvão Filho (2009) acredita que estas disponibilizam recursos para o empoderamento desse sujeito, possibilitando relacionar-se, interagir e até competir em seu meio com ferramentas.

Todavia, é válido ressaltar que uma grande barreira, a qual os usuários de tais tecnologias enfrentam, é o desconhecimento por parte dos professores, que são os atores, dentro do contexto educacional, que lidarão diretamente com este público. Neste sentido, Frias e Menezes (s.d.) refletem sobre as dificuldades que estes profissionais enfrentam pelo fato do déficit que tiveram em sua formação. As autoras alertam para o fato de que os sistemas de ensino devem se organizar para que as matrículas sejam mantidas; e também seja assegurada a permanência desses estudantes no desenvolvimento de suas potencialidades e aprendizagens, sem que se perca a intencionalidade pedagógica e, primordialmente, a qualidade do ensino.

A partir disso, é fundamental que cada vez mais os recursos didáticos de acessibilidade sejam difundidos para que se naturalizem, desenvolvendo o processo de inclusão dentro do contexto escolar. Vale lembrar que tais recursos são voltados prioritariamente para as pessoas com deficiência, mas podem ser grandes aliados ao processo de construção de saberes de todos os que estão no mesmo ambiente.

Seguem os recursos que devem estar inseridos nos materiais didáticos disponibilizados para os estudantes dentro da sala de aula:

• Braille: Sistema de seis pontos em alto relevo posicionados em duas colunas com três pontos cada. Voltados prioritariamente para as pessoas com deficiência visual (cegos e com baixa visão), proporciona a leitura e a escrita através da percepção háptica. O sistema foi criado pelo francês Louis Braille (1809-1852), fazendo com que este público deixasse de ser marginalizado e sem acesso aos bancos escolares. Por muitos anos, este sistema era a única forma pela qual as pessoas com deficiência visual podiam ter acesso à educação.

O recurso pode ser utilizado para transcrever materiais em tinta, tais como livros, legendas, etiquetas, informações de mapas, entre outros. Toda informação textual no sistema a tinta pode ser transcrito para o Braille.

Todavia, com a evolução da sociedade e, naturalmente, com o advento das tecnologias digitais, novas possibilidades de acesso aos materiais didáticos começaram a ser oferecidas. Essas novas possibilidades se deram principalmente para que as pessoas com deficiência visual não se afastassem do sistema pelos possíveis obstáculos, como a dificuldade de encontrar materiais transcritos para o Braille, o alto custo e a dificuldade de transporte, já que cada página em tinta equivale a mais ou menos três ou quatro páginas em Braille.

As pessoas com baixa visão são representantes de 80% da comunidade com deficiência visual. Como estas apoiam-se nos resíduos visuais, muitos não aderem ao sistema Braille. Desta forma, uma minoria de pessoas, atualmente, faz uso deste sistema com frequência na sua vida diária.

• Leitor de telas: São *softwares* e aplicativos que transformam informações textuais em áudio por meio de vozes sintetizadas que podem ter timbres masculinos e femininos. Além disso, o usuário tem a possibilidade de escolher a velocidade e o tom de leitura.

Tal recurso apresenta-se muito eficiente para a leitura de textos, livros, histórias, sites, plataformas de ensino, entre outros, tanto em computadores quanto em dispositivos móveis (celulares, *tablets* etc.). Existem versões pagas e gratuitas. Dessa forma, o acesso torna-se bem democrático.

• Audiotexto: Recurso de baixo custo e muito acessível para a sua produção. Consiste na leitura de textos em tinta e gravação por meio de gravadores digitais ou aplicativos facilmente encontrados em celulares, *tablets, notebooks* ou computadores. Muitas pessoas não reconhecem esse recurso como acessibilidade, mas beneficia 100% de pessoas com deficiência visual, além de ser uma forma dinâmica de oferecer o recurso para todos e sair do tradicional texto.

A gravação deve ter boa qualidade. Para isso, torna-se necessário que o áudio contenha o menor índice de ruídos possíveis, que a leitura seja feita em velocidade equilibrada e com uma boa dicção; e que a projeção de voz seja boa e clara.

Após o arquivo estar pronto, pode ser enviado para o estudante via aplicativo de mensagens, tais como o WhatsApp e Telegram, por exemplo, além de poder ser disponibilizado em sites, *blogs*, ambientes virtuais de aprendizagem, redes sociais digitais, e-mail, *mp3-players*, canetas *pentop*, *QR Code* etc.

- *Mp3-players:* São dispositivos que já estão caindo em desuso, mas ainda podem ser muito úteis dentro do contexto escolar. Trata-se de reprodutores de arquivos de áudio, como os *mp3*, por exemplo. Estes dispositivos contam com uma memória interna que possibilitam a inserção de diversos arquivos com muitas horas de estudo. Além da memória interna, alguns modelos ainda contam com a possibilidade de ampliação da capacidade de armazenamento através dos cartões de memória.

É importante lembrar que o público-alvo para a utilização destes dispositivos é o de pessoas com deficiência visual. Assim, é preciso que o equipamento seja acessível, isto é, tenha botões de controle em alto relevo, pois possibilita a autonomia e independência do estudante.

- Caneta *pentop:* Trata-se de um dispositivo em formato de caneta com todos os botões de controle em alto relevo, alto falante interno, saída para fones de ouvido, compartimento para inserção de cartão de memória para a ampliação da capacidade de armazenamento. A caneta *pentop* possui uma ponta a qual deve ser encostada em etiquetas especiais que acompanham um *kit*. Assim que o usuário fizer esse contato com a etiqueta, a caneta reproduzirá o áudio que foi previamente cadastrado. Esse recurso permite que o usuário tenha autonomia e independência, pois ele pode apontar a caneta para o conteúdo que ele quiser, ouvir quantas vezes desejar e pausar ou parar no momento oportuno.

As etiquetas podem ser aplicadas em inúmeros lugares, tais como páginas de livros, objetos táteis, materiais didáticos adaptados, entre outros. O preço deste equipamento não é tão acessível, pois oscila entre R$ 200,00 e R$ 400,00, mas pode ser uma ótima alternativa, principalmente, para que as pessoas com deficiência visual tenham acesso aos audiotextos. As etiquetas precisam estar em alto relevo para que os estudantes as encontrem para posicionar a ponta da caneta. Para isso, pode ser utilizado superfície plástica sobre as etiquetas ou um círculo de cola em volta delas.

- *QR Code* (*Quick Response Code* – Código de Respostas Rápidas): É um sistema em código 2D, isto é, uma imagem que é a chave de acesso para diversos tipos de conteúdo, como sites, *blogs*, redes sociais, vídeos, áudios, textos, endereços físicos, endereços de e-mail, entre outros. Para que o usuário tenha acesso a este código, é necessário tê-lo instalado em um dispositivo móvel (celular, *tablet* etc.) para que, ao apontar a câmera deste dispositivo em direção à imagem, este seja capaz de acessar aos conteúdos previamente inseridos e codificados.

A elaboração deste recurso é de custo praticamente zero, pois pode ser criado gratuitamente por aplicativos específicos que são distribuídos nas lojas voltadas para dispositivos móveis. Os *QR Codes* podem ser aplicados nas capas e páginas de livros, materiais adaptados, mapas etc. Vale ressaltar a importância de criar um alto relevo na superfície da etiqueta impressa com o código para que as pessoas com deficiência visual a identifiquem com facilidade. Podem ser aplicadas gotas de cola, pontos de silicone ou até mesmo pontos feitos com a punção que é utilizada para a escrita Braille, nos cantos da imagem.

- Fonte ampliada e alto contraste: Estes recursos são voltados prioritariamente para as pessoas com baixa visão, mas podem atender às demandas de outros públicos, como o de pessoas com deficiência intelectual, com transtorno do espectro autista, déficit de atenção, dislexia e idosos. Trata-se da utilização de fontes em tamanho a partir de 16, podendo ser ajustada para a realidade específica do estudante. Aconselhamos também que as fontes utilizadas não tenham ornamentos, que são conhecidos como serifas, a exemplo de fontes como Verdana, Calibri, Tahoma e Arial.

O alto contraste também é importante para evitar a incidência de luz, evitando a dificuldade na leitura para pessoas com fotofobia, por exemplo. Desta forma, aconselha-se a utilização de fundo escuro com caracteres claros, fundo preto com caracteres brancos para exemplificar. Entretanto, essa combinação de cores pode variar conforme as especificidades do educando.

Todo o material didático pode ser produzido desta forma e, aliado a isso, pode ser bem confortável para o usuário o alinhamento à esquerda, texto em caixa alta, cinco a seis palavras por linha e poucas linhas por página, principalmente nos *slides*, recurso muito utilizado nas salas de aula.

- Audiodescrição: É um recurso de acessibilidade comunicacional que está inserido no escopo da tradução. Trata-se da conversão do signo visual para o verbal. Portanto, é considerada uma tradução intersemiótica. Este recurso aplica-se às imagens estáticas, como as fotografias, obras de artes visuais, charges, cartuns, ambiente *web*, redes sociais digitais, material didático, histórias em quadrinhos, gráficos, tabelas, fluxogramas, mapas geográficos, mapas mentais, ambiente virtual de aprendizagem (AVA), material didático para ensino a distância (EAD), material para divulgação, entre outros.

Em relação às imagens dinâmicas, aplicam-se a filmes, documentários, comerciais, clipes musicais, desenho animado, videoaulas, peças teatrais, dança, feiras, apresentações musicais, concertos, coros adulto e infantil, óperas, aulas, seminários, congressos, palestras, entre outros.

Este recurso permite que o público usuário, que é o de pessoas com deficiência visual, tenha acesso a características físicas, vestimentas, acessórios, ações, além das descrições de ambientes externos e internos com seus respectivos elementos. Desta forma, essa tecnologia assistiva deve ser incorporada à prática diária dos docentes em suas explanações e em todo o material que for oferecido com informações visuais. O recurso pode chegar até o estudante através da forma oral (ao vivo), por meio de *mp3-players*, *QR Code*, audiotexto, canetas *pentop*, além do Braille e textos com fonte ampliada e alto contraste.

- LIBRAS (Língua Brasileira de Sinais): É um recurso voltado prioritariamente para as pessoas surdas. Trata-se da segunda língua oficial do Brasil com estrutura gestual ou de sinais, que utiliza gestos e sinais em substituição da língua oral. Ela deve ser utilizada no processo de mediação entre o professor e o estudante. Também deve ser disponibilizada em todo o material didático que é feito em língua portuguesa, tais como textos, dicionários, vídeos, sites, histórias etc.

Apesar da comunidade de surdos não ser favorável à utilização de avatares para este processo de comunicação, aplicativos como o *Hand Talk* podem ser úteis em situações emergenciais, porém não devem se tornar uma prática diária.

- Legendas para surdos e ensurdecidos (LSE): Apesar de encontrarmos na Instrução Normativa n. 145, de 08 de outubro de 2018, da Agência Nacional do Cinema (ANCINE) o termo "legendagem descritiva" como nomenclatura proposta para este recurso, é importante salientar que essa tecnologia assistiva não tem o objetivo de somente descrever. Vai muito além disso, como o fato do processo de tradução intralingual, isto é, a conversão do texto oral para o escrito dentro da mesma língua, respeitando os parâmetros adequados para a composição deste recurso.

Corriqueiramente, faz-se muita confusão entre as legendas, que são voltadas para o público ouvinte, e este recurso, que é prioritariamente voltado para as pessoas que compõem a comunidade de surdos. Entretanto, cada recurso tem suas especificidades e possui objetivos distintos.

Para a elaboração da LSE, é necessária uma redução textual com base no tempo disponível, respeitando o tamanho na tela, número de caracteres, alinhamento, fonte, velocidade de leitura do usuário, além de considerar os elementos oferecidos pela obra, tais como sons no ambiente, silêncios relevantes, identificação dos falantes, entre outros.

Este recurso deve ser disponibilizado em material didático audiovisual, como em videoaulas, tutoriais, filmes, desenhos animados, palestras, seminários, cursos etc. Esse tipo de legendagem é extremamente relevante, porque nem todas as pessoas que compõem a comunidade de surdos utilizam a LIBRAS como sua primeira língua.

- Linguagem simples: Essa tecnologia é voltada prioritariamente para as pessoas com deficiência intelectual. Trata-se de um recurso que reestrutura o texto original, deixando-o mais acessível por meio do vocabulário utilizado. A partir da reestruturação da disposição das sentenças, os usuários têm uma compreensão mais concreta. Isso não significa que a mensagem original foi distorcida.

Todavia, é importante refletirmos sobre a elaboração dos textos contidos nos materiais didáticos, pois estes podem ser grandes aliados ao processo de ensino-aprendizagem que muitas vezes se torna complexo e ruidoso pela dificuldade de comunicação entre as partes.

Os textos devem ser elaborados com a utilização de fontes sem ornamentos, conhecidos como serifas, a exemplo das fontes Arial, Verdana, Calibri e Tahoma. Sempre que possível, disponibilizar em caixa alta, com alinhamento à esquerda, fontes com tamanho acima de 16, cinco ou seis palavras por frase, além da utilização das técnicas de alto contraste como foi supracitado.

A linguagem simples pode ser aplicada nos textos dos livros, nas legendas, nos *slides*, nas avaliações, nos informativos etc. Também pode servir de base para a elaboração de recursos de acessibilidade, tais como a audiodescrição, LIBRAS, LSE, entre outros.

- Pictogramas: É um recurso que está inserido no escopo da comunicação alternativa e segue a proposta de comunicação simples e de forma concreta, ultrapassando as barreiras da língua para ser aplicado universalmente. Segundo Dranka (2012), trata-se de representações gráficas de ações, objetos, conceitos abstratos e narrativas. O objetivo é de uma comunicação simples, direta e eficiente sem o apoio textual. Nesta concepção, omite-se quaisquer detalhes que não contribuam para o entendimento do usuário.

O recurso está destinado prioritariamente às pessoas com deficiência intelectual, mas pode ser um recurso didático de grande ajuda dentro da sala de aula, pois pode promover a estimulação da ludicidade, diversão, socialização e concretização de diversos conceitos. Este recurso pode ser aplicado em capas de livros, informativos, *slides*, jogos, mapas; enfim, em quaisquer ambientes da escola, nas portas, nas paredes e onde mais a criatividade permitir.

O nome do recurso pode não ser tão popular, mas é muito comum ser encontrado nos mais diversos espaços públicos, como *shoppings*, porta de banheiros, restaurantes, sinalização pública, lojas, rodoviárias, aeroportos, espaços escolares, entre outros. Também podem ser vistos com muita frequência em sites da internet, redes sociais digitais, aplicativos de troca de mensagens, tais como WhatsApp e Telegram, por meio dos *emoticons*, figurinhas etc.

- Pranchas de comunicação: Segundo Rosa (2018), são recursos desenvolvidos a partir de símbolos gráficos, reunidos em uma coleção de imagens que foram criadas para atender às mais diversificadas especificidades dos usuários. Portanto, o recurso prevê a acessibilidade de forma individual. Todavia, nem sempre é possível desenvolver um trabalho com esse nível de personalização, ainda mais em ambientes escolares, que geralmente contam com distintos estudantes, sendo necessário atender à heterogeneidade.

As pranchas são constituídas por vários pictogramas separados por células em diferentes formatos. Dependendo do nível de proximidade do usuário com o recurso, as pranchas tornam-se mais complexas, isto é, com mais células por página. Esta tecnologia é voltada prioritariamente para as pessoas com deficiência intelectual e com transtorno do espectro autista, mas pode atender às especificidades de todos aqueles que não se comunicam oralmente e nem possuem a escrita funcional.

Para que o usuário utilize uma prancha, é necessário um processo de associação do mundo real com o universo imagético. Com isso, o aprendiz precisa fazer a interligação daquela imagem que consta na prancha com um objeto concreto, por exemplo: apresentar um lápis e mostrar na prancha o pictograma correspondente. Essa prática deve acontecer até que a pessoa perceba que aquela imagem representa o objeto desejado.

Essa associação pode ser relacionada aos mais diversos objetos e também às necessidades básicas, como beber água, comer, ir ao banheiro, dormir, descansar, sair etc. Sendo assim, o professor deve utilizar este recurso para a transmissão de conteúdos e a estimulação da construção de conhecimentos. As adequações serão feitas durante o processo de troca entre professor e estudante.

- Livro multiformato: Segundo os autores Monteiro e Fernandes (2020), trata-se de uma obra literária ou técnica que pode apresentar-se em diversificados formatos com a finalidade de atender às demandas dos mais variados públicos. Braille, fonte ampliada e alto contraste, livro falado, audiolivro, audiodescrição, videolibras, linguagem simples, pictogramas e recursos táteis são as possibilidades que podem contribuir para a confecção deste recurso didático.

Infelizmente, esta tecnologia é pouco produzida e de difícil acesso. Entretanto, é uma boa oportunidade para educadores e educandos elaborarem projetos colaborativos em que todos possam participar e produzir. Além de ser uma excelente oportunidade de socialização e integração, o livro multiformato será produzido de acordo com as demandas dos estudantes.

4. O USUÁRIO COMO PROTAGONISTA NOS PROJETOS EDUCACIONAIS INCLUSIVOS

Até este momento, pudemos traçar um panorama da legislação que garante os direitos das pessoas com deficiência, principalmente os que se referem ao acesso à educação e também aos recursos de acessibilidade. Esses recursos devem estar inseridos em todo o material disponibilizado para que os estudantes tenham a oportunidade de acesso de forma igualitária aos demais.

Nesta direção, para que este ciclo se complete, é fundamental a consultoria de usuários dos recursos que serão disponibilizados em consonância com a tônica de Sassaki (2011), “Nada sobre nós, sem nós”. Tal afirmação aponta para as pessoas beneficiadas pelos recursos de acessibilidade, os estudantes no contexto educacional, demonstrando que são as maiores autoridades para dizer se um produto ou um trabalho está de acordo com as suas especificidades, conforme corrobora Monteiro (2018). Desta forma, cada item que o professor insere, como recurso de acessibilidade, deve ser analisado pelo educando.

Neste entendimento, ao fazer a transcrição de um texto para o sistema Braille, o professor deve apresentá-lo para o estudante que se beneficiará do recurso. Ele analisará os pontos, o papel utilizado, os possíveis erros para a transcrição no sistema, a organização e acomodação do material em sala de aula e quaisquer outras especificidades que possam vir a surgir. Essa boa relação entre o professor e o estudante usuário do sistema Braille pode contribuir com os possíveis visitantes que também utilizarão o sistema em eventos promovidos pela escola.

Pensando nos estudantes com mobilidade reduzida, eles testarão as barras de apoio nos corredores, escadas, banheiros e em qualquer dependência que se mostrar necessária dentro da escola. Eles terão condições de analisar o material utilizado, se este garantirá uma boa segurança, se atenderá pessoas de alturas distintas etc.

No mesmo viés da acessibilidade arquitetônica ou física, os estudantes em cadeira de rodas indicarão espaços dentro do edifício escolar que estão inacessíveis e apontarão quais mudanças são necessárias para uma circulação em equidade com os demais. Este mesmo estudante terá condições de analisar o mobiliário, a inclinação de possíveis rampas, a largura das portas, inclusive a dos banheiros, além de catracas e portas que exerçam pressão para o fechamento automático, impedindo a autonomia e independência.

Os estudantes com baixa visão podem contribuir para uma maior segurança em relação a portas de vidro, vitrines ou quaisquer superfícies com este material. Essas pessoas possuem resíduo visual que variam no tocante ao nível de acuidade. Com isso, é muito comum que elas se confundam entre realidade e possíveis distorções imagéticas. Desta maneira, poderão contribuir com a sugestão de cores para serem utilizadas nas faixas afixadas nestas superfícies, melhorando a visualização de possíveis obstáculos.

Estes estudantes também contribuirão bastante para os *feedbacks* em relação às cores utilizadas nas impressões de materiais em tinta, como os livros, textos complementares, material de divulgação, cartazes, placas, entre outros. Também poderão contribuir analisando as cores escolhidas para os materiais utilizados na confecção de representações táteis, como mapas geográficos, mapas táteis, legendas, maquetes táteis etc.

Todos os estudantes poderão fazer uma análise dos audiotextos no que se refere aos aspectos de timbre de voz, velocidade, dicção e qualidade do áudio. Podem ser analisados também o formato e o meio em que estes serão disponibilizados.

Nesta perspectiva de análise de qualidade sonora, a audiodescrição também pode estar inserida. Apesar de ser um recurso de acessibilidade comunicacional que necessita da consultoria de um profissional consultor em audiodescrição com deficiência visual (cego ou com baixa visão), sabemos que dentro dos espaços escolares dificilmente poderemos ter um especialista para exercer tal função.

Deste modo, os estudantes que se beneficiam deste recurso podem auxiliar informando se os roteiros estão bem construídos, se estão contemplando a formação imagética, se o texto está inteligível, se está sendo traçada uma linha de raciocínio lógica, além de poderem opinar sobre a qualidade da gravação da narração (quando houver) na mesma dinâmica do audiotexto. Vale ressaltar que este recurso, apesar de ter o termo "áudio" inserido em sua nomenclatura, pode ser disponibilizado de diferentes formas. *A priori* como áudio, mas também em formatos como o Braille, fonte ampliada com alto contraste e texto digital.

Os usuários que utilizam os leitores de tela poderão indicar a melhor forma de disponibilização de materiais por meio de ambientes virtuais de aprendizagem (AVA), sites, redes sociais digitais, aplicativos de trocas de mensagens etc. Poderão apontar também que os textos disponibilizados estão inacessíveis, pois estão em formato de imagem (prática muito comum nos ambientes escolares), assim que perceberem os educandos sinalizarão, fazendo com que a escola providencie a transcrição dos textos. Outra situação em que estes usuários poderão contribuir é no laboratório de informática, já que eles serão capazes de indicar qual o melhor *software* leitor de telas para computadores e *tablets*, além de apontar alguns outros dispositivos que podem auxiliar no processo de aprendizagem, como as linhas e impressoras Braille, por exemplo.

Estes mesmos estudantes avaliarão as canetas *pentop* e recomendarão para quais atividades estes dispositivos poderão ser úteis e funcionais. Indicarão o melhor posicionamento e a melhor forma de identificação do *QR Code*. Juntos, professores e educandos, encontrarão a maneira mais adequada de identificar as etiquetas, promovendo a independência e autonomia.

O videolibras deve atender às especificidades dos usuários tal qual os outros recursos. Assim, os estudantes que utilizam esta tecnologia apontarão possíveis desconfortos visuais, como contraste entre a roupa do intérprete e a cor da pele, a cor do plano de fundo, a iluminação utilizada para a captação do vídeo, o tamanho da janela de LIBRAS, além de darem retorno à velocidade da fala em português, que muitas vezes é um entrave para o processo de tradução.

Já os usuários da legendagem para surdos e ensurdecidos (LSE) contribuirão expressivamente para os seguintes pontos: fonte utilizada, cor, tamanho dos caracteres, disposição na tela, distribuição de palavras, tempo de exibição das legendas, quantidade de linhas a cada aparição etc.

A linguagem simples deve ser avaliada por todos os estudantes, pois, como foi dito anteriormente, este recurso permite um acesso mais facilitado ao mesmo conteúdo. Assim, a construção de tais textos pode ser uma atividade bem dinâmica com os estudantes, em que estarão construindo um texto colaborativo que vai beneficiar a todos os evolvidos. No momento desta elaboração, certamente os conceitos serão solidificados.

A construção das pranchas de comunicação pode ser desenvolvida de forma bem divertida e participativa. Conforme as demandas dos usuários deste recurso, o professor vai orientando para a construção destas dentro do coletivo. A atividade pode envolver até jogos de memória e associação com objetos presentes no contexto da sala de aula. Conforme os pictogramas vão sendo inseridos na composição das pranchas, os usuários vão dando o *feedback* em relação à sua funcionalidade. Estes estudantes demonstrarão quais pranchas estão atendendo às suas demandas através da comunicação preestabelecida com o professor e os colegas de turma.

5. CONSIDERAÇÕES FINAIS

Felizmente a sociedade vem evoluindo bastante em diversos aspectos, inclusive no contexto educacional. Porém, até que esse desenvolvimento chegasse às escolas, as pessoas com deficiência tiveram que lutar, e fazem isso até os dias atuais para conquistar seus direitos dentro das salas de aula.

Partindo do ponto em que eram consideradas um "peso" para a sociedade e, por isso, sofriam o processo de marginalização somente pela constituição de seus corpos, até os dias atuais em que essas pessoas estudam, trabalham, especializam-se, namoram, viajam, entre outras coisas, há um relevante hiato.

Apesar de nossa legislação garantir os direitos das pessoas com deficiência por meio de inúmeros documentos de suma relevância, existe uma dissonância entre a teoria e a práxis. Todavia, muito já se desenvolveu, a exemplo da tecnologia assistiva que está embarcada em recursos didáticos acessíveis.

Recursos, como Braille, leitor de telas, audiotexto, audiodescrição, fonte ampliada, alto contraste, LIBRAS, legendagem para surdos e ensurdecidos, linguagem simples, pictogramas, pranchas de comunicação, além do livro em multiformato que pode abarcar vários destes itens, contribuem efetivamente para o processo de ensino-aprendizagem de forma digna e confortável, propiciando a autonomia e independência dos estudantes com deficiência e promovendo o processo de inclusão.

Baseando-se na usabilidade destes recursos que, prioritariamente, atendem os educandos com deficiência, é importante reforçar o protagonismo e a visibilidade destas pessoas. Elas devem ser consultoras dos recursos que serão utilizados no seu dia a dia dentro da sala de aula no processo de ensino-aprendizagem e nas interações com o professor e os outros estudantes.

O processo de análise, elaboração e construção de tais recursos de forma colaborativa estimula a naturalização e a socialização, valorizando a participação de todos, contribuindo para um ambiente mais democrático, promovendo a equidade e a eliminação das barreiras atitudinais e do capacitismo estrutural.

As discussões em torno do protagonismo das pessoas com deficiência para uma educação mais inclusiva não podem cessar. Cada vez mais os laços de convivência devem ser estreitados para que mais barreiras sejam derrubadas e o olhar de exclusão seja dissipado.

6. REFERÊNCIAS

ANCINE. Instrução Normativa 145, de 08 de outubro de 2018. Disponível em: https://www.ancine.gov.br/pt-br/legislacao/instrucoes-normativas-consolidadas/instru-o-normativa-n-145-de-8-de-outubro-de-2018. Acesso em: 13 ago. 2020.

BRASIL. Decreto 3.298, de 20 de dezembro de 1999. Brasília, 20 dez. 1999. Disponível em: http://www.planalto.gov.br/ccivil_03/decreto/d3298.htm. Acesso em: 27 jun. 2020.

BRASIL. Decreto 5.296, de 02 de dezembro de 2004. Brasília, 02 dez. 2004. Disponível em: http://www.planalto.gov.br/ccivil_03/_ato2004-2006/2004/decreto/d5296.htm. Acesso em: 27 jun. 2020.

BRASIL. Decreto 5.626, de 22 de dezembro de 2005. Brasília, 22 dez. 2005. Disponível em: http://www.planalto.gov.br/ccivil_03/_ato2004-2006/2005/decreto/d5626.htm. Acesso em: 27 jun. 2020.

BRASIL. Decreto 6.949, de 25 de agosto de 2009. Brasília, 25 ago. 2009. Disponível em: http://www.planalto.gov.br/ccivil_03/_ato2007-2010/2009/decreto/d6949.htm. Acesso em: 27 jun. 2020.

BRASIL. Decreto 7.611, de 17 de novembro de 2011. Brasília, 17 nov. 2011. Disponível em: http://www.planalto.gov.br/ccivil_03/_ato2011-2014/2011/decreto/d7611.htm. Acesso em: 27 jun. 2020.

BRASIL. Decreto 7.612, de 17 de novembro de 2011. Brasília, 17 nov. 2011. Disponível em: http://www.planalto.gov.br/ccivil_03/_Ato2011-2014/2011/Decreto/D7612.htm. Acesso em: 27 jun. 2020.

BRASIL. Lei 10.048, de 08 de novembro de 2000. Brasília, 08 nov. 2000. Disponível em: http://www.planalto.gov.br/ccivil_03/leis/l10048.htm#:~:text=LEI%20No%2010.048%2C%20DE%208%20DE%20NOVEMBRO%20DE%202000.&text=D%C3%A1%20prioridade%20de%20atendimento%20%C3%A0s,Art.. Acesso em: 27 jun. 2020.

BRASIL. Lei 10.098, de 19 de dezembro de 2000. Brasília, 19 dez. 2000. Disponível em: http://www.planalto.gov.br/ccivil_03/LEIS/L10098.htm. Acesso em: 27 jun. 2020.

BRASIL. Lei 10.436, de 24 de abril de 2002. Brasília, 24 abr. 2002. Disponível em: http://www.planalto.gov.br/ccivil_03/leis/2002/l10436.htm. Acesso em: 27 jun. 2020.

BRASIL. Lei 12.319, de 1º de setembro de 2010. Brasília, 01 set. 2010. Disponível em: http://www.planalto.gov.br/ccivil_03/_ato2007-2010/2010/lei/l12319.htm. Acesso em: 27 jun. 2020.

BRASIL. Lei 12.764, de 27 de dezembro de 2012. Brasília, 27 dez. 2012. Disponível em: http://www.planalto.gov.br/ccivil_03/_ato2011-2014/2012/lei/l12764.htm#:~:text=LEI%20N%C2%BA%2012.764%2C%20DE%2027%20DE%20DEZEMBRO%20DE%202012.&text=Institui%20a%20Pol%C3%ADtica%20Nacional%20de,11%20de%20dezembro%20de%201990. Acesso em: 27 jun. 2020.

BRASIL. Lei 13.146, de 06 de julho de 2015. Brasília, 06 jul. 2015. Disponível em: http://www.planalto.gov.br/ccivil_03/_ato2015-2018/2015/lei/l13146.htm. Acesso em: 27 jun. 2020.

BRASIL. Lei 13.977, de 08 de janeiro de 2020. Brasília, 08 jan. 2020. Disponível em: http://www.planalto.gov.br/ccivil_03/_ato2019-2022/2020/lei/L13977.htm. Acesso em: 27 jun. 2020.

BRASIL. Resolução CNE/CEB n. 4, de 02 de outubro de 2009. Brasília, 02 out. 2009. Disponível em: http://portal.mec.gov.br/dmdocuments/rceb004_09.pdf. Acesso em: 27 jun. 2020.

CONGRESSO INTERNACIONAL SOCIEDADE INCLUSIVA. Declaração internacional de Montreal sobre inclusão. 2001. Disponível em: http://portal.mec.gov.br/seesp/arquivos/pdf/dec_inclu.pdf. Acesso em: 27 jun. 2020.

DIAS, Kátia Arruda; FERNANDES, Edicléa Mascarenhas. O estado da arte sobre a inclusão nos institutos federais: dialogando sobre ações inclusivas na rede. *Brazilian Journal of Development*, v. 6, n. 6, p. 39618-39632, jun./2020. Disponível em: https://www.brazilianjournals.com/index.php/BRJD/article/view/12034/10056. Acesso em: 04 ago. 2020.

DRANKA, Lucas Kitt. *Pictogramas*: teoria, desenvolvimento e aplicação: The Noun Project: análise e adaptação ao português. Relatório de Iniciação Científica e Integração Acadêmica, Universidade Federal do Paraná, 2012. Disponível em: http://www.ciclovida.ufpr.br/wp-content/uploads/2013/03/Relat%C3%B3rio-Lucas-K.-Dranka-Pictogramas-Teoria-Desenvolvimento-e-Aplica%C3%A7%C3%A3o.pdf. Acesso em: 13 ago. 2020.

FREIRE, Paulo. *Pedagogia da autonomia*: saberes necessários à prática educativa. 25. ed. São Paulo: Paz e Terra, 2002. Disponível em: http://www.apeoesp.org.br/sistema/ck/files/4-%20Freire_P_%20Pedagogia%20da%20autonomia.pdf. Acesso em: 05 ago. 2020.

FRIAS, Elzabel Maria Alberton; MENEZES, Maria Christine Berdusco. *Inclusão escolar do aluno com necessidades educacionais especiais*: contribuições ao professor do Ensino Regular. Disponível em: http://www.diaadiaeducacao.pr.gov.br/portals/pde/arquivos/1462-8.pdf. Acesso em: 06 ago. 2020.

GALVÃO FILHO, Teófilo Alves. *Tecnologia assistiva para uma escola inclusiva*: apropriação, demandas e perspectivas. Orientadora: Theresinha Guimarães Miranda. UFBA, 2009. 346 f. Tese (Doutorado em Educação) – Faculdade de Educação, Universidade Federal da Bahia, Salvador, 2009. Disponível em: https://www2.ufjf.br/nai//files/2009/07/Tese-Teofilo-Galvao.pdf. Acesso em: 10 ago. 2020.

MELLO, Anahí Guedes de. Deficiência, incapacidade e vulnerabilidade: do capacitismo ou a preeminência capacitista e biomédica do Comitê de Ética em Pesquisa da UFSC. *Ciência e saúde coletiva*, v. 21, n. 10, 2016, p. 3265-3276. Disponível em: https://www.scielo.br/pdf/csc/v21n10/1413-8123-csc-21-10-3265.pdf. Acesso em: 05 ago. 2020.

MONTEIRO, Felipe Vieira. *Análise de lexias "tabus" na audiodescrição de imagens estáticas de sexo explícito no filme "A história da eternidade"*. UECE, 2018. 54 f. TCC (Especialização em Tradução audiovisual acessível: audiodescrição) – Centro de Humanidades, Universidade Estadual do Ceará, Fortaleza, 2018. Disponível em: http://siduece.uece.br/siduece/trabalhoAcademicoPublico.jsf?id=85501. Acesso em: 20 jul. 2020.

MONTEIRO, Felipe Vieira; FERNANDES, Edicléa Mascarenhas. A consultoria para um livro em multiformato no contexto educacional. *Revista Aleph*, n. 34, jul./2020. Disponível em: https://periodicos.uff.br/revistaleph/article/view/42172/0. Acesso em: 10 ago. 2020.

NICOLA, Jéssica Anese; PANIZ, Catiane Mazocco. A importância da utilização de diferentes recursos didáticos no ensino de ciências e biologia. *Infor, Inovação e Formação, Revista NEaD-Unesp*, v. 2, n. 1, p. 355-381, São Paulo, 2016. Disponível em: https://ojs.ead.unesp.br/index.php/nead/article/view/InFor2120167/pdf. Acesso em: 04 ago. 2020.

OEA. ORGANIZAÇÃO DOS ESTADOS AMERICANOS. *Convenção interamericana para a eliminação de todas as formas de discriminação contra as pessoas portadoras de deficiência*. Guatemala, 1999. OEA, 1999. Disponível em: https://iparadigma.org.br/biblioteca/gestao-publica-convencao-da-guatemala-de-1999-convencao-interamericana/. Acesso em: 27 jun. 2020.

PACHECO, Katia Monteiro De Benedetto; ALVES, Vera Lúcia Rodrigues. A história da deficiência, da marginalização à inclusão social: uma mudança de paradigma. *Acta Fisiátrica*, v. 14, n. 4, 2007, p. 242-248. Disponível em: http://www.revistas.usp.br/actafisiatrica/article/view/102875. Acesso em: 30 jul. 2020.

ROSA, Valéria Ilsa. *Design inclusivo*: processo de desenvolvimento de prancha de Comunicação Alternativa e Aumentativa para crianças com Transtorno do Espectro do Autismo utilizando Realidade Aumentada. Orientador: Régio Pierre da Silva. UFRGS, 2018. 229 f. Tese (Doutorado em Design) – Escola de Engenharia, Universidade Federal do Rio Grande do Sul, Porto Alegre, 2018. Disponível em: https://lume.ufrgs.br/bitstream/handle/10183/174392/001062517.pdf?sequence=1&isAllowed=y. Acesso em: 13 ago. 2020.

SASSAKI, Romeu Kazumi. *Nada sobre nós, sem nós*: da integração à inclusão. Publicado em: 22 jun. 2011. Disponível em: http://www.bengalalegal.com/nada-sobre-nos. Acesso em: 14 ago. 2020.

UNESCO. Declaração de Salamanca sobre princípios, políticas e práticas na área das necessidades educativas especiais. Salamanca, 1994. Disponível em: http://portal.mec.gov.br/seesp/arquivos/pdf/salamanca.pdf. Acesso em: 27 jun. 2020.

DIREITO DA ANTIDISCRIMINAÇÃO E DEFICIÊNCIA: CRITÉRIOS PROIBIDOS DE DISCRIMINAÇÃO, HIV/AIDS E O "DILEMA DA DIFERENÇA"

Roger Raupp Rios

Pós-Doutor pela Universidade de Paris. Doutor e Mestre em Direito (UFRGS), com estágio de pesquisa na Universidade do Texas – Austin e na Universidade Columbia – NYC. Pós-Graduação em Direito (Mestrado/Doutorado) da Universidade do Vale do Rio dos Sinos (UNISINOS). Desembargador Federal – TRF4. E-mail: roger.raupp.rios@gmail.com.

1. INTRODUÇÃO

O direito constitucional brasileiro e o direito internacional dos direitos humanos têm, dentre seus conteúdos fundamentais, a afirmação do direito de igualdade como mandamento de proibição de discriminação. Formulado e compreendido, na arena internacional, a partir das violações perpetradas pelos regimes totalitários, assim como, na ordem interna, respondendo à violência praticada pela ditadura militar que se estabeleceu no período da Guerra Fria, a proibição de discriminação ordenada pelo direito de igualdade, no direito brasileiro e no direito internacional, almeja afastar toda e qualquer diferenciação injusta, em especial práticas e regimes de subordinação contra indivíduos e grupos histórica e socialmente injustiçados e vítimas de preconceito e discriminação.

Sem ignorar, muito menos menosprezar o rico e intenso debate (KYMLICKA, 1995) desenvolvido em diversos campos (político, social, filosófico, histórico etc.), é de se salientar que este esforço de efetivação do mandamento antidiscriminatório resultou, na esfera jurídica, na formulação de legislação e jurisprudência específicas. A litigância, a sistematização e a pesquisa acadêmica nestes campos acabaram por demarcar domínios do conhecimento e da prática jurídicas, conhecido como "direito da antidiscriminação". Com efeito, enquanto a compreensão tradicional do princípio da igualdade expõe o conteúdo e a extensão dessa cláusula constitucional de modo estático, por meio da enunciação de suas respectivas dimensões formal e material, o conceito de discriminação aponta para a reprovação jurídica das violações do princípio isonômico, atentando para os prejuízos injustos experimentados pelos destinatários de tratamentos desiguais. A discriminação enfrentada pelo direito da antidiscriminação é tomada por uma perspectiva jurídica mais substantiva que formal: importa enfrentar a desigualdade prejudicial e injusta, pois nem sempre a adoção de tratamentos distintos se revela maléfica, sendo mesmo tantas vezes exigida, como alerta a dimensão material do princípio da igualdade (o de tratar igualmente os iguais e desigualmente os desiguais na medida de suas desigualdades).

Nesta reflexão, busca-se apresentar, ainda que de modo sucinto, os elementos fundamentais do direito da antidiscriminação, com ênfase na proibição de discriminação por deficiência (parte 1); a seguir, mediante o exame da proteção social requerida em demandas por pessoas vivendo com HIV/AIDS de modo assintomático, propõe-se demonstrar a complexidade e a riqueza da concretização do direito da antidiscriminação.

2. ELEMENTOS FUNDAMENTAIS DO DIREITO DA ANTIDISCRIMINAÇÃO E DISCRIMINAÇÃO POR DEFICIÊNCIA

Os elementos fundamentais no direito da antidiscriminação são o conceito jurídico de discriminação, as modalidades de discriminação, os critérios proibidos de discriminação, as perspectivas da antidiferenciação e da antissubordinação e as respostas jurídicas disponíveis (de cunho legislativo, políticas públicas e ações afirmativas) (RIOS, 2008). Para os fins deste artigo, serão referidos o conceito jurídico de discriminação, suas modalidades e critérios proibidos de discriminação, tomando como caso exemplar a proibição de discriminação por motivo de deficiência.

2.1 Conceito jurídico de discriminação

O conceito de discriminação merece algumas considerações no sentido de tornar mais clara sua compreensão e de facilitar sua concretização no campo jurídico. Diferentemente do preconceito, que designa percepções mentais e internas negativas em desfavor de indivíduos e grupos socialmente inferiorizados, discriminação é a materialização de atitudes arbitrárias, acarretando violações de direitos. O termo preconceito é utilizado de maneira mais frequente nos domínios da psicologia e das ciências sociais, enquanto o termo discriminação é mais difundido no vocabulário jurídico.

Nesse sentido, a partir da análise conjunta da Convenção Internacional sobre a Eliminação de todas as Formas de Discriminação Racial e da Convenção sobre a Eliminação de todas as formas de Discriminação contra a Mulher, o conceito jurídico de discriminação é "qualquer distinção, exclusão, restrição ou preferência que tenha o propósito ou o efeito de anular ou prejudicar o reconhecimento, gozo ou exercício em pé de igualdade de direitos humanos e liberdades fundamentais nos campos econômico, social, cultural ou qualquer campo da vida pública" (RIOS, 2008, p. 20). Saliente-se que tal conceito jurídico de discriminação acabou por ser incorporado, com estatura constitucional, no direito interno brasileiro, em virtude da recepção da Convenção Internacional sobre os Direitos da Pessoas com Deficiência.

A discriminação em nada se confunde com a adoção de medidas de diferenciação positiva, visto que estas possuem caráter positivo, objetivando a efetivação dos direitos, sem, portanto, a ilicitude que caracteriza comportamentos discriminatórios. Nas medidas de diferenciação positiva, encontramos não somente as ações afirmativas, mas também adoção de medidas de tratamentos especiais requeridos por uma especificidade de um indivíduo ou grupo (RIOS, 2008, p. 22).

2.2 Modalidades de discriminação

A discriminação pode se dar de maneira intencional e consciente, denominada direta, ou mediante atitudes aparentemente neutras, com impacto prejudicial, ainda que sem intencionalidade, denominada indireta. O elemento distintivo entre ambas é a intencionalidade do agente da discriminação. As modalidades utilizadas na discriminação direta podem variar de acordo com o instrumento utilizado, podendo o elemento discriminador estar expresso em lei – discriminação explícita –, estar presente na aplicação da norma, mesmo que inexistente de forma expressa na legislação – discriminação na aplicação do direito – e na presença intencional de caracteres aparentemente neutros, mas causadores de prejuízos – discriminação na concepção. A discriminação indireta ocorre quando, ainda que desprovida de intenção, uma medida aparentemente neutra impacta, de modo diferenciado e prejudicial, indivíduos e grupos discriminados. Ela pode decorrer desde uma motivação inconsciente – a denominada discriminação indireta inconsciente – até alastrar-se pelas estruturas organizacionais formais e informais, como acontece na discriminação institucional, na reprodução de privilégios invisibilizados ou naturalizados (RIOS, 2008, p. 117-153).

2.3 Critérios proibidos de discriminação

Os ordenamentos jurídicos adotam técnicas diversas no desenvolvimento do direito da antidiscriminação. Enquanto uns enumeram os critérios proibidos de discriminação de forma taxativa por meio de legislação específica, outros contam apenas com previsões constitucionais genéricas e abstratas. Um terceiro grupo, por sua vez, adota um modelo misto, por meio da enumeração meramente exemplificativa dos critérios proibidos de discriminação. No primeiro grupo, a decisão sobre tais critérios é exclusivamente legislativa; nos demais, compete à legislação e aos tribunais enumerá-los ou adicionar critérios aos já previstos. Um sem-número de questões se coloca na aplicação dos critérios de proibição, independentemente do grupo a que pertence cada ordenamento jurídico. O direito brasileiro demonstra essa realidade. A primeira dessas questões, que toma a atenção de imediato, diz respeito à enumeração exemplificativa contida no artigo 3º, inciso IV, da Constituição de 1988, que possibilita a inclusão de novos critérios proibidos de discriminação; outra questão, muito relevante, quanto à interpretação de cada um dos critérios enumerados. Também pode-se elencar, nos Estados federados, a relação entre as diversas esferas de poder na explicitação dos critérios e eventuais descompassos entre os poderes públicos no seu reconhecimento e extensão.

Considerando o direito da antidiscriminação, é particularmente importante atentar para a extensão das proibições de discriminação já existentes. A doutrina e a jurisprudência, ao avaliarem existência de proibição de discriminação nas mais variadas circunstâncias, não só se deparam com a pergunta sobre o reconhecimento de novos critérios, como também lidam com critérios voltados para a proteção de realidades diversas e passíveis de diferentes concretizações. Como reconhecer o surgimento de um critério antes ignorado (orientação sexual, por exemplo)? Como interpretar um critério explícito, diante dos diversos sentidos possíveis e relacionados, como acontece com as concepções biomédica e social da deficiência? No conjunto dos critérios proibidos, qual o significado da proteção bifurcada diante de discriminações com base em certas situações pessoais (raça e sexo, por exemplo) e em certas escolhas e condutas (prática religiosa e convicção filosófica, por exemplo)? Como aplicar os critérios proibidos de discriminação em situações de discriminação interseccional (mulheres e crianças com deficiência vivem realidades diversas das de homens deficientes)? Essas questões se relacionam diretamente à compreensão constitucional do princípio da igualdade no direito brasileiro e do mandamento antidiscriminatório. O direito brasileiro dispõe de uma lista exemplificativa de critérios proibidos de discriminação e de um extenso rol de direitos fundamentais, ainda que não exaustivo. Juntos, tais critérios e direitos proveem proteção contra discriminação fundada em condições pessoais (sorologia assintomática para HIV/AIDS, por exemplo, como será visto na segunda parte) e em escolhas e condutas (convicção filosófica e expressão artística).

2.4 Proibição de discriminação por motivo de deficiência

A afirmação de determinados critérios proibidos de discriminação traz à tona uma série de questões. Entre estas, evidenciam-se: quem são os destinatários da proteção antidiscriminatória por motivo de deficiência? Qual a importância da interseccionalidade para a caracterização da deficiência quando se trata de deficiência, pobreza, idade, gênero e soropositividade para o vírus da imunodeficiência adquirida (HIV)? Como compreender os deveres de habilitação e reabilitação e de promoção da integração? Quais as modalidades de discriminação experimentadas por deficiência? Como entender o alcance do dever de facilitação do acesso aos bens e serviços coletivos? Qual o sentido do destaque à proibição de discriminação no ensino, no mundo do trabalho e em favor da infância e da adolescência?

As questões trazidas pela proibição de discriminação por deficiência são de grande importância para o estudo e o desenvolvimento do direito da antidiscriminação como um todo, dadas as exigências e peculiaridades desse âmbito da realidade e da prática jurídica. O primeiro elemento merecedor de atenção no desenvolvimento do direito da antidiscriminação na hipótese de deficiência é a definição de quem são os destinatários da proteção antidiscriminatória.

2.5 Discriminação por deficiência e deveres de adaptação

No conceito de discriminação por motivo de deficiência, um dos elementos mais destacados é o dever de adaptação razoável (MARTEL, 2011). Trata-se de medidas que implicam modificações necessárias e ajustes razoáveis objetivando assegurar às pessoas com deficiência o exercício de seus direitos humanos e fundamentais em pé de igualdade com os demais. Não por acaso o próprio conceito jurídico de discriminação explicita em seus termos a presença dos deveres de adaptação, entendido como elemento do mandamento proibitivo de discriminação por motivo de deficiência. Esse dever requer, nos termos do artigo 2º da Convenção sobre os Direitos das Pessoas com Deficiência,

> [...] a modificação necessária e adequada e os ajustes que não acarretem um ônus desproporcional ou indevido, quando necessários em cada caso, a fim de assegurar que as pessoas com deficiência possam desfrutar ou exercitar, em igualdade de oportunidades com as demais pessoas, todos os direitos humanos e liberdades fundamentais.

Exemplos desse dever jurídico são a oferta de intérpretes de Libras a estudantes com deficiência auditiva e a adoção de apoios específicos para possibilitar a mobilidade corporal de pessoas com deficiência locomotora nos mais diversos equipamentos urbanos. No direito brasileiro, não bastasse a previsão desses deveres na norma proibitiva de discriminação por motivo de deficiência, há registro legislativo e jurisprudencial. A Lei n. 7.853, de 1989, por exemplo, dispõe sobre acesso a espaços públicos e privados, edificações e inserção em oficinas de trabalho (BRASIL, 1989). Do repertório de decisões dos tribunais, é de se destacar manifestação do Supremo Tribunal Federal em que fica afirmada a exigência constitucional de deveres de adaptação, em favor de portadores de deficiência, no transporte coletivo intermunicipal (BRASIL, Supremo Tribunal Federal, 1997).

Os deveres de adaptação só podem ser legitimamente afastados se demonstrada desproporcionalidade entre a medida necessária para a adaptação e os custos e exigências decorrentes de sua implementação, tudo orientado pelo dever de não discriminar e pela concretização dos direitos fundamentais das pessoas portadoras de deficiência. Cuidando-se de concretização de normas de direitos fundamentais que exigem atividade positiva por parte do Poder Público e da sociedade, o juízo de proporcionalidade consubstancia-se como proibição de não suficiência. Assim entendida, a proporcionalidade requer que os obrigados à satisfação de um direito fundamental propiciem condições mínimas de exercício do direito por parte de seus titulares (LEIVAS, 2006). Vale dizer, a medida deve ser adequada, apta a propiciar o exercício dos direitos humanos e fundamentais em questão das pessoas com deficiência; e deve ser necessária, prevalecendo diante de alternativas menos onerosas em face dos direitos da contraparte. Por fim, devem ser ponderados os ônus decorrentes para a demanda em virtude da satisfação do direito pleiteado. O descumprimento dos deveres de adaptação acaba por demonstrar como a falta das medidas necessárias é fator gerador de ambiente onde os impedimentos corporais e sensoriais são experimentadas como deficiência.

2.6 Deficiência: concepções biomédica e social

A análise dos instrumentos internacionais de proteção dos direitos das pessoas com deficiência, já inseridos no ordenamento jurídico nacional, faz concluir pela prevalência de um conceito que abrange as compreensões da deficiência como fenômeno biomédico e social. Prevalece, portanto, a percepção de que a deficiência não está relacionada necessariamente a características físicas e mentais peculiares deste ou daquele indivíduo (concepção biomédica), mas é condição resultante da interação e do modo de inserção de indivíduos e grupos no contexto social hegemônico (concepção social) (DINIZ, 2007).

A Convenção sobre os Direitos das Pessoas com Deficiência dispõe:

> e) Reconhecendo que a deficiência é um conceito em evolução e que a deficiência resulta da interação entre pessoas com deficiência e as barreiras devidas às atitudes e ao meio ambiente que impedem a plena e efetiva participação dessas pessoas na sociedade em igualdade de oportunidades com as demais pessoas; Artigo 1°. Segunda parte: Pessoas com deficiência são aquelas que têm impedimentos de longo prazo de natureza física, intelectual ou sensorial, os quais, em interação com diversas barreiras, podem obstruir sua participação plena e efetiva na sociedade em igualdade de condições com as demais pessoas.

A adoção dessa compreensão da deficiência pelo direito brasileiro tem consequências normativas importantes, tanto materiais quanto procedimentais (FONSECA, 2009). Do ponto de vista do direito material, implica não reconhecer proteção jurídica somente àquelas pessoas que se enquadram num conceito biomédico definido anteriormente ao exame das circunstâncias ambientais e barreiras sociais. Esse conceito requer que, para a qualificação jurídica dos possíveis destinatários de medidas antidiscriminatórias por deficiência, sejam examinados os fatores ambientais simultânea e conjuntamente à condição física, psíquica e sensorial peculiares ao indivíduo. Isso significa que a definição de quem é deficiente reclama a contextualização do indivíduo e de seu modo de interagir em cada tempo e lugar. A compreensão social da deficiência também aponta para a proteção jurídica de indivíduos e grupos que sejam sujeitos a discriminação em virtude da possibilidade concreta de virem a experimentar situações de deficiência. Isso é particularmente relevante nas hipóteses de predisposição genética para certos tipos de doença ou deficiência (doença de Huntington, por exemplo), bem como nas hipóteses de surgimento futuro de sintomas incapacitantes, como ilustra a epidemia de HIV/AIDS.

Assim, por exemplo, alguém, diante de certo tipo de arquitetura quanto aos acessos e modos de locomoção, poderá ser merecedor da proteção antidiscriminatória, daí derivando deveres não só de adaptação, mas também de reparação por eventuais prejuízos materiais e morais concretamente verificados. Por outro lado, não há que se falar em aplicação da proteção antidiscriminatória em favor do mesmo sujeito em ambiente capaz de lhe propiciar inserção adequada e efetiva, possibilitando o exercício de sua liberdade de locomoção. Na esfera processual, uma consequência direta da compreensão da deficiência em suas dimensões biomédica e social diz respeito à produção probatória e à participação de peritos auxiliares do Juízo em litígios envolvendo direitos de pessoas com deficiência. De fato, em vez de restringir-se à avaliação biomédica das condições físicas, psíquicas e sensoriais do indivíduo, a produção probatória deve também atentar para a caracterização do ambiente onde o sujeito está situado, uma vez que é da interação entre sua condição individual e o entorno que a existência ou não de discriminação por motivo de deficiência se apresentará. Essa necessidade reflete-se de modo imediato na elaboração de laudos periciais, seja na oferta dos quesitos por parte do Juízo e das partes, seja na avaliação geral pelo perito. A consideração de fatores e circunstâncias que vão além do diagnóstico biomédico focado estritamente no indivíduo deficiente abre caminho para a percepção da coexistência de múltiplas dimensões na vida de indivíduos e grupos, cuja resultante produz concretamente a experiência da discriminação por motivo de deficiência. Não é por acaso, portanto, que fatores como a idade, o gênero, a condição econômica e a soropositividade para o vírus HIV marcam presença em litígios judiciais e no desenvolvimento internacional dos direitos humanos em matéria de discriminação por deficiência.

2.7 Interseccionalidade e deficiência

A Convenção sobre os Direitos das Pessoas com Deficiência é expressa ao salientar que a discriminação por motivo de deficiência atinge mulheres e meninas de modo peculiar e agravado. Isso acontece devido ao caráter múltiplo das restrições ao pleno e igual desfrute de todos os direitos humanos e liberdades fundamentais decorrentes da combinação da deficiência com o gênero.

A convenção também salienta, em seu artigo 7º, a situação experimentada por crianças com deficiência, dada a especificidade da fase de desenvolvimento que vivem e o risco agravado de sujeição e desvantagem em face de adultos. A preocupação com a discriminação múltipla incidente sobre faixas etárias mais vulneráveis, como crianças e idosos, se renova de modo específico no texto convencional no artigo 25. Ao se dispor sobre o direito à saúde, menciona-se especialmente a necessidade de "serviços projetados para minimizar e prevenir deficiências adicionais, inclusive entre crianças e idosos" que já vivem com deficiências.

O envelhecimento também está presente na dinâmica interseccional da discriminação por deficiência. Tanto que o Estatuto do Idoso, no artigo 15, parágrafo 4º, e no artigo 79, inciso II, é explícito ao prever atendimento especializado aos idosos portadores de deficiência ou com limitação incapacitante (BRASIL, 2003). A par da consideração dos fatores etários e de gênero, a proteção contra discriminação por deficiência chama a atenção para o agravamento das restrições ao exercício de direitos humanos e fundamentais em razão da carência econômica, bem como para a piora das condições econômicas e sociais decorrentes dessa modalidade de discriminação. Tanto que o artigo 28 da convenção preocupa-se com a garantia de padrões de vida e de proteção social adequados às pessoas com deficiência, particularmente mulheres, crianças e idosos, por meio de programas de proteção social e de redução da pobreza.

O direito da antidiscriminação também aponta para a proibição de discriminação por deficiência nos casos de doenças crônicas, ainda que essa situação seja distinguida da condição de deficiência. A primeira está relacionada com a experiência de longo prazo na vida individual, enquanto a segunda é considerada uma condição irreversível. Não obstante tal distinção, afirma-se a pertinência da proteção antidiscriminatória por deficiência a ambas as situações, independente da duração, do caráter ou da severidade da doença crônica. Nessa linha, as experiências das pessoas vivendo com HIV/aids apresentam um caso emblemático para a constatação do caráter multifatorial da discriminação, fazendo ver de modo claro as consequências práticas, para o direito da antidiscriminação, da adoção da concepção social da deficiência.

É o que demonstra o debate sobre os direitos ao Benefício de Prestação Continuada (benefício assistencial), requeridos por pessoas vivendo com HIV/AIDS, ainda que de modo assintomático. A prevalecer uma compreensão mais afeita ao modelo biomédico da deficiência, o critério definidor predominante para a procedência dos pedidos seria a presença de sintomas da infecção por HIV, em apreciação jurídica onde sobreleva o quadro clínico: seriam os males que acometem o indivíduo a razão do sucesso ou insucesso da demanda. Daí decorreria a negativa de benefício securitário, dada a inexistência de sinais de infecção de AIDS constatada por laudo médico, não se apresentando maiores elementos acerca do significado dos requisitos de incapacidade e de deficiência no contexto social. Diversamente, quando predomina a concepção social da deficiência, a consideração dos fatores ambientais, sociais, econômicos e culturais toma papel decisivo para a conclusão sobre o direito à proteção de seguridade social. Assim, devem ser considerados outros fatores como capacitação profissional, preconceito e discriminação e presença de forte estigma social – o caráter multidimensional da compreensão da incapacidade e o reconhecimento do preconceito, ainda que difuso e disfarçado. Todas essas circunstâncias demonstram não somente a multiplicidade, como também o alcance da discriminação por motivo de deficiência. Na análise de tais realidades, o direito da antidiscriminação volta-se para a discriminação tanto intencional (direta) quanto não intencional (indireta), uma vez que os prejuízos e as desvantagens provocados não dependem das intenções dos atores e das instituições envolvidos.

3. DIREITO DA ANTIDISCRIMINAÇÃO E O DILEMA DA DIFERENÇA: CONDIÇÃO SOROLÓGICA POSITIVA ASSINTOMÁTICA PARA HIV E PROTEÇÃO POR DEFICIÊNCIA

É no quadro do direito da antidiscriminação que devemos compreenderas demandas de pessoas vivendo com HIV/AIDS, ainda que assintomáticas, do direito a benefícios sociais; mais especificamente, se se qualificam, para os fins de proteção social, destinatárias de BPC, por possuírem "...impedimento de longo prazo de natureza física, mental, intelectual ou sensorial, o qual, em interação com uma ou mais barreiras, pode obstruir sua participação plena e efetiva na sociedade em igualdade de condições com as demais pessoas" (BRASIL, 1993). Trata-se de compreender critérios proibidos de discriminação (deficiência), diante da reivindicação de prestação positiva concreta (prestação mensal continuada monetária), de caráter distributivo, a partir do reconhecimento de proteção antidiscriminatória relacionada a condição pessoal (condição sorológica positiva para HIV).

No modelo social, a condição assintomática de pessoas vivendo com HIV/AIDS não pode ignorar o preconceito e a discriminação na vida em sociedade, ao lado de outras circunstâncias eventualmente presentes. A questão é verificar quais as possibilidades e os impedimentos experimentados que podem resultar em redução total ou parcial de capacidade para exercício de atividade laboral remunerada e que impliquem restrição de participação plena e efetiva na sociedade em igualdade de condições. Assim, haverá direito a benefício por incapacidade para pessoa vivendo com HIV, assintomática para AIDS, se o preconceito e a discriminação, associados a outros fatores, impedirem ou reduzirem o exercício de atividade laboral remunerada, como também ao benefício de prestação continuada, se este conjunto de fatores obstruir a participação plena e efetiva na sociedade em igualdade de oportunidades. Não se trata, portanto, de presunção direta e imediata entre sorologia positiva assintomática e incapacidade para vida laboral e para participação igualitária na vida social, nem de presumir o contrário, de que a ausência de sintomas garanta capacidade laboral ou participação igualitária na vida em sociedade.

Mostra-se necessário avaliar outros fatores além da condição assintomática ou não, cuja presença pode importar em obstrução para participação igualitária na vida social. Dentre outros, aspectos como: (a) intersecção com condição econômica e social; (b) intersecção com pertencimentos identitários que acarretam discriminação múltipla (como raça, etnia, orientação sexual e identidade de gênero); (c) qualidade da atenção em saúde acessível à pessoa vivendo com HIV/AIDS; (d) manifestações corporais diversas experimentadas; (e) contexto social e cultural onde inserido o indivíduo, englobando, por exemplo, níveis de preconceito e discriminação, estrutura urbana, inserção e socialização em diversos grupos e corpos sociais intermediários.

3.1 A epidemia de HIV/AIDS e modelo social no contexto brasileiro

No contexto da epidemia de HIV/AIDS no Brasil, a enumeração e consideração dos elementos envolvidos nessa equação requer cuidado, dada a complexidade histórica de cada um e a multicausalidade fatorial entre eles. Do exame da literatura e da atenção às experiências de indivíduos e grupos vivendo com HIV/AIDS, destaca-se o histórico das respostas brasileiras diante da epidemia e dos processos de estigmatização. É decisivo ter um panorama das respostas brasileiras diante da epidemia do HIV/AIDS, dado que é nesse contexto em que pessoas assintomáticas se inserem, momento cuja atualidade e compreensão não se produzem no vazio histórico.

Conforme indica a literatura especializada, podem ser arroladas 4 fases nessa trajetória. A primeira fase (1982-1983), desencadeada a partir dos primeiros casos, registrou o surgimento dos primeiros programas (no Estado de São Paulo) e organizações não governamentais (GAPA – Grupo de Apoio e Prevenção à AIDS e ABIA – Associação Brasileira Interdisciplinar de AIDS); ela foi marcada por ampla negação estatal e onde de pânico moral, medo, estigma e discriminação, em especial por líderes religiosos. A segunda fase (1986-1990) tem seu início marcado pelo Programa Nacional de AIDS, com abordagem mais pragmática e técnica, com o surgimento de ONGs (GAPAs) pelo país. Com elas, cresceu a pressão por respostas mais solidárias e comunitárias (destacou-se a liderança de Herbert Daniel), baseadas em compromissos éticos e políticos, não restritas à abordagem tecnocrática. De 1990 a 1992, a terceira fase foi bastante turbulenta, surgindo um distanciamento entre a atividade estatal e a sociedade, caracterizando praticamente um antagonismo (administração Collor de Mello). A quarta fase (1992 a 1996), retomou o rumo de respostas colaborativas entre sociedade e Estado, contando inclusive com financiamento internacional. Todos esses momentos revelam, não por acaso, correspondência entre os desenvolvimentos da história política nacional e as respostas à epidemia. Em 1996, é promulgada a Lei Federal 9.313, marco histórico para o acesso a antirretrovirais, estabelecendo acesso universal, inaugurando experiência mundialmente reconhecida de modo positivo. Esse avanço, todavia, começa a ser desafiado a partir dos anos 2000, em decorrência de pressões vindas de detentores internacionais de patentes farmacêuticas, cujo direito de propriedade comercial passa a ser tensionado por perspectivas de direitos humanos e do direito à saúde, resultando na Declaração de Doha sobre TRIPS e Saúde Pública, onde se admitiu o licenciamento compulsório para produção de medicamentos diante da epidemia (PARKER, 2003).

No entanto, internamente, as respostas brasileiras verificaram fragilização desde 2006, em especial quanto à atenção primária em HIV/AIDS e ao apoio a iniciativas da sociedade civil (CORRÊA, 2016, p. 7-16). Naquela quadra, de 2003 a 2010, as respostas produziram-se no intrincado contexto em que lideranças da sociedade civil se integraram na máquina administrativa, com perda progressiva de autonomia da ONGs, que passaram a ser vistas mais como executoras de ações determinadas pelas políticas públicas, em apoio ao Estado. Disputas comerciais, inclusive junto à OMC, colocaram então o desafio sanitário nacional da incorporação de medicamentos, marcando a trajetória das respostas à epidemia durante toda a década de 2010 (SEFFNER e PARKER, 2016, p. 22-30). Nesse período, o que predominou foram a opacidade, o conservadorismo e o tecnicismo em face da epidemia, fragilizando-se abordagens mais amplos, que envolveriam a promoção de direitos humanos, tanto na área da saúde, quanto em geral (TERTO Jr., CARVALHO, VILLARDI e VIEIRA, 2016, p. 37).

Por fim, nesse rapidíssimo escorço histórico, os tempos atuais nas respostas à epidemia revelam o recrudescimento de forças conservadoras e disseminadoras de antigos estereótipos altamente negativos, bloqueando não somente medidas de prevenção e informação, como também a incorporação de novas alternativas sanitárias. O resultado disso é a tendência, verificada nos últimos anos, de reversão de redução e de crescimento da epidemia. Como alerta Alexandre Granjeiro (2016, p. 16), há indícios de que a epidemia está reemergindo e tende a atingir patamares mais elevados do que os observados nos últimos 30 anos. A reemergência da epidemia, acompanhada da fragilização da participação da sociedade civil e das dificuldades enfrentadas pelo SUS, acrescida do recrudescimento de forças conservadoras e dissonantes do paradigma dos direitos humanos, alimentam significativamente os processos sociais de estigmatização de pessoas vivendo com HIV/AIDS, sejam assintomáticas ou não.

Essas as constatações da literatura especializada, que registra especialmente como os processos de discriminação e estigma (BASTOS, 2013, p. 91) resultam de interações e dinâmicas sociais que articulam marcadores sociais de desigualdades, como classe, gênero, cor/raça/etnia, entre outros, além das características individuais dos sujeitos (MONTEIRO, PEREIRA e SOARES, 2013, P. 62). Como salienta Veriano Terto Jr. (2004), a epidemia reconceitualizou uma série de identidades sociais, dentre as quais a da pessoa soropositiva, passando a ser visto não somente como enfermo ou paciente, mas como sujeito que atua individual e coletivamente em face de vários contextos sociais e políticos.

Esses contextos são decisivos para as experiências e as respostas, que num ambiente de preconceito e discriminação foram inclusive percebidos como situações de *morte civil* (DANIEL, 1989). Tanto que, conforme apontam os estudos culturais, o soropositivo é assimilado mesmo à figura do monstro perigoso e homossexual (COHEN, 2000, p. 29):

> Tese: o monstro sempre escapa (soropositivo como perigoso) Bram Stoker's Dracula, de Francis Coppola, o subtexto homossexual presente desde a aparição da lésbica Lamia, de Sheridan Le Fanu (Carmilla, 1872), tal como os corpúsculos vermelhos que servem como o Leitmotif do filme, sobe à superfície, primariamente como consciência da AIDS, transformando a doença do vampirismo em uma forma sádica (e muito medieval) de redenção por meio dos tormentos do corpo que sofre. Nenhuma coincidência, pois, que Coppola estivesse produzindo um documentário sobre a AIDS ao mesmo tempo em que ele estava trabalhando no Drácula.

3.2 Assintomatologia para HIV/AIDS e o "dilema da diferença"

Um dado importante a ser considerado quanto à incapacidade laboral de pessoas assintomáticas vivendo com HIV/AIDS diz respeito às consequências da concessão de eventual benefício. De fato, reconhecer o direito ao benefício pode ser uma necessidade diante de um risco social concreto e efetivo, eliminando ou ao menos reduzindo violações à vida digna do beneficiário. Ao mesmo tempo, pode alimentar processos sociais de estigmatização do indivíduo, seja pela identificação do beneficiário a um grupo discriminado, seja até mesmo por apartá-lo de certos ambientes sociais laborais, com potencial de integração e de colaboração sociais. Isso sem falar na violência simbólica e da injúria que podem resultar da combinação de estereótipos negativos contra beneficiários de direitos sociais ("vagabundos"; "pesos mortos para a sociedade") e preconceitos contra pessoas vivendo com HIV/AIDS ("seres perigosos" e degenerados por sua perversão e luxúria).

Em termos de políticas públicas e formulações jurídicas, estas possibilidades alertam para o chamado "dilema da diferença" (MINOW, 1990), que pode ser expresso em três versões:

a) primeira versão: a diferença pode ser recriada ao ser registrada ou ao ser ignorada (deferimento do benefício funcionando como marcador social de diferença sorológica ensejadora de discriminação);

b) segunda versão: a ambiguidade da neutralidade (indeferimento do benefício como desconsideração complacente com a discriminação vivida por sorologia);

c) terceira versão: tomada de decisões baseadas em critérios formais, rígidos e universais (ou todo portador de HIV tem sempre direito ao benefício, independente de sintomatologia ou a assintomatologia leva necessariamente à rejeição do direito) *vs.* a abertura para decisões individualizadas, com maior grau de concretização.

Essas versões apresentam-se diante do mesmo desafio. Na primeira, ao destacar-se a diferença para proteger contra discriminação, corre-se o risco de engendrar mais preconceito e discriminação (sobre esse ponto, ver HALLEY, 1995). Na segunda, permanecer inerte diante de uma realidade de discriminação, sob a ambiguidade da neutralidade, pode conduzir à cumplicidade discriminatória. Na terceira versão, o dilema acumula os riscos ínsitos às duas primeiras formulações: confiar em regras universais, formais e rígidas, tentando evitar mais diferenciação e preconceito, quedando-se neutro, ou permitir margens cada vez maiores de liberdade de decisão diante de cada caso, tentando afastar o perigo da cumplicidade com a discriminação, com o risco de alimentar o dilema em sua primeira versão.

Diante deste dilema, como desenvolver e aplicar a legislação previdenciária, em se tratando de condição assintomática de pessoa vivendo com HIV/AIDS? Um caminho para contornar esse impasse considera três cuidados (MINOW, 1987): (a) considerar os pontos de vista que produzem a diferença; (b) avaliar as circunstâncias suspeitas de discriminação e (c) levar a sério as diferentes perspectivas.

O primeiro passo exige atentar que: (1) a diferença não é algo intrínseco, mas sempre relacional, socialmente construída, tanto que, por mais que a sorologia positiva para HIV seja um diagnóstico biomédico e que a assintomatologia também, distinguir e discriminar indivíduos por tal condição é uma construção social relacional; (2) sempre existe um paradigma pressuposto quando se qualifica algo ou alguém como 'diferente', sendo necessário, portanto, explicitá-lo e discuti-lo (o indivíduo soronegativo, obviamente sem qualquer sintoma, torna-se o paradigma de comparação produtor do diferente); (3) na produção da diferença, tal paradigma representa somente um dos pontos de vista possíveis, devendo-se considerar outros pontos de vista (há que se considerar o ponto de vista, a experiência do soropositivo assintomático quanto à inserção laboral); (4) via de regra, toma-se o *status quo* como algo natural, espontâneo e legítimo, donde a corriqueira confusão entre inação e neutralidade e medidas corretivas e favorecimento ou privilégio.

O segundo passo requer levar a sério as circunstâncias suspeitas de discriminação (no caso, a presença de discriminação social difusa e em particular no mercado de trabalho contra pessoas vivendo com HIV) levando em consideração o maior número possível de perspectivas e relativizando os paradigmas assentes, fazendo com que um maior número de alternativas se apresente. Deste procedimento, por si só, não brotam soluções acabadas; todavia, ele permite que algumas discriminações antes desapercebidas se tornem visíveis e alerta contra preconceitos antes inquestionados, desapercebidos ou menosprezados contra "os diferentes".

O terceiro e derradeiro passo amplia alternativas e respostas em face da abertura apresentada por essas perspectivas. Tudo, é claro, sem resvalar da aceitação da diversidade para uma atitude de "mútua indiferença", dominada pela passividade, que se manifesta pela omissão, pelo refúgio em modelos e categorias cristalizadas ou pela simples negação da realidade discriminatória. Este procedimento, considerado como um todo, torna a dinâmica do direito da antidiscriminação mais apta a responder às questões sobre igualdade e discriminação, evitando, na medida do possível, efeitos negativos do "dilema da diferença".

Em síntese, implica superar a naturalização do paradigma de comparação (soronegativo obviamente sem sintomas para HIV/AIDS) em face do "diferente" (soropositivo assintomático); atentar para possíveis circunstâncias diversas daquelas vividas pelo paradigma de comparação (presença de discriminação no mercado de trabalho contra pessoas vivendo com HIV, independente de sintomatologia); por fim, ampliar o leque de respostas possíveis, uma vez informada a percepção pela perspectiva do "diferente" (eventual direito ao benefício, ainda que assintomático, dependendo do contexto).

4. CONSIDERAÇÕES FINAIS

O direito da antidiscriminação, em seus elementos fundamentais, é construção a partir das reivindicações por justiça e por igualdade de indivíduos e grupos injustamente alijados do igual reconhecimento dos direitos e da igual participação na vida em sociedade. A adequada compreensão do conceito constitucional de discriminação, dos critérios proibidos de discriminação, bem como dos contextos em que concretizados, requer o desenvolvimento desse âmbito da prática e da reflexão jurídicas.

As demandas de pessoas assintomáticas para HIV/AIDS por prestações sociais concretas, de caráter antidiscriminatório, são emblemáticas para a demonstração da utilidade e da necessidade do direito da antidiscriminação. Somente a disciplina e o esforço conceituais e jurídicos, aliados ao conhecimento e abertura interdisciplinar para as realidades discriminatórias, serão capazes de concretizar a missão do princípio da igualdade como mandamento antidiscriminatório.

5. REFERÊNCIAS

BASTOS, Francisco. Da persistência das metáforas: estigma e discriminação e HIV/AIDS. In: MONTEIRO, Simone e VILLELA, Wilza (Org.). *Estigma e Saúde*. Rio de Janeiro: Fiocruz, 2013.

BRASIL. Lei 8.742. Lei Orgânica de Assistência Social (LOAS). Brasília: DF, 7 de dezembro de 1993.

BRASIL. Lei 7.853, de 24 de outubro de 1989. Dispõe sobre o apoio às pessoas portadoras de deficiência, sua integração social, sobre a Coordenadoria Nacional para Integração da Pessoa Portadora de Deficiência (Corde), institui a tutela jurisdicional de interesses coletivos ou difusos dessas pessoas, disciplina a atuação do Ministério Público, define crimes, e dá outras providências. Diário Oficial da União. Brasília, 25 out. 1989.

BRASIL. Lei 10.741, de 1º de outubro de 2003. Dispõe sobre o Estatuto do Idoso e dá outras providências. Diário Oficial da União. Brasília, 3 out. 2003.

BRASIL. Supremo Tribunal Federal. Ação direta de inconstitucionalidade n. 903 [ADI na internet]. Diário da Justiça. 24 out. 1997 [acesso em 21 out. 2009]. Disponível em http://www.stf.jus.br/portal/peticaoInicial/ pesquisarPeticaoInicial.asp.

COHEN, Jeffrey Jerome. A cultura dos monstros: sete teses. *Pedagogia dos monstros* – os prazeres e os perigos da confusão de fronteiras. Trad. Tomaz Tadeu da Silva. Belo Horizonte: Autêntica, 2000.

CORREA, Sonia. A resposta brasileira ao HIV e à AIDS em tempos tormentosos e incertos. *Mito vs. Realidade: sobre a resposta brasileira à epidemia de HIV E AIDS em 2016*, Rio de Janeiro: ABIA, 2016.

DANIEL, Herbert. *Vida antes da morte*. Rio de Janeiro: Tipografia Jabuti, 1989.

DINIZ, Debora. *O que é deficiência*. São Paulo: Brasiliense; 2007.

FONSECA, RTM. A ONU e seu conceito revolucionário de pessoa com deficiência. In: PAB, Vaz; JA, Saravis (Org.). *Direito da previdência e assistência social*: elementos para uma compreensão interdisciplinar. Florianópolis: Conceito; 2009.

HARLEY, Janet. The Politics of the Closet: legal articulation of sexual orientation identity. In: ENGLE, Karen (Org.); DANIELSEN, Dan. *After Identity*. New York: Routledge, 1995.

KYMLICKA, *Multicultural Citizenship*: A Liberal Theory of Minority Rights. Oxford: Oxford University Press, 1995.

LEIVAS, Paulo Gilberto Cogo. *Teoria dos direitos fundamentais sociais*. Porto Alegre: Livraria do Advogado; 2006

MARTEL, Letícia de Campos Velho. Adaptação razoável, *SUR* 14 (2011), Disponível em: https://sur.conectas.org/adaptacao-razoavel/. Acesso em: 1º jun. 2019.

MINOW, Martha. *Making All the Difference*: Inclusion, Exclusion, and American Law Ithaca: Cornell University Press, 1990).

MINOW, Martha. 'Justice Engendered' *Harvard Law Review* – The Supreme Court, 1986 Term, nov. 1987.

MONTEIRO, Simone; VILLELA, Wilza Villela; PEREIRA, Carla e SOARES, Priscilla. A produção acadêmica recente sobre estigma, discriminação, saúde e AIDS no Brasil. In: MONTEIRO, Simone e VILLELA, Wilza (Org.). *Estigma e Saúde*. Rio de Janeiro: Fiocruz, 2013.

PARKER, Richard. Construindo os alicerces para a resposta ao HIV/AIDS no Brasil: o desenvolvimento de políticas sobre o HIV/AIDS, 1982-1996. *Divulgação em Saúde para Debate*. n. 27, Rio de Janeiro: CEBES/ABIA/Mailman School of Public Health – Columbia University, ago. 2003.

RIOS, Roger Raupp. *Direito da Antidiscriminação*. Porto Alegre: Livraria do Advogado, 2008.

SEFFNER, Fernando e PARKER, Richard. A neoliberalização da prevenção do HIV e a resposta brasileira à AIDS. *Mito vs Realidade: sobre a resposta brasileira à epidemia de HIV E AIDS em 2016*. Rio de Janeiro: ABIA, 2016.

TERTO, Jr., Veriano. La seropositividad AL VIH como identidad social y política en el Brasil. In: Cáceres, Carlos (Org.). *Ciudadanía Sexual en América Latina*: abriendo el debate. Lima: Facultad de Salud Pública y Administración Universidad Peruana Cayetano Heredia, 2004.

TERTO JR., Veriano; CARVALHO, Felipe; VILLARDI, Pedro e VIEIRA, Marcela. A luta continua: avanços e retrocessos no acesso aos antirretrovirais no Brasil. *Mito vs. Realidade: sobre a resposta brasileira à epidemia de HIV E AIDS em 2016*. Rio de Janeiro: ABIA, 2016.

A ABERTURA DA INTERPRETAÇÃO DO DIREITO INTERNACIONAL DOS DIREITOS HUMANOS: A CONVENÇÃO DA ONU SOBRE OS DIREITOS DAS PESSOAS COM DEFICIÊNCIA

Renato Jaqueta Benine

Mestre em Direito Político e Econômico pela Universidade Presbiteriana Mackenzie.
Coordenador técnico-legislativo do gabinete da Senadora Mara Gabrilli.

1. INTRODUÇÃO

Interpretar uma norma nem sempre é tarefa fácil. E a dificuldade pode ser apreendida pela constatação de que não há entre seus estudiosos, notadamente no direito internacional – objeto de nosso ensaio –, uma voz uníssona quanto ao seu conceito, sua extensão, sua dimensão e seus agentes/ intérpretes. Para um, interpretar uma norma é atribuir-lhe significado para sua aplicação em casos concretos[1]. Para outro, consiste em um processo em que se visa "produzir tanto direito quanto o fato, assim como a relação entre eles" (tradução livre)[2]. E, no caso de um tratado, há quem sustente que interpretá-lo:

> significa dar claridade e compreensão ao seu texto ou a qualquer uma de suas normas, deixando as partes seguras acerca do alcance e significado que se pretendeu estabelecer em seu contexto, afastando de vez as dúvidas e obscuridades até então existentes.[3]

Peculiaridades podem, ainda, existir diante da interpretação do direito internacional dos direitos humanos. Para Balera, "o [campo] dos Direitos Humanos exige que o intérprete trabalhe com categorias de linguagem pouco usuais no domínio da teoria do direito"[4]. Referido fato pode, então, promover a abertura da ciência jurídica para a interdisciplinaridade ou, ainda, possibilitar a inclusão dos mais variados agentes

1. BALERA, Wagner. A interpretação dos direitos humanos. In: PIOVESAN, Flavia; GARCIA, Maria. *Doutrinas essenciais de direitos humanos*. São Paulo: Ed. RT, 2011, v. I, p. 1016.
2. D'ASPREMONT, Jean. The Multidimensional process of interpretation: content-determination and law-ascertainment distinguished. In: BIANCHI, A.; PEAT, D.; WINDSOR, M. (Ed.). *Interpretation in international law*. Oxford University Press, 2015, p. 4.
3. MAZZUOLI. Valerio de Oliveira. *Curso de direito internacional público*. São Paulo: Ed. RT, 2006, p. 139.
4. BALERA, Op. cit., p. 1015.

e profissionais no processo de interpretação de uma norma de direitos humanos. E, a depender do lócus de atuação, poderia haver uma maior ou menor abertura desse processo.

O presente ensaio tem o objetivo realizar uma breve revisão bibliográfica acerca do tema, bem como discutir a abertura do processo de interpretação do direito internacional dos direitos humanos, notadamente mediante a análise desse fenômeno no processo de construção e implementação da Convenção da ONU sobre os Direitos das Pessoas com Deficiência.

Para tanto, analisaremos as diferentes âmbitos, instâncias e órgãos de sujeição, apreensão, implementação e interpretação da Convenção da ONU sobre os Direitos das Pessoas com Deficiência, seja no âmbito internacional, seja no âmbito interno brasileiro. A fim de ilustrar suposta abertura dos intérpretes na ordem interna nacional, focalizar-se-á a análise nas disposições da Convenção relativamente ao direito à educação inclusiva.

2. DA INTERPRETAÇÃO DO DIREITO INTERNACIONAL DOS DIREITOS HUMANOS

Segundo a doutrina tradicional, aqui ilustrada com base nos ensinamentos de Jorge Miranda, o processo de interpretação do direito internacional pouco se diferiria do usualmente aplicado ao direito interno. Para referida corrente, "[o]s cânones gerais da hermenêutica jurídica aplicam-se também ao Direito Internacional Público", podendo, todavia, ser necessária certa adaptação, a exemplo do que já ocorre entre os diferentes ramos do direito estatal[5].

Certos princípios comumente apontados como orientadores desse processo de interpretação também se encontrariam presentes na interpretação de normas produzidas no âmbito interno, a exemplo, do princípio da boa-fé, o qual regeria os diferentes âmbitos e instâncias de interpretação das normas jurídicas, seja na ordem interna, seja na ordem internacional.

Além de aplicável a diferentes ordens, o princípio da boa-fé, conforme salienta Jorge Miranda, persistiria "imprescindível" no processo de interpretação do direito internacional, como "pressuposto de confiança das relações internacionais", ao longo dos tempos, e significaria:

> – a aceitação da força vinculativa das normas internacionais e seu respeito com objectividade;
>
> – a realização dos fins nelas prescritos, procurando o seu efeito razoável e útil;
>
> – a relação necessária entre os direitos e as obrigações delas decorrentes, sem interpretações unilaterais ou impostas pela força;
>
> – em qualquer caso, um cumprimento que não seja meramente formal e distorcido "em fraude à lei.[6]

5. MIRANDA, Jorge. *Curso de Direito Internacional Público*. 4. ed. Parede: Principia, 2009, p. 127.
6. MIRANDA, Op. cit., p. 127-128.

Outro princípio orientador da interpretação apontado pelo jurista português seria o da "objectividade". Segundo Miranda, com a multiplicação dos sujeitos de Direito Internacional, houve a superação do "pendor subjectivista e historicista" na interpretação desse ramo do direito, o qual cedeu lugar a uma orientação "objectivista e actualista", aplicável não só à interpretação de tratados, como também em relação aos costumes e às decisões de organizações internacionais:

> [...], quando se multiplicam as entidades dotadas de *jus tractum*, abundam os tratados internacionais e os processo de conclusão de tratados se tornam mais complexos e com a interferência de vários órgãos, é irrecusável o papel decisivo dos elementos objetivos, teleológicos e sistemáticos.[7]

A Convenção de Viena sobre o Direito dos Tratados de 1969, ratificada pelo Brasil em 2009 e promulgada pelo Decreto 7.030, de 14 de dezembro de 2009, ao dedicar uma de suas seções à interpretação dos Tratados, abarcaria os princípios acima descritos. Em seu artigo 31, transcreve uma regra geral de interpretação, segundo a qual um tratado deve ser interpretado de boa-fé, tendo como ponto de partida seu texto[8], levando-se em consideração também o contexto sob o qual fora produzido, o momento de sua interpretação, bem como seu objetivo e sua finalidade – destes dois últimos decorreria o princípio "objectivista" da interpretação, apresentado por Miranda[9].

Representante de uma das escolas contemporâneas do direito internacional, o belga Jean D'Aspremont, ao colocar em questão a teoria das fontes do direito internacional e a tradição dos métodos de interpretação expressos na Convenção de Viena, adiciona ao estudo do direito internacional o entendimento de que a interpretação nesse ramo do direito consiste em um processo multidimensional, cuja prática "compreende não somente atribuir significado à norma (*content-determination*), mas também verificar o que é e o que não é direito (*law-ascertainment*)"[10] (tradução livre).

Neste contexto, a interpretação poderia produzir tanto efeitos restritivos quanto ampliativos no campo normativo do direito internacional. Ou seja, em um processo de interpretação multidimensional, poder-se-ia reconhecer, como válida e integrante do direito internacional, uma norma até então estranha a esse campo; permitir-se-ia também afastar certos conteúdos de uma norma tida como válida no âmbito do direito internacional; e, ainda, autorizar-se-ia a privar totalmente uma norma, até então supostamente válida, de seu status de válida e legal. E isso seria possível mediante a adoção de um processo interpretativo – e argumentativo – do direito internacional Assim, o direito internacional, segundo D'Aspremont, poderia ser "construído não

7. Ibidem, p. 127.
8. MAZZUOLI. Op. cit., p. 139-140.
9. MIRANDA, Op. cit, p.127-130.
10. D'ASPREMONT, Jean. The Multidimensional process of interpretation: content-determination and law-ascertainment distinguished. In: BIANCHI, A.; PEAT, D.; WINDSOR, M. (Ed.). *Interpretation in international law*. Oxford University Press, 2015, p. 2.

somente como um conjunto de normas, mas também como uma prática argumentativa que objetiva persuadir certos públicos-alvo" (tradução livre).[11]

Ademais, Jean é categórico em afirmar que nenhum dos métodos tradicionais de intepretação – aqui os associamos aos apresentados por Miranda e identificados na Convenção de Viena – poderia mecanicamente produzir uma desejável estabilidade de significados no campo do direito internacional.[12]

Ainda segundo o autor belga, a Convenção de Viena seria uma tentativa de materialização de um método de interpretação do conteúdo da norma (*content-determination*). Enquanto que a teoria das fontes, uma tentativa de formalização do método de validação de uma norma de direito internacional (*law-ascertainment*). Todavia, nenhuma dessas tentativas teria logrado êxito no sentido de homogeneizar a interpretação e a construção do direito internacional.[13]

Essas constatações levariam D'Aspremont a dizer que é, pelo processo de interpretação – instrumentalizado pela argumentação legal internacional –, que se constrói o significado da norma e não se lho extrai[14]. Quanto à validade da norma, esta também seria constatada por meio de um processo interpretativo argumentativo, muito embora poucos tenham sido os pesquisadores que se dedicaram a esse estudo[15].

Sem negar a Convenção de Viena e – ousamos dizer – realizando inconscientemente a composição entre os ensinamentos da tradicional escola do direito internacional e os da mais recente escola da argumentação legal internacional, no que tange à interpretação de tratados de direitos humanos, André de Carvalho Ramos adiciona aos princípios gerais de intepretação do direito internacional outros que vêm sendo adotados e construídos pelo exegeta do direito internacional dos direitos humanos, notadamente no âmbito da jurisprudência internacional, tais como o princípio da interpretação *pro homine*, princípio da máxima efetividade dos direitos humanos, princípio da interpretação autônoma, princípio da primazia da norma mais favorável ao indivíduo, o princípio da razoabilidade e proporcionalidade, entre outros[16].

Pode-se dizer, destarte, que, ao se lançar mão da teoria da argumentação – e quiçá "se emancipar das fronteiras de uma abordagem normativa da interpretação" (tradução livre)[17], como sugere Jean D'Aspremont –, seria possível o reconhecimento

11. Ibidem, p. 4.
12. Ibidem, p. 6.
13. Ibidem, p. 14.
14. D'ASPREMONT, Jean. The Multidimensional process of interpretation: content-determination and law-ascertainment distinguished. In: BIANCHI, A.; PEAT, D.; WINDSOR, M. (Ed.). *Interpretation in international law*. Oxford University Press, 2015, p. 6.
15. Ibidem, p. 19-24.
16. *Cf.* RAMOS, André de Carvalho. *Teoria Geral dos Direitos Humanos na Ordem Internacional*. São Paulo: Saraiva, 2012, p. 82-99.
17. D'ASPREMONT, Jean. The Multidimensional process of interpretation: content-determination and law-ascertainment distinguished. In: BIANCHI, A.; PEAT, D.; WINDSOR, M. (Ed.). *Interpretation in international law*. Oxford University Press, 2015, p. 27.

e a construção de muitos outros princípios e regras para além dos expressamente afirmados em convenções e tratados internacionais.

3. DOS INTÉRPRETES DO DIREITO INTERNACIONAL DOS DIREITOS HUMANOS

Tal como verificado na sessão anterior, a ausência de unicidade conceitual persiste entre a tradição e a contemporaneidade ao se buscar compreender os intérpretes do direito internacional. A Convenção de Viena, embora tenha como destinatário seus Estados-partes, não define quem seriam eles.

A doutrina tradicional de Miranda, no entanto, reconhece a existência daquilo que talvez se possa compreender como uma tipologia da interpretação do Direito Internacional segundo seus agentes/ intérpretes. Destarte, sustenta o autor que quando a interpretação é realizada pelas entidades emanadoras da norma, tais como as partes signatárias ou os organismos internacionais, estar-se-ia diante da denominada "interpretação autêntica". A interpretação por tribunais internacionais ou estatais receberia o nome de "interpretação judicial" e a desenvolvida pela doutrina, de "doutrinal".[18]

André de Carvalho Ramos, ao focalizar seus estudos no direito internacional dos direitos humanos, reconhece, nos Estados e nos órgãos de entes internacionais, seus principais intérpretes. Acerca dos primeiros, o autor alega, contudo, ser ainda bastante incipiente "a apreciação unilateral das condutas de outros Estados (que incluí a intepretação de diplomas normativos, é claro), com posterior uso de sanções unilaterais", devido a critérios geopolíticos e à "seletividade" de certos países na proteção dos direitos humanos pelo mundo. Desta forma, o autor aponta os Tribunais Internacionais como competentes pela interpretação de normas de direitos humanos, a exemplo da Corte Europeia de Direitos Humanos e da Corte Interamericana de Direitos Humanos.[19]

A atividade de interpretação, segundo o autor, seria "intensa" também nos órgãos colegiados que, criados por tratados internacionais, são os responsáveis pelo monitoramento internacional da implementação pelos Estados dos direitos afirmados nos respectivos tratados, bem como, em alguns casos em que haja esta previsão, pela apreciação de petições individuais de vítimas de violações de direitos humanos[20]. Os relatores especiais e o Conselho de Direitos Humanos, vinculado à Assembleia Geral das Nações Unidas, são também apresentados por Ramos entre os principais intérpretes do direito internacional dos direitos humanos, em que pese – adverte o autor – terem sido apresentadas, na ocasião da primeira revisão periódica universal do Brasil, constatações superficiais, genéricas e pouco críticas em relação à efetivação de direitos humanos[21].

18. MIRANDA, Op. cit., p. 128-129.
19. RAMOS, Op. cit., p. 100-107.
20. Ibidem, p. 107-110.
21. Ibidem, p. 110-113.

Jean D'Aspremont, por sua vez, reconhece os advogados internacionalistas como membros de uma comunidade de intérpretes do direito internacional e detentores do monopólio da argumentação legal internacional, o que lhes permite, por exemplo, conceber a teoria das fontes do direito como *communitarian constraints* ao invés de uma regra "fechada" ou fruto de uma apreensão social[22], bem como "nominar" – para não dizer "construir" – o direito internacional, a partir da linguagem, dos símbolos, dos signos linguísticos e dos procedimentos que lhe são próprios e exclusivos[23].

Acerca das Organizações Não Governamentais e das autoridades domésticas e internacionais aplicadoras do direito, Jean afirma que, embora elas possam ter se "empoderado" com autoridade semântica e persuasão – o que, em certa medida, as colocaria como pertencentes de uma comunidade global de intérpretes do direito internacional –, suas construções e argumentações não estão envolvidas na mesma luta pela persuasão e autoridade semântica em que se encontram os estudiosos jurídicos internacionalistas.[24]

E, ao distinguir pelas duas dimensões do processo de interpretação da norma, o autor registra que a autoridade de um intérprete não necessariamente é a mesma ao se interpretar o conteúdo da norma (*content-determination*) e ao se interpretar uma suposta norma com o fim de defini-la como válida ou não (*law-ascertainment*). E exemplifica ao dizer que

> a voz de um ativista pode ser ouvida ao vir à tona o conteúdo de uma regra de direito internacional, ao passo que em termos de validação da norma sua influência pode ser muito tímida. O estudioso jurídico internacionalista se encontraria em situação exatamente oposta (tradução livre).[25]

Peter Häberle incrementa o debate acerca dos intérpretes do direito internacional ao apresentar sua proposta de um Estado Constitucional Cooperativo, uma forma futura e possível do Estado Constitucional, cujas relações internacionais são pautadas, sobretudo, pela adoção de uma postura político-jurídico-institucional de cooperação. Em princípio, o autor afirma que um Estado Constitucional é caracterizado como

> [...] o Estado em que o poder público é juridicamente constituído e limitado através de princípios constitucionais materiais e formais: Direitos Fundamentais, Estado Social de Direito, Divisão de Poderes, independência dos Tribunais, – em que ele é controlado de forma pluralista e legitimado democraticamente. É o Estado no qual o (crescente) poder social também é limitado através da "política de Direitos Fundamentais" e de separação social (por exemplo, "publicista") de poderes. O Estado Constitucional é o tipo ideal de Estado da "sociedade aberta". Abertura

22. D'ASPREMONT, Jean. The Idea of "rules" in the sources of international law. *The British Yearbook of International Law*, p. 121-123. 2014.
23. D'ASPREMONT, Jean. Wording in international Law. *Leiden Journal of International Law*, 2012, passim.
24. D'ASPREMONT, Jean. Wording in international Law. *Leiden Journal of International Law*, 2012, p. 578.
25. D'ASPREMONT, Jean. The Multidimensional process of interpretation: content-determination and law-ascertainment distinguished. In: BIANCHI, A.; PEAT, D.; WINDSOR, M. (Ed.). *Interpretation in international law*. Oxford University Press, 2015, p. 15-16.

tem, também, uma crescente dimensão internacional ou "supranacional" – dela faz parte a responsabilidade.[26]

Já o Estado Constitucional cooperativo, de acordo com Häberle,

> [...] trata, ativamente, da questão de outros Estados, de instituições internacionais e supranacional e dos cidadãos "estrangeiros": sua "abertura ao meio" é uma "abertura ao mundo" (cf. art. 4º da Constituição de Jura). A cooperação realiza-se política e juridicamente. Ela é, sobretudo, um momento de configuração. O Estado Constitucional Cooperativo "corresponde" a desenvolvimentos de um "Direito Internacional cooperativo".[27]

Häberle sustenta ainda que

> Constitucionalmente, um Estado Constitucional Cooperativo deveria ser trazido para o conceito e a linguagem jurídicos, como a seguir:
>
> 1. através do reconhecimento geral sobre "abertura ao mundo", "solidariedade", cooperação internacional e corresponsabilidade [...];
> 2. através de formas especiais e graduais de cooperação [...];
> 3. através de declarações gerais e universais de direitos fundamentais e direitos humanos [...];
> 4. através de determinações especiais de direitos fundamentais e direitos humanos com "efeito externo" [...];
> 5. através – da gradual – inclusão o direito internacional [...];
> 6. em geral, através da tematização de "tarefas comunitárias" (de um lado, os Direitos Humanos e, de outro, ajuda ao desenvolvimento, proteção do meio ambiente, garantia de matéria-prima, combate ao terrorismo, segurança da paz mundial).[28]

Algumas consequências seriam, pois, apreendidas da adoção desse modelo de Estado Constitucional Cooperativo de Häberle. Afora a integração entre Direito Constitucional e Direito Internacional[29] e a realização cooperativa dos direitos fundamentais[30], uma das consequências – a qual damos destaque para os fins deste trabalho – seria a redefinição das fontes do Direito e da teoria da interpretação.

Um Estado Constitucional Cooperativo, segundo Häberle, não mais deteria o monopólio da legislação e da interpretação. Determinações unilaterais do Estado Constitucional soberano cederiam lugar a "ações uníssonas e cooperantes". Da cooperação, constatar-se-ia a existência de uma "influência recíproca da ordem jurídica nacional e internacional", na qual, por exemplo, os Estados influenciariam na construção do Direito Internacional e este, na conformação do ambiente jurídico interno. Haveria uma verdadeira "penetração" das ordens nacional e internacional, tanto no "sentido substancial", como no "sentido pessoal", esse último associado

26. HÄBERLE, Peter. *Estado Constitucional Cooperativo*. Rio de Janeiro: Renovar, 2007, p. 6.
27. HÄBERLE, Peter. *Estado Constitucional Cooperativo*. Rio de Janeiro: Renovar, 2007, p. 6-7.
28. Ibidem, p. 14-15.
29. Ibidem, p. 63-65.
30. Ibidem, p. 65-70.

à "questão dos partícipes", o que, segundo o autor, levaria a crer que "a 'sociedade aberta de intérpretes constitucionais'[31] tornar-se-ia internacional".[32]

Os ensinamentos de Peter Härbele dão lastro teórico, portanto, a uma possível abertura de interpretação do direito internacional, a nosso ver, notadamente, no processo de interpretação do direito internacional dos direitos humanos, cuja efetivação requerer, na maioria das vezes, a cooperação, o compromisso o comprometimento de múltiplos atores, tanto no âmbito nacional e quanto internacional.

4. REFLEXÕES ACERCA DA INTERPRETAÇÃO E DOS INTÉRPRETES DA CONVENÇÃO DA ONU SOBRE OS DIREITOS DAS PESSOAS COM DEFICIÊNCIA

A Convenção da ONU sobre os Direitos das Pessoas com Deficiência (CDPD) – como bem recorda George Galindo – consiste "[n]o primeiro tratado global de direitos humanos, no âmbito das Nações Unidas, do século XXI", o qual inaugurou uma nova visão acerca dos grupo vulneráveis, seja porque, até então, não havia um instrumento internacional obrigatório sobre o tema, seja em razão dos direitos ali afirmados, seja pelo fato de inovar nas formas de seu monitoramento[33].

Uma das principais inovações da CDPD – para não dizer a principal – é o estabelecimento de um novo conceito de pessoas com deficiência, segundo o qual

> Pessoas com deficiência são aquelas que têm impedimentos de longo prazo de natureza física, mental, intelectual ou sensorial, os quais, em interação com diversas barreiras, podem obstruir sua participação plena e efetiva na sociedade em igualdades de condições com as demais pessoas.[34]

Deste novo conceito, intitulado "modelo social de deficiência", decorre o entendimento de que a deficiência não mais pode ser compreendida como uma qualificação médica ou um atributo inerente à pessoa. O que o indivíduo possui, por si só, é um impedimento (*impairment*) de ordem física, mental, intelectual ou sensorial. A deficiência, que requer para sua determinação/ constatação um exame contextual, é entendida como o resultado da "restrição à participação social da pessoa, imposta

31. Uma sociedade aberta de intérpretes constitucionais consiste em uma sociedade pluralista na qual são intérpretes da constituição não somente os juristas, os advogados, a doutrina e os poderes públicos, como também todo e qualquer integrante de uma sociedade constitucionalmente organizada (HÄBERLE, Peter. *Hermenêutica constitucional*: a sociedade aberta dos intérpretes da constituição: contribuição para a interpretação pluralista e "procedimental" da constituição. Trad. Gilmar Ferreira Mendes. Porto Alegre: Sergio Antonio Fabri, 1997, p. 11-18.). Trata-se de visão democrática e republicana acerca da interpretação em uma sociedade aberta.
32. HÄBERLE, Peter. *Estado Constitucional Cooperativo*. Rio de Janeiro: Renovar, 2007, p. 62-63.
33. GALINDO, George Rodrigo Bandeira. Entre manutenção e mudança: uma análise dos primeiros anos da Convenção das Nações Unidas sobre Pessoas com Deficiência. In: BELTRÃO, Jane Felipe et al. (Coord.). *Direitos Humanos dos grupos vulneráveis*: Manual. [Online]: Rede de Direitos Humanos e Educação Superior, 2014, p. 89-92.
34. Art. 1°, da Convenção da ONU sobre os Direitos das Pessoas com Deficiência.

pela interação das barreiras do meio com seus atributos físicos, sensoriais, intelectuais ou mentais".[35]

Pesquisadores da denominada escola de "Estudos sobre a Deficiência" (*Disability Studies*) afirmam, sob a perspectiva social, que a deficiência (*disability*) "compreende as falhas da sociedade para atender às necessidades dessas pessoas"[36]. Em suma, deficiência – tal como afirmada na CDPD – nada mais é do que o produto das respostas inacessíveis que a sociedade – e aqui acrescentamos o Estado – dá às características/atributos de cada um.

Nesse mesmo sentido, Ana Paula Barcellos e Renata Ramos Campante, ao se pronunciarem acerca dos efeitos do novo modelo de deficiência, sobretudo no campo da acessibilidade, afirmam:

> A compreensão das relações entre a deficiência e o meio em que ela está inserida teve ao menos três consequências importantes para o conceito de acessibilidade.
>
> Em primeiro lugar, o déficit de acesso que a acessibilidade pretende transpor passa a integrar o próprio conceito de deficiência. Ou seja: a deficiência não é propriamente uma característica médica, mas sim a condição social produzida pelo déficit de acesso aos direitos e bens sociais que esses indivíduos enfrentam considerando a sociedade tal como está organizada.
>
> Em segundo, a realocação da responsabilidade por esse déficit – antes imputado somente à pessoa com deficiência, em razão de sua condição médica, e agora dirigido à própria sociedade – transforma também, por consequência, o conceito de acessibilidade. A ajuda benevolente da sociedade dá lugar, assim, a um conceito de acessibilidade baseado na sua responsabilidade pela implementação de um conjunto de soluções capazes de integrar toda a variedade de pessoas e de suprir essa falha histórica de acesso.
>
> Por fim, e em terceiro lugar, a mudança no paradigma da deficiência – que retirou o foco do debate dos traços distintivos associados à deficiência para concentrá-lo nas barreiras sociais existentes para esses indivíduos – conduziu à percepção de que o conceito de acessibilidade é muito mais amplo do que o visualizado inicialmente.
>
> Na realidade, a acessibilidade abrangerá não apenas as estruturas físicas, mas também todas as demais esferas de interação social. Em sua acepção moderna, portanto, a acessibilidade pode ser descrita como a adoção de um conjunto de medidas capazes de eliminar todas as barreiras sociais – não apenas físicas, mas também de informação, serviços, transporte, entre outras – de modo a assegurar às pessoas com deficiência o acesso, em igualdade de oportunidades com as demais pessoas, às condições necessárias para a plena e independente fruição de suas potencialidades e do convívio social.[37]

---

35. BENINE, Renato Jaqueta; BONFIM, Symone Maria Machad. Do Direito à Previdência Social. In: LEITE, Flávia Piva Almeida; RIBEIRO, Lauro Luiz Gomes; COSTA FILHO, Waldir Macieira. *Comentários ao Estatuto da Pessoa com Deficiência*. São Paulo: Editora Saraiva, 2016, p. 198.
36. BARNES, C.; OLIVER, M.; BARTON, L. *Exploring disability*. Cambrigde: Polity, 1999 apud CARVALHO-FREITAS, Maria Nivalda; MARQUÊS, Antônio Luiz. Adequação das condições e práticas de trabalho para a inserção de pessoas com deficiência. In: CARVALHO-FREITAS, Maria Nivalda; MARQUÊS, Antônio Luiz (Org.). *Trabalho e pessoas com deficiência*: pesquisas práticas e instrumentos de diagnóstico. Curitiba: Juruá, 2010, p. 255
37. BARCELLOS, Ana Paulo; CAMPANTE, Renata Ramos. A acessibilidade como instrumento de promoção dos direitos fundamentais. In FERRAZ, Carolina Valença et al. *Manual dos direitos da pessoa com deficiência*. São Paulo: Saraiva, 2012, p. 176-177.

Pode-se dizer que essa nova acepção social de deficiência e, via reflexa, da acessibilidade desafiam Estado e sociedade a adotarem ações, medidas, posturas que mitiguem a produção e a reprodução da deficiência, nos termos do compromissado na CDPD. Essa constatação acaba por produzir também influências sobre a interpretação desse importante tratado, sobretudo na definição de seus agentes, destinatários e intérpretes.

Na ordem internacional, reconhecem-se, entre os membros da comunidade de intérpretes da CDPD, o Comitê da ONU sobre os Direitos das Pessoas com Deficiência e as organizações internacionais atuantes da na área, a exemplo da rede *Inclusion International*[38] e da *International Disability Alliance*[39].

Quanto ao Comitê, este encontra-se previsto na CDPD e foi por ela instituído com a função de realizar o monitoramento internacional do tratado, exarar periodicamente recomendações em face de relatórios dos Estados Partes acerca de medidas adotadas com o fim de dar cumprimento às obrigações decorrentes da Convenção, assim como – e aqui estaria a função mais inovadora do órgão, segundo Galindo, e instituída pelo Protocolo Facultativo[40] – apreciar comunicações individuais de violações graves ou sistemáticas de direitos expressos na Convenção.

Integram o Comitê, 18 peritos, eleitos pelos Estados Partes, a cada dois anos, para um mandato de quatro anos, cuja formação acadêmica e função atual variam bastante. Há entre eles juristas, senador, ativistas, administrador público, cientista político e acadêmicos de áreas como letras, filosofia, educação e ciências sociais.[41]

Ainda no âmbito internacional, podemos observar a atuação, como intérpretes da Convenção, de organizações da sociedade civil oriundas dos próprios Estados-partes, que, em momento de avaliação periódica, apresentam perante o Comitê seus relatórios sombras com vistas a fazer o contraponto aos relatórios oficiais estatais.

Já, no âmbito interno, ao se tomar o Brasil de exemplo, muitos são os intérpretes da Convenção, especialmente pelo fato de ela ter sido incorporada ao ordenamento jurídico nacional com o status de emenda constitucional, uma vez que sua ratificação pelo Congresso Nacional ocorreu nos termos do art. 5°, § 3°, da Constituição da República Federativa do Brasil[42].

Os Poderes Executivo e Legislativo são reconhecidamente intérpretes da Convenção. Veja-se, por exemplo, a Política Nacional de Educação Especial na Perspectiva da Inclusão[43], editada pelo Ministério da Educação no ano de 2008, e o Decreto 7.611, de 17 de novembro de 2011. A primeira aponta, entre seus marcos teóricos, ao lado

38. Disponível em: http://www.inclusion-international.org.
39. Disponível em: http://www.internationaldisabilityalliance.org.
40. GALINDO, Op. cit., p. 95.
41. Disponível em: http://www.ohchr.org/EN/HRBodies/CRPD/Pages/Membership.aspx.
42. A Convenção da ONU sobre os Direitos das Pessoas com Deficiência e seu Protocolo Facultativo foram ratificados pelo Congresso Nacional por meio do Decreto Legislativo 186, de 9 de julho de 2008, e promulgados pelo Decreto 6.949, de 25 de agosto de 2009.
43. MINISTÉRIO DA EDUCAÇÃO. *Política Nacional da Educação Especial na Perspectiva da Inclusão*. Disponível em: http://portal.mec.gov.br/index.php?option=com_docman&view=download&alias=16690-politica-na-

de uma série de outros tratados de direitos humanos, a Convenção da ONU sobre os Direitos das Pessoas com Deficiência, mais especificamente seu art. 24. O decreto, por sua vez, com base no mesmo artigo da Convenção, estabelece parâmetros ao atendimento educacional especializado (AEE), ofertado no contraturno e de modo complementar à formação dos estudantes com deficiência e transtornos globais do desenvolvimento, a fim de, entre outros objetivos, prove-lhes "condições de acesso, participação e aprendizagem no ensino regular"[44].

As organizações da sociedade civil "de" e "para" as pessoas com deficiência também podem se apresentar como intérpretes do Convenção ao formatarem seus programas e projetos aos preceitos afirmados no referido tratado. Esse é o caso da APAE de São Paulo que, na contramão do movimento apaeano, realizou o fechamento de sua escola especial e, com base nas disposições convencionais e instrumentos normativos dela decorrentes, reorganizou seus serviços na perspectiva da educação inclusiva, mediante encaminhamento de seus atendidos para a rede regular de ensino, disponibilização ao Sistema de capacitação sobre a deficiência intelectual e oferta do AEE no contraturno[45].

O Conselho Nacional dos Direitos da Pessoa com Deficiência (CONADE), ao lado de dezenas de conselhos estaduais e centenas de conselhos municipais, é também intérprete da Convenção, ao exercer seu papel de controle social sobre a política da pessoa com deficiência, implementada nas diversas instâncias governamentais.

Recentemente, no ano 2015, o Congresso Nacional também apresentou-se como intérprete da Convenção da ONU, ao aprovar a Lei Brasileira de Inclusão da Pessoa com Deficiência – LBI (Lei 13.146, de 06 de julho de 2015), após cerca de 15 anos de discussão do projeto de lei que instituía o Estatuto da Pessoa com Deficiência.

Longe de aqui realizar uma retrospectiva de toda a tramitação do projeto, deve-se dizer que este se encontrava pendente de aprovação quando houve a ratificação da CDPD no ano de 2008. Seu texto, contudo, apresentava-se em desacordo com os preceitos e disposições do novo tratado. Assim, no ano de 2012, a então Secretaria de Direitos Humanos da Presidência da República, em uma ação apoiada pela Frente Parlamentar Mista de Defesa dos Direitos das Pessoa com Deficiência do Congresso Nacional, instituiu, por meio da Portaria 616/2012, grupo de trabalho integrado por juristas, deputados, senadores e representantes da sociedade civil, com o fim de criar subsídios ao processo legislativo e adequar o projeto de lei ao teor e ao espírito da Convenção.[46]

---

cional-de-educacao-especial-na-perspectiva-da-educacao-inclusiva-05122014&Itemid=30192. Acesso em: 11 dez. 2017.

44. Art. 2°, § 1°, inciso I, c.c. art. 3°, inciso I, do Decreto 7.611, de 17 de novembro de 2011.
45. Disponível em: http://www.apaesp.org.br/pt-br/atuacao-atendimento/educacao/Paginas/default.aspx. Acesso em: 11 dez. 2017.
46. BRASIL. *Instituído grupo de trabalho sobre o Estatuto da Pessoa com Deficiência*. Disponível em: http://www.brasil.gov.br/cidadania-e-justica/2012/07/instituido-grupo-de-trabalho-sobre-o-estatuto-da-pessoa-com--deficiencia. Acesso: 10 dez. 2017.

Em 2013, uma minuta de substitutivo – realinhada para ser uma "regulamentação" da Convenção – foi entregue ao Congresso Nacional pela então Ministra-chefe da Secretaria de Direitos Humanos da Presidência da República, Maria do Rosário, em cerimônia na qual o Presidente da Câmara dos Deputados à época, Dep. Henrique Eduardo Alves, designou relatora da matéria a então Deputada Mara Gabrilli.[47] O texto substitutivo foi, então, disponibilizado à consulta pública, no portal E-democracia da Câmara dos Deputados, no qual toda a sociedade pôde lançar suas sugestões e propostas de aprimoramento do texto que, após análise da relatora, deu origem a uma subemenda global substitutiva que seria aprovada pelo Congresso Nacional em 2015.

Logo em seu art. 1º, parágrafo único, a LBI enuncia ter como base a Convenção sobre os Direitos das Pessoas com Deficiência e seu Protocolo Facultativo. Para ilustrar um direito instituído pela LBI à luz da interpretação da CDPD, o Título II, Capítulo IV da Lei reconhece à pessoa com deficiência o direito à educação em sistema educacional inclusivo, transversal a todos os níveis de ensino, e aprendizagem ao longo da vida. Em seu art. 28, a Lei traz uma série de disposições que devem ser atendidas pelas redes públicas e privadas de ensino, impondo às últimas, no § 1º de referido artigo, a vedação "d[a] cobrança [dos alunos com deficiência] de valores adicionais de qualquer natureza em suas mensalidades, anuidades e matrículas no cumprimento dessas determinações". Referida vedação de cobrança de valores adicionais decorre de princípios explícitos e implícitos constantes da CDPD, tais como o princípio da não discriminação e o princípio de que nenhuma pessoa com deficiência deve ser onerada de modo a arcar com o custo de sua deficiência.

Esse dispositivo da Lei Brasileira de Inclusão da Pessoa com Deficiência foi, inclusive, objeto da Ação Direta de Inconstitucionalidade 5.357[48], interposta pela CONFENEN – Confederação Nacional dos Estabelecimentos de Ensino perante o Supremo Tribunal Federal. O STF – por óbvio, outro intérprete da Convenção – acompanhou o voto do relator, Ministro Edson Fachin, dado no sentido da improcedência da ação, com base nos preceitos originalmente constitucionais e nas disposições convencionais, igualmente tomadas como constitucionais.

5. CONSIDERAÇÕES FINAIS

Conforme demonstrado ao longo deste ensaio, não há entre a doutrina clássica e a contemporânea uma unanimidade quanto aos conceitos relativos ao processo de interpretação do direito internacional em geral, assim como em relação aos seus intérpretes. Essa constatação pode ser também estendida ao ramo do direito internacional dos direitos humanos.

---

47. CÂMARA DOS DEPUTADOS. *Estatuto da Pessoa com Deficiência terá prioridade no Congresso*. Disponível em: http://www2.camara.leg.br/camaranoticias/noticias/DIREITOS-HUMANOS/443944-ESTATUTO-DA-PESSOA-COM-DEFICIENCIA-TERA-PRIORIDADE-NO-CONGRESSO.html. Acesso em: 10 dez. 2017.
48. SUPREMO TRIBUNAL FEDERAL. *Ação direta de inconstitucionalidade 5.357*. Disponível em: http://www.stf.jus.br/portal/processo/verProcessoAndamento.asp?numero=5357&classe=ADI&origem=AP&recurso=0&tipoJulgamento=M. Acesso em: 11 dez. 2017.

No campo fático, contudo, o direito internacional dos direitos humanos, aqui especialmente analisado, avoca, para sua interpretação e consequente implementação, os mais diversos atores, devido à natureza e ao conteúdo dos próprios compromissos assumidos pelos Estados em tratados que, para sua concretização, requerem a coparticipação da sociedade e do Estado.

Não se tem a pretensão de aqui negar uma teoria de argumentação legal do direito internacional dos direitos humanos – presente, sobretudo, em órgãos de caráter jurisdicional –, mas sim constatar, conforme se denota da análise da Convenção da ONU sobre os Direitos das Pessoas com Deficiência, que o processo de interpretação de um tratado de direitos humanos, tanto em âmbito internacional como interno brasileiro, consiste em uma construção coletiva na qual concorrem membros de uma sociedade aberta de intérpretes, cada qual a contribuir com sua especialidade para a efetivação de direitos humanos fundamentais.

6. REFERÊNCIAS

BALERA, Wagner. A interpretação dos direitos humanos. In: PIOVESAN, Flavia; GARCIA, Maria. *Doutrinas essenciais de direitos humanos*. São Paulo: Ed. RT, 2011. v. I.

BARCELLOS, Ana Paulo; CAMPANTE, Renata Ramos. A acessibilidade como instrumento de promoção dos direitos fundamentais. In: FERRAZ, Carolina Valença et al. *Manual dos direitos da pessoa com deficiência*. São Paulo: Saraiva, 2012.

BENINE, Renato Jaqueta; BONFIM, Symone Maria Machad. Do Direito à Previdência Social. In: LEITE, Flávia Piva Almeida; RIBEIRO, Lauro Luiz Gomes; COSTA FILHO, Waldir Macieira. *Comentários ao Estatuto da Pessoa com Deficiência*. São Paulo: Editora Saraiva, 2016.

BRASIL. *Instituído grupo de trabalho sobre o Estatuto da Pessoa com Deficiência*. Disponível em: http://www.brasil.gov.br/cidadania-e-justica/2012/07/instituido-grupo-de-trabalho-sobre-o-estatuto-da--pessoa-com-deficiencia. Acesso: 10 dez. 2017.

CÂMARA DOS DEPUTADOS. *Estatuto da Pessoa com Deficiência terá prioridade no Congresso*. Disponível em: http://www2.camara.leg.br/camaranoticias/noticias/DIREITOS-HUMANOS/443944-ESTATUTO-DA-PESSOA-COM-DEFICIENCIA-TERA-PRIORIDADE-NO-CONGRESSO.html. Acesso em: 10 dez. 2017.

CARVALHO-FREITAS, Maria Nivalda; MARQUÊS, Antônio Luiz. Adequação das condições e práticas de trabalho para a inserção de pessoas com deficiência. In: CARVALHO-FREITAS, Maria Nivalda; MARQUÊS, Antônio Luiz (Org.). *Trabalho e pessoas com deficiência*: pesquisas práticas e instrumentos de diagnóstico. Curitiba: Juruá, 2010.

D'ASPREMONT, Jean. Wording in international Law. In *Leiden Journal of International Law*, 2012.

D'ASPREMONT, Jean. The Idea of "rules" in the sources of international law. In *The British Yearbook of International Law*, 2014.

D'ASPREMONT, Jean. The Multidimensional process of interpretation: content-determination and law-ascertainment distinguished. In: BIANCHI, A.; PEAT, D.; WINDSOR, M. (Ed.). *Interpretation in international law*. Oxford University Press, 2015.

GALINDO, George Rodrigo Bandeira. Entre manutenção e mudança: uma análise dos primeiros anos da Convenção das Nações Unidas sobre Pessoas com Deficiência. In: BELTRÃO, Jane Felipe; et al. (Coord.). *Direitos Humanos dos grupos vulneráveis*: Manual. [Online]: Rede de Direitos Humanos e Educação Superior, 2014.

HÄBERLE, Peter. *Hermenêutica constitucional*: a sociedade aberta dos intérpretes da constituição: contribuição para a interpretação pluralista e "procedimental" *da constituição*. Trad. Gilmar Ferreira Mendes. Porto Alegre: Sergio Antonio Fabri, 1997.

HÄBERLE, Peter. *Estado Constitucional Cooperativo*. Rio de Janeiro: Renovar, 2007.

MAZZUOLI. Valerio de Oliveira. *Curso de direito internacional público*. São Paulo: Ed. RT, 2006.

MINISTÉRIO DA EDUCAÇÃO. *Política Nacional da Educação Especial na Perspectiva da Inclusão*. Disponível em: http://portal.mec.gov.br/index.php?option=com_docman&view=download&alias=-16690-politica-nacional-de-educacao-especial-na-perspectiva-da-educacao-inclusiva-05122014&Itemid=30192. Acesso em: 11 dez. 2017.

MIRANDA, Jorge. *Curso de Direito Internacional Público*. 4. ed. Parede: Principia, 2009.

RAMOS, André de Carvalho. *Teoria Geral dos Direitos Humanos na Ordem Internacional*. São Paulo: Saraiva, 2012.

SUPREMO TRIBUNAL FEDERAL. *Ação direta de inconstitucionalidade 5.357*. Disponível em: http://www.stf.jus.br/portal/processo/verProcessoAndamento.asp?numero=5357&classe=ADI&origem=AP&recurso=0&tipoJulgamento=M. Acesso em: 11 dez. 2017.

AUTONOMIA E INDEPENDÊNCIA DAS PESSOAS COM DEFICIÊNCIA[1]

Romeu Kazumi Sassaki[2]

E-mail: romeusassaki@gmail.com

"Autonomia" e "independência" não são palavras sinônimas, quando utilizadas nos contextos da atenção aos direitos das pessoas com deficiência. Para comprovar isso, vou começar transcrevendo um trecho da Convenção sobre os Direitos das Pessoas com Deficiência e seu Protocolo Facultativo – CDPD/PF (ONU, 2006; BRASIL, 2008 e 2009) [com grifos meus]:

> *"Reconhecendo a importância, para as pessoas com deficiência, de sua **autonomia** e **independência** individuais, inclusive da liberdade para fazer as próprias escolhas". (Preâmbulo, parágrafo "n").*

Observe-se que, se estas duas palavras fossem sinônimas, não haveria razão alguma para serem inseridas neste trecho da CDPD/PF, no qual aparecem claramente como dois vocábulos distintos um do outro.

Agora vejamos o que diz a esse respeito a Lei Brasileira de Inclusão da Pessoa com Deficiência – LBI (BRASIL, 2015) nos quatro parágrafos abaixo [com grifos meus]:

> *"Produtos, equipamentos, dispositivos, recursos, metodologias, estratégias, práticas e serviços que objetivem promover a **funcionalidade**, relacionada à atividade e à participação da pessoa com deficiência ou com mobilidade reduzida, visando à sua **autonomia**, **independência**, qualidade de vida e inclusão*

1. A formatação do presente artigo é a original, enviada pelo Autor, sem ter sofrido qualquer alteração.
2. Profissional em assuntos de pessoas com deficiência desde 1960. Vem atuando como consultor de inclusão (educação, trabalho, lazer, comunicação e etc.), escritor (livros e artigos em revistas), palestrante e ministrante de cursos. Foi o tradutor da Convenção sobre os Direitos das Pessoas com Deficiência (CDPD), em 2007. Atualmente, é o tradutor do boletim mensal UN Enable Newsletter, do Secretariado da CDPD. É o presidente da Associação Nacional do Emprego Apoiado (Anea) em segundo mandato até maio de 2018.

> *social". (LBI: BRASIL, 2015, art. 3°, III + art. 112 ref. VIII da Lei n. 10.098/2000).*
>
> *"O processo de habilitação e de reabilitação tem por objetivo o desenvolvimento de potencialidades, talentos, habilidades e aptidões físicas, cognitivas, sensoriais, psicossociais, atitudinais, profissionais e artísticas que contribuam para a conquista da **autonomia** da pessoa com deficiência [...] (LBI: BRASIL, 2015, art. 14, parágrafo único).*
>
> *"É assegurado atendimento segundo normas éticas e técnicas, que regulamentarão a atuação dos profissionais de saúde e contemplarão aspectos relacionados aos direitos e às especificidades da pessoa com deficiência, incluindo temas como sua dignidade e **autonomia**". (LBI: BRASIL, 2015, art. 18, §2°).*
>
> *"Projeto pedagógico que institucionalize o atendimento educacional especializado, assim como os demais serviços e adaptações razoáveis, para atender às características dos estudantes com deficiência e garantir o seu pleno acesso ao currículo em condições de igualdade, promovendo a conquista e o exercício de sua **autonomia**". (LBI: BRASIL, 2015, art. 28, III).*

A partir deste ponto, convém ressaltar que o uso dos conceitos "autonomia" e "independência" não começou em 2015 (LBI) e nem em 2006 (CDPD/PF).

A história das práticas sociais em relação às pessoas com deficiência nos mostra que esses dois conceitos começaram a ser utilizados a partir de 1945 (final da Segunda Guerra Mundial), portanto ao longo dos últimos 75 anos.

Quanto ao significado propriamente dito de cada um destes termos, a história registrou mudanças muito impactantes.

1945 – 1970
PARADIGMA DA INTEGRAÇÃO
(25 anos)

A partir da segunda metade da década de 40, com o surgimento das práticas de medicina física e reabilitação (conhecidas como a **terceira** fase da medicina", (sendo a prevenção a **primeira** fase e o tratamento a **segunda**), logo surgiu o uso da palavra **independência** para significar **habilidades ou funcionalidades físicas** com o significado de **atividades da vida diária (AVD)**, ou seja, cuidados com higiene e aparência pessoal, alimentar-se, vestir-se, ir e vir (com ou sem ajudas técnicas e tecnologia assistiva, tecnologia da informação e comunicação) etc.

No Instituto de Reabilitação (IR) da Faculdade de Medicina da Universidade de São Paulo, trabalhei em programas de reabilitação física e profissional a partir de 1963 como conselheiro de reabilitação para orientar pessoas com deficiência nos processos de treinamento profissional e colocação laboral. E, de fato, a nossa equipe multidisciplinar – assim como a de todas as outras instituições especializadas existentes naqueles tempos – utilizou a palavra **independência** exclusivamente com o sentido de **funcionalidade ou habilidade física**, parcial ou total, de cada um de nossos clientes na realização de algumas ou todas as AVD. Era comum, por ex., dizermos ou escrevermos a expressão *"O cliente 'A' é independente em AVD, mas o cliente 'B' ainda não tem independência no ato de alimentar-se"* etc. E as atividades de nossos clientes eram todas tipicamente decididas pela equipe técnica e não em conjunto (clientes e equipe).

Na literatura de reabilitação física e profissional, há muitas referências ao conceito de "independência" com este significado de "habilidade ou funcionalidade física". Durante várias décadas, nunca foi utilizado o termo **autonomia** como sinônimo de "independência" e nem com outro significado.

1971 – 1980
PARADIGMA DA INTEGRAÇÃO
(9 anos)

Na década de 70, a palavra "independência", que até então significava **funcionalidade ou habilidade física**, passou a significar **habilidade de vida independente em todos os aspectos da vida** (tais como: educação, trabalho, saúde, lazer etc.), E o antigo conceito de **funcionalidade física** passou a ser chamado **autonomia**, também em todos aqueles aspectos da vida (e não apenas na área da saúde).

Em 1972, em Berkeley-CA, EUA, surgiu o primeiro centro de vida independente do mundo, fundado por apenas sete pessoas, todas com deficiência severa ou muito severa, cujo líder era **Ed Roberts** (1930-1995), reconhecido como "o pai do movimento internacional de vida independente".

Repare-se que Ed Roberts e seu grupo não adotaram o nome "centro de vida autônoma", e sim "centro de vida independente".

Os estilos de vida independente fundamentam-se no princípio do **empoderamento**, que significa fazer escolhas, tomar decisões e assumir a responsabilidade pelo controle da vida pessoal, familiar, profissional, escolar, recreacional etc. Portanto, o empoderamento inspirou os estilos de

protagonismo, **participação plena**, **igualdade em dignidade e direitos humanos**, **equiparação de oportunidades** e **exclusão zero**.

A **independência** antecede e acompanha a **autonomia**. As pessoas com deficiência o tempo todo decidem, tomam o controle da sua vida (ou situação) e assumem a responsabilidade pelas consequências da independência e da autonomia. E, dentro do contexto do empoderamento, requerem, obtêm, utilizam e avaliam serviços de atendentes pessoais, produtos de tecnologia assistiva, vestuários, utensílios, ferramentas, computadores, adaptações razoáveis, ambientes acessíveis etc. a fim de terem maior **autonomia física**, **econômica** e **social**.

Estas decisões, tomadas pelas próprias pessoas com deficiência, determinavam o que era mais necessário para que elas tivessem maior **autonomia física**, **econômica** e **social** em cada situação de vida. A **autonomia social** envolve a habilidade nas relações interpessoais em casa, na escola, no trabalho e na comunidade. A **autonomia econômica** envolve a habilidade de lidar com as próprias finanças e a **autonomia física** envolve as habilidades em AVDs e áreas afins.

A prática da **independência** e da **conduta independente** passou a ter um novo e inusitado significado para a época.

Novo, porque os aspectos de "tomada de decisão", de "controle da situação" e da "responsabilidade por essa conduta" foram reconhecidos como legítimos, pela primeira vez, no repertório comportamental das pessoas com deficiência. **Inusitado**, porque na época nenhum profissional e nem mesmo os familiares dos nossos clientes esperavam tal comportamento decisório por parte de seus filhos com deficiência. Naquela época, tomar decisões pelos clientes ou filhos e controlar a situação deles eram responsabilidades exclusivas dos profissionais e dos familiares.

1981 – 1992
PARADIGMA DA INTEGRAÇÃO (em declínio) E PARADIGMA DA INCLUSÃO (em ascensão)

O paradigma da **INTEGRAÇÃO** foi praticado durante 35 anos (1945-1980) e entrou em declínio durante 11 anos (1981-1992), ao mesmo tempo em que o paradigma da **INCLUSÃO** surgiu lentamente em 1981 e cresceu fortemente nos últimos 27 anos (1993-2020).

Em termos práticos, a Integração foi inspirada no **Modelo Médico da Deficiência**, segundo o qual o principal motivo para a sociedade excluir ou rejeitar (não contratar, não matricular etc.) pessoas com deficiência reside nelas mesmas, ou seja, na própria deficiência que elas tinham. Em consequência dessa constatação, a sociedade (principalmente, governos e entidades de atendimento especializado) dedicava atenção e recursos para "minimizar e/ou eliminar a deficiência através de reabilitação e outros programas para "melhorar, modificar" as limitações impostas pela deficiência tida como o único fator causador da rejeição.

Por outro lado, a Inclusão resultou do revolucionário conceito de **Modelo Social da Deficiência**, segundo o qual o motivo da exclusão existe no entorno de cada pessoa com deficiência, isto é, na sociedade (famílias, escolas, locais de trabalho, cinemas, teatros etc.) através das **barreiras arquitetônicas**, **atitudinais**, **comunicacionais**, **instrumentais**, **metodológicas**, **naturais** e **programáticas** (SASSAKI, 2019). Desse importante entendimento, resultou a prática de eliminação de tais barreiras, substituindo-as com recursos de acessibilidade. O raciocínio central da acessibilidade consistia em que, não existindo essas barreiras, as pessoas com deficiência poderiam participar, com base na igualdade de oportunidades com as outras pessoas, de qualquer atividade dentro da sociedade que, então, se tornava **inclusiva**.

Ficou claro que são as barreiras existentes na sociedade que colocam as pessoas com deficiência **em situação de incapacidade** e as impedem de participar de qualquer atividade nas mesmas oportunidades, ou seja, juntamente com as demais pessoas.

1993 – 2020
PARADIGMA DA INCLUSÃO
(27 anos)

Este período vem sendo regido pelo paradigma da INCLUSÃO e caracterizado pelos seguintes **estilos de vida**, inspirados no princípio do **empoderamento**, adotados pelas pessoas com deficiência cada vez mais frequentemente:

1. Protagonismo

Atuação das próprias pessoas com deficiência em *status* de destaque nos projetos relacionados às suas condições de vida.

2. Participação plena

Nas fases de planejamento, implementação, avaliação de resultados e aperfeiçoamento, de quaisquer projetos que promovam a realização dos direitos humanos e das medidas específicas em relação às necessidades, aspirações e habilidades das pessoas com deficiência. Surgimento do lema: "Nada sobre nós, sem nós".

3. Equiparação de oportunidades

Utilização dos mesmos espaços por pessoas com e sem deficiência, juntas.

4. igualdade em dignidade e direitos humanos

Todos os seres humanos são únicos, singulares. Não há dois seres iguais enquanto pessoas por inteiro.

5. Exclusão zero

Ou rejeição zero, ou seja, todas as pessoas com deficiência têm o direito de não serem excluídas da sociedade. Este estilo gerou o atual lema: "Ninguém será deixado para trás".

Estes estilos de vida determinaram o que era mais necessário para que as pessoas tivessem maior **autonomia física**, **econômica** e **social.**

QUADRO CRONOLÓGICO DOS PARADIGMAS, ESTILOS DE VIDA, OBJETIVOS E MEIOS DE PESSOAS COM DEFICIÊNCIA

PARADIGMAS E PERÍODOS	ESTILOS DE VIDA	OBJETIVOS E MEIOS
1945 – 1970 **Integração:** Modelo Médico da Deficiência	**Independência** (habilidade ou funcionalidade física)	Serviços de Medicina Física e Reabilitação. Atividades da vida diária.
1971 – 1980 **Integração:** Modelo Médico da Deficiência	**Autonomia** (ex-independência física)	Autonomia física, econômica e social em todas as áreas da vida (educação, trabalho, lazer etc.).
	Independência (tomada de decisões em assuntos que afetam a vida das pessoas com deficiência)	Direito de decidir, escolher e expressar ideias próprias, sem depender de terceiros, e assumir responsabilidade pelas decisões tomadas.

1981 – 1992 **Integração** (declínio) + **Inclusão** (ascensão): Ano Internacional das Pessoas Deficientes e Década da ONU das Pessoas com Deficiência	**Participação plena** (equiparação de oportunidades)	Direito de participar em todas as ações que relativas aos direitos das pessoas com deficiência. Lema: "Nada sobre nós, sem nós".
	Igualdade em dignidade e direitos humanos (todos são iguais em dignidade e direitos humanos)	Não há dois seres iguais enquanto pessoas por inteiro. Todos os seres humanos são únicos, singulares
1993 – 2020 **Inclusão:** Modelo Social da Deficiência	**Exclusão zero** (lema: "Ninguém será deixado para trás")	Pessoas com deficiência ocupando cada vez mais os cargos de liderança, nos setores público e privado

CONCLUSÃO

Independência. Direito de a pessoa escolher e decidir em questões que envolvem diretamente a própria deficiência.

Autonomia. Habilidade de a pessoa, por si mesma, executar atividades (da vida pessoal, laborais, educacionais etc. à sua maneira, com ou sem tecnologia assistiva, ajudas técnicas e tecnologias da informação e comunicação.

Responsabilidade. Resultante de suas decisões e escolhas, a responsabilidade é uma importante parte dos deveres das pessoas com deficiência.

Referências

BRASIL. *Convenção sobre os Direitos das Pessoas com Deficiência e seu Protocolo Facultativo.* Decreto Legislativo n. 186, de 9/7/2008, que ratifica com valor de emenda constitucional a Convenção sobre os Direitos das Pessoas com Deficiência e seu Protocolo Facultativo. Brasília-DF, 2008.

___. *Convenção sobre os Direitos das Pessoas com Deficiência e seu Protocolo Facultativo.* Decreto n. 6.949, de 25/8/2009, que promulga a Convenção sobre os Direitos das Pessoas com Deficiência e seu Protocolo Facultativo. Brasília-DF, 2009.

___. *Lei Brasileira de Inclusão da Pessoa com Deficiência (LBI)*. Lei n. 13.146, de 6/7/2015. Brasília-DF, 2015.

ONU. *Convention on the Rights of Persons with Disabilities and its Optional Protocol*. Nova York-NY: Nações Unidas, 2006.

SASSAKI, Romeu Kazumi. *As sete dimensões da acessibilidade*. São Paulo-SP: Larvatus Prodeo, 300p., 2019.

POSFÁCIO[1]

Escrever sobre essa obra é um grande prazer, a mesma emoção e alegria que certamente será sentida pelos leitores. Num país que ainda caminha mais lentamente que o ideal para efetivar os direitos das pessoas com deficiência tão duramente conquistados ao longo dos anos, uma obra como essa que reúne autores das mais diversas áreas como arquitetura, medicina e direito merece todos os aplausos possíveis, abordando não apenas aspectos meramente teóricos da LBI e dispositivos internacionais como a Convenção de Nova York, mas também trazendo um lado prático, apontando a dificuldade de avançar em alguns pontos fundamentais para o desenvolvimento de um país mais inclusivo. Essa mistura é, sem dúvidas, um dos grandes méritos dos organizadores do projeto.

O leitor terá a certeza de estar diante de uma coletânea muito atual e completa, além de contar com um time extremamente qualificado: Lauro Luiz Gomes Ribeiro, Heloisa Helena Barboza, Vitor Almeida, Joelson Dias, Otavio Leite, Vitória Bernardes, Matheus Carvalho, Sergio Caribé, Coletivo Feminista Helen Keller, Bruno Viana, Fernanda Tartuce, Renato Jaqueta Benine, Fernando Gajardoni, entre outros grandes nomes. Uma marca dessa obra está justamente na manutenção da qualidade de abordagem dos temas do primeiro ao último artigo da obra. Os organizadores tiveram a preocupação especial em garantir a participação de pessoas com deficiência, detalhe observado desde a organização da obra com a coordenação de uma pessoa com deficiência (Igor Lima da Cruz Gomes), valorizando, assim, a voz e a experiência das pessoas com deficiência, trazendo a realidade dessas pessoas e ao mesmo tempo o olhar técnico habilidoso de outros profissionais de múltiplas áreas de atuação. A obra respeita o lema do movimento das pessoas com deficiência: "nada sobre nós sem nós". Sem perder em nenhum momento ao longo de seus artigos o aspecto jurídico.

Como relatora da LBI quando penso na construção desta Lei olho para trás e me orgulho do que conquistamos – por mais incipiente que este movimento ainda pareça hoje. Temos ainda uma jornada a percorrer, a começar pelo entendimento desta Lei que é tão plural e que precisa ser compreendida em sua plenitude.

Passou-se 15 anos de tramitação e desenvolveu-se um árduo trabalho de consultas e audiências públicas por todo o Brasil, para construir uma lei feita pelas próprias pessoas com deficiência. É uma honra ter sido a relatora do texto quando fui deputada federal. Construímos uma legislação robusta, inovadora e que completou seus cinco anos de vida em julho de 2020, ainda buscando enfrentar barreiras na efetivação de

1. Posfácio dos três volumes da coleção.

direitos em áreas fundamentais à vida das pessoas com deficiência, como fica muito bem demonstrado ao longo da obra.

Na educação, por exemplo, a Lei Brasileira de Inclusão prevê multa e reclusão ao gestor que recusar ou dificultar o acesso ao aluno com deficiência. Isso significa que nenhuma escola particular pode hoje cobrar taxa extra de qualquer aluno com deficiência ou recusar sua matrícula, prática até então recorrente no Brasil. Autores como Gonzalo Lopes trazem para o projeto justamente essa evolução na seara da educação após a entrada em vigor da LBI, sem deixar de apontar com Juliana Gomes Lage, Marta Gil e Felipe Vieira Monteiro a importância desse direito e da inclusão das pessoas com deficiência no ensino. Contribuições de suma importância para que as pessoas com deficiência tenham acesso à plena cidadania e ao seu protagonismo na luta pela garantia e efetivação de seus direitos.

Na área da saúde, as operadoras de planos e seguros privados já têm a obrigação de garantir à pessoa com deficiência, no mínimo, todos os serviços e produtos ofertados aos demais clientes. Além disso, essas empresas estão proibidas de recusar pacientes com deficiência ou cobrar a mais deste público. Em suma, são direitos que já estão em vigor e devem ser respeitados e, quando não, exigidos por seus titulares. A LBI também determina que a reabilitação seja um direito universal. Ou seja, que nenhum serviço desse cunho tenha seu atendimento recusado a pessoas com deficiência, alegando critérios desproporcionais e excludentes. Essa temática se inicia com o professor Dr. Carlos José de Souza Guimarães tratando sobre o panorama da tutela da saúde. Vitória Bernardes, Luciana Castaneda Ribeiro e o Coletivo Helen Keller mostram ao leitor a importância de uma rede de cuidados com a saúde das pessoas com deficiência e também uma necessidade de melhor treinamento e investimentos nessa área.

Na área de mobilidade urbana, a LBI dispõe sobre a responsabilidade da gestão das reformas de calçadas ao Poder Público. A legislação alterou o Estatuto da Cidade (Lei 10.257/2001) para exigir da União, por iniciativa própria e em conjunto com os estados, o Distrito Federal e os municípios a promoção da melhoria das condições das calçadas. Assim, de acordo com a inovação legislativa, todo gestor público municipal é obrigado a elaborar um plano de rotas acessíveis, no âmbito de seus planos diretores. Regina Cohen com a experiência de pessoa com deficiência e profissional da arquitetura mostra que apesar do avanço dessa parte da legislação, as calçadas ainda estão longe do pretendido. Rebecca Montes traz o direito à acessibilidade e sua importância fundamental para possibilitar a plena participação da pessoa com deficiência em sociedade, uma ideia apontada desde o início na Lei Brasileira de Inclusão, pois é impossível se pensar em inclusão sem acessibilidade.

Ainda propomos programas no mercado de trabalho através da LBI. Empresas que contratarem pessoas com deficiência para participar de programas de capacitação têm hoje a obrigação de empregá-las durante o mesmo período, garantindo simultaneamente qualificação e oportunidade de trabalho. Contudo, para que isso funcione na prática, é necessário que as empresas sejam fiscalizadas. O Dr. Cesar Eduardo Lavoura Romão apresenta aos leitores da obra uma análise da lei de cotas para o mercado de trabalho.

Dispondo sobre direitos ainda mais distantes da realidade do brasileiro com deficiência, mas não menos transformadores, como o acesso à arte, à cultura e ao lazer, a LBI estabeleceu o direito de escolha ao público com deficiência em casas de shows e espetáculos, que agora devem ofertar acessibilidade em todos os setores do espaço, não mais em áreas segregadas. Os estabelecimentos precisam se adequar à nova lei e se conscientizar de que se trata de um direito do público com deficiência, tão consumidor quanto qualquer outra parcela da população.

Lembrando também que o acesso à leitura de todo o cidadão cego não pode mais ser subtraído. As editoras de livros devem ofertar todos os seus títulos também em formato acessível. A LBI menciona claramente em sua redação que as editoras não podem, sob nenhum argumento, negar essa oferta. O desafio agora consiste na cobrança para que este direito seja respeitado.

No Código Civil, a mudança também é transformadora: respeita o direito ao amor. Pessoas com deficiência intelectual, que até então tinham seus direitos civis negligenciados, hoje já podem se casar sem autorização da Justiça. Ademais, esses cidadãos podem votar e ser votados, de acordo com a inovação legislativa.

Não posso deixar de lembrar que há importantes artigos ainda pendentes de regulamentação, como o instrumento de avaliação da deficiência no Brasil, a atuação do profissional de apoio escolar, entre outros. Vale ressaltar ainda a fiscalização e o aperfeiçoamento de direitos que, mesmo já estando em vigor, ainda não são cumpridos plenamente, como o direito ao saque do FGTS para a aquisição de órteses e próteses, que ainda não é atendido adequadamente. Reforçando todos esses pontos e trazendo outros bem interessantes, Fernanda Tartuce, Vitor Almeida e Andressa Tonetto Fontana ampliam o estudo sobre a curatela tão modificada pelo Estatuto. Bruna Katz e Fernando Gajardoni avaliam a tomada de decisão apoiada, um novo mecanismo criado pelo Estatuto buscando preservar a vontade da pessoa com deficiência e seus impactos no Processo Civil Brasileiro.

Vale ressaltar que todas as propostas da Lei Brasileira de Inclusão, a começar por seu próprio nome, emanam de mãos, mentes e corações que trabalharam juntos, deixando de lado qualquer bandeira ou ideologia partidária. Foram inúmeras audiências por todo o Brasil, além de uma consulta pública que durante seis meses ficou disponível no portal e-Democracia. Nessa plataforma, surdos e cegos, pela primeira vez no Brasil puderam contar com recursos de acessibilidade que possibilitaram a participação plena destas pessoas, as quais puderam sugerir alterações a uma lei que é delas e para elas.

A LBI, maior exemplo de construção coletiva de uma legislação produzida no Brasil, além de ter pautado democracia no Congresso Nacional, mostrou que a causa da pessoa com deficiência não representa uma única bandeira, mas uma missão. Uma missão grandiosa que pode mudar os rumos do nosso país para melhor e para todos. Em momentos de crise como esse em que vivemos, nunca foi tão necessário trabalhar pelos direitos dos mais vulneráveis, porque é olhando para quem mais precisa que nos reergueremos como nação.

A obra não se limita a esses temas. Foram vários os aspectos brilhantemente cuidados ao longo das obras, tais como o Direito Penal com Claudia Barros Portocarrero, Wilson Luiz Palermo Ferreira e Maria Valéria Pereira Novaes de Paula Santos. O tema referente à mulher com deficiência e a moradia independente foram tratados por Maria Aparecida Gugel e Flávia Poppe respectivamente. Jorge Amaro, Jorge Camara Nicácio, Stella Perne, Oksandro Gonçalves, Lauro Luiz Gomes Ribeiro, Hugo N. Mazzili, Anelize Caminha, Raquel Bellini Salles, Ricardo Tadeu Marques da Fonseca, Roger Raupp Rios, João Pedro Leite Barros, Leonardo Rocha de Almeida, Thiago Magalhães Pires, Igor Lima da Cruz Gomes, entre outros, reafirmam a ideia de uma obra que apresenta ao leitor um universo variado de assuntos tangenciando contextos como a pandemia do coronavírus, direitos do consumidor, Ministério Público, políticas públicas, a importância da linguagem de sinais, a discriminação contra a pessoa com deficiência, a sociedade e o estatuto, Direito Constitucional, a importância de uma educação inclusive e a proteção do herdeiro com deficiência. Diversos outros temas de muita relevância são objeto de estudo na obra. Tudo isso para que o leitor tenha uma sólida base para entender seus direitos e deveres enquanto sociedade para com as pessoas com deficiência. Somente através do conhecimento adequado teremos a oportunidade de debater, fiscalizar e lutar para efetivar os direitos garantidos com a LBI. Nesse sentido contribui de forma espetacular a obra "A Deficiência e Os desafios para uma sociedade inclusiva".

Março de 2022

Mara Gabrilli

Senadora da República